高职高专土建专业"互联网+"创新规划教材

建筑工程资料管理

第二版

主　编◎孙　刚　刘志麟
副主编◎孙慧玲　赵　丹
参　编◎宦慧玲　张　怡　郭　慧
　　　　牟文杰　姜爱玲　高天舒
　　　　刘志梅　刘丰贤
主　审◎姜利妍　费　伟

北京大学出版社

PEKING UNIVERSITY PRESS

内 容 简 介

本书主要根据《建筑工程资料管理规程》(JGJ/T 185—2009)，并参考《建设工程监理规范》(GB/T 50319—2013)、《建筑工程施工质量验收统一标准》(GB 50300—2013)、《建设工程项目管理规范》(GB/T 50326—2017)和《建设工程文件归档规范（2019年版）》(GB/T 50328—2014)等系列规范、标准编写，力求生动系统地反映工程资料管理的相关理论知识，特别适合从事工程资料管理的人员使用。全书共分6章，分别为建筑工程资料管理入门、工程准备阶段文件编制与整理、工程监理资料编制与整理、施工资料编制与整理、工程竣工验收资料编制与整理、工程资料管理现代化。

本书提供了工程建筑全寿命周期形成的工程资料统览，为继续进行工程管理、工程监理、工程造价、工程施工等方向课程的高职高专学生打下坚实基础，本书也可供建设单位、施工单位、监理单位的专业技术人员参考使用。

图书在版编目(CIP)数据

建筑工程资料管理/孙刚，刘志麟主编. ——3 版. ——北京：北京大学出版社，2025.1. ——(高职高专土建专业"互联网+"创新规划教材). —— ISBN 978-7-301-35592-3

Ⅰ.G275.3

中国国家版本馆 CIP 数据核字第 2024AH1092 号

书　　　名	建筑工程资料管理（第三版） JIANZHU GONGCHENG ZILIAO GUANLI （DI-SAN BAN）
著作责任者	孙　刚　刘志麟　主编
策划编辑	杨星璐
责任编辑	于成成
数字编辑	蒙俞材
标准书号	ISBN 978-7-301-35592-3
出版发行	北京大学出版社
地　　　址	北京市海淀区成府路 205 号　100871
网　　　址	http://www.pup.cn　新浪微博:@北京大学出版社
电子邮箱	编辑部 pup6@pup.cn　总编室 zpup@pup.cn
电　　　话	邮购部 010-62752015　发行部 010-62750672　编辑部 010-62750667
印 刷 者	河北博文科技印务有限公司
经 销 者	新华书店
	787 毫米×1092 毫米　16 开本　20.25 印张　486 千字 2012 年 1 月第 1 版　2018 年 3 月第 2 版 2025 年 1 月第 3 版　2025 年 1 月第 1 次印刷
定　　　价	59.00 元

未经许可，不得以任何方式复制或抄袭本书之部分或全部内容。
版权所有，侵权必究
举报电话：010-62752024　电子邮箱：fd@pup.cn
图书如有印装质量问题，请与出版部联系，电话：010-62756370

第三版前言

《建筑工程资料管理》自发行以来，深受广大读者的好评，随着《钢结构工程施工质量验收标准》（GB 50205—2020）、《建筑装饰装修工程质量验收标准》（GB 50210—2018）、《建筑节能工程施工质量验收标准》（GB 50411—2019）、《建筑工程施工质量评价标准》（GB/T 50375—2016）、《建筑地基基础工程施工质量验收标准》（GB 50202—2018）、《建筑与市政工程绿色施工评价标准》（GB/T 50640—2023）、《电梯制造与安装安全规范　第 1 部分：乘客电梯和载货电梯》（GB/T 7588.1—2020）、《混凝土物理力学性能试验方法标准》（GB/T 50081—2019）、《玻璃幕墙工程质量检验标准》（JGJ/T 139—2020）等一系列新规范、新标准的发布和实施，教材修订势在必行。本次修订，保留了以下特点。

（1）以工程项目为背景，引导学习者模拟资料员进行资料管理，实现教学做一体化。

（2）虚拟工作任务，将应知和应会的知识要点有机地融合在工程实例中，使学习者深入了解资料的分类、整理、使用、归档及移交等全过程。

（3）利用推荐阅读资料和能力拓展进一步提升学习者运用信息服务工程的实际能力，提高分析问题、解决问题的能力，明确工程资料管理是工程项目建造全过程质量的保证。

第三版在前版的基础上进行了全新修订，并在内容和展现形式上做到了创新，具体体现在以下几方面。

（1）新增课程思政内容，使之与工程案例有机融合，并融入了党的二十大报告内容，突出职业素养的培养。

（2）新增部分微课及案例视频，以二维码呈现，使大量信息隐藏于后台，既减少书本厚度又拓展了知识内容，为学习过程增添生动资讯。

（3）规范或标准中的规定表格与填写示例交叉出现，使学习者既明确工程资料管理的要点又能理论结合实际。

（4）每章前增设思维导图，使工作任务更明确，利于学习者更快地建立工程资料管理理论体系。

（5）每章后的"学习效果自我检测记录表"和"课后实践记录表"留足空白以便学习者填写，配合工作任务设计与实施，有效达到活页式教材的功能。

（6）将节能技术、设备工程、绿色建筑、智慧建造等建筑新技术匹配新标准有机渗透在工程资料管理中。

本书由日照职业技术学院孙刚、刘志麟担任主编，日照职业技术学院孙慧玲、聊城职业技术学院赵丹担任副主编，山东外国语职业技术大学宦慧玲、黑龙江建筑职业技术学院张怡、日照职业技术学院郭慧、日照职业技术学院牟文杰、日照职业技术学院姜爱玲、日照航海工程职业学院高天舒、日照市园林环卫集团有限公司刘志梅、日照市河山中心学校刘丰贤参编，济南工程职业技术学院姜利妍教授和日照利伟建设集团有限公司高级工程师费伟担任主审。本书具体编写分工如下：第 1、2 章由孙刚编写，第 3.1 节由宦慧玲编写，第 3.2 节由张怡编写，第 3.3 节由郭慧编写，第 3.4 节由孙慧玲编写，第 3.5 节由牟文杰编写，第 3.6 节由赵丹编写，第 4、5 章由刘志麟编写，第 6.1 节由高天舒编写，第 6.2 节由刘志梅编写，第 6.3 节由姜爱玲编写，书中图表的绘制和编写由刘丰贤完成。全书由孙刚统稿并定稿。

　　本书第一版由孙刚、刘志麟担任主编，邵慧、谢咸颂、刘丰贤担任副主编，王涛参编，丁元余担任主审。

　　本书第二版由孙刚、刘志麟担任主编，姜爱玲、邵慧担任副主编，王玉梅、张怡、丁元余、刘丰贤参编，张卫东、申永俊担任主审。

　　本书在修订过程中尽管力求精细，但仍存在疏漏不当之处，恳请广大读者批评指正。同时本书在修订过程中参考了大量文献，在此向相关作者表示衷心感谢。

编　者
2024 年 5 月

资源索引

目录

第 1 章 建筑工程资料管理入门 ... 1
- 1.1 建筑工程资料及分类 ... 3
- 1.2 建筑工程资料管理及其质量要求 ... 18
- 1.3 资料员岗位工作要求 ... 22
- 1.4 建筑工程资料整理与组卷 ... 27
- 1.5 建筑工程资料验收、移交与归档 ... 39
- 小结 ... 45

第 2 章 工程准备阶段文件编制与整理 ... 47
- 2.1 立项文件 ... 50
- 2.2 建设用地文件 ... 52
- 2.3 勘察、设计文件 ... 54
- 2.4 招投标文件 ... 58
- 2.5 开工审批文件 ... 59
- 2.6 工程造价文件 ... 64
- 2.7 工程建设基本信息 ... 64
- 小结 ... 65

第 3 章 工程监理资料编制与整理 ... 67
- 3.1 监理管理文件 ... 70
- 3.2 进度控制文件 ... 79
- 3.3 质量控制文件 ... 82
- 3.4 造价控制文件 ... 94
- 3.5 工期管理文件 ... 101
- 3.6 监理验收文件 ... 105
- 小结 ... 109

第 4 章 施工资料编制与整理 ... 119
- 4.1 施工管理资料 ... 120

  4.2 施工技术资料 …………………………………………………………… 129
  4.3 施工测量资料 …………………………………………………………… 138
  4.4 施工物资资料 …………………………………………………………… 149
  4.5 施工记录 ………………………………………………………………… 159
  4.6 施工试验记录及检验报告 ……………………………………………… 180
  4.7 施工质量验收资料 ……………………………………………………… 192
  4.8 竣工验收资料 …………………………………………………………… 204
  小结 ……………………………………………………………………………… 217

第 5 章 工程竣工验收资料编制与整理 ……………………………………… 219

  5.1 竣工图 …………………………………………………………………… 221
  5.2 竣工验收与备案文件 …………………………………………………… 225
  5.3 竣工决算文件 …………………………………………………………… 241
  5.4 工程影音资料 …………………………………………………………… 250
  小结 ……………………………………………………………………………… 250

第 6 章 工程资料管理现代化 ……………………………………………………… 252

  6.1 信息化与工程资料管理 ………………………………………………… 255
  6.2 建筑工程管理现代理念与实践 ………………………………………… 273
  6.3 智能建筑与资料管理 …………………………………………………… 292
  小结 ……………………………………………………………………………… 315

参考文献 …………………………………………………………………………………… 318

第1章 建筑工程资料管理入门

思维导图

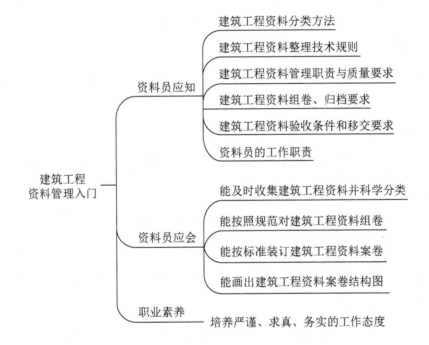

✔ 学习性工作任务

🏠 工程背景

日照职业技术学院 10 号教工住宅楼工程，位于日照职业技术学院生活区院内，由日照市建筑规划设计院设计，日照市南湖建筑工程有限公司施工，天元建设监理有限公司监理。

10 号教工住宅楼工程为 6 层框架结构，底层设有高 2.2m 的车库，标准层层高 3m，总建筑面积 4 000m^2，建筑总高 17m，每单元 12 户。该工程采用轻质加气混凝土隔墙、外保温，除卧室地面做结构找平外，其余房间铺贴地面砖，内外墙水泥抹灰、刷涂料，工厂定做铝合金双层玻璃平开窗、实木内门和入户防盗门，水、电、暖、卫等基本设施配套齐全，电视、网络、电话等智能建筑系统完善。

🏠 工作准备

在教师的帮助下，每人准备 A4 活页纸 20 张，各类工程资料管理空白表格 20 份，其中包括一般住宅楼建设常用的、各不相同的 B、C 两类表格，图纸 1 套，统一的档案装具 1 个。

🏠 工作任务

依据现行的工程资料管理行业标准，结合以上工程背景提供的信息，模拟资料员，进行该建筑工程各建设阶段资料管理工作，并完成以下任务。

(1) 制订该工程资料搜集、编制、整理总体计划。

(2) 按照工程准备阶段文件整理要求，在 A4 纸的相应位置，分别书写出该工程工程准备阶段文件的名称和已知的建设信息。

(3) 在 A4 纸和表格上填写该工程资料的名称。

(4) 以小组为单位，对每名学生模拟填写的资料进行分类、编目、组卷和整理，形成一套模拟工程档案。

🏠 教学建议

该任务是本课程学习的活动导向，教师在进行课程整体设计和单元设计时要灵活处理，根据本校教学时间安排，灵活布置单元学习任务。建议学生分组学习，贯彻学生为主体、教师为主导、工作任务为导向、项目为载体、理论与实践相结合、学中做和做中学的职业教育教学理念，按照咨询、决策、计划、实施、评估、反馈的教学步骤，组织教学实施活动。

🏠 引例

教师提供近期在本地区城建档案馆备案的典型建筑工程档案实物资料一套。作为学生学习的范本，供学生观摩、分析、讨论、学习。

建筑工程资料是建筑工程合法身份与质量合格的证明文件，是工程竣工交付使用的必备文件，也是对工程进行检查、验收、维修、改建和扩建的原始依据。

🏠 思考

1. 分析该建筑工程的档案资料由哪几部分组成？主要的分部分项工程有哪些？有无工程分包？分包单位是谁？工程准备阶段文件审批单位有哪些？该工程的主要参建单位有哪些？监理资料有哪些？归档的验收资料有哪些？

2. 尽可能详细地分析出该工程的工程概况、主要的施工物资材料信息，以及对哪些材料做了检测。该工程施工段是如何划分的？主要的施工试验项目有哪些？见证取样的项目有哪些？主要分部工程质量验收的时间是什么？

3. 分析该工程资料内容，有没有出现质量事故？有没有返工重做或加固问题？有没有停工现象？监理旁站有哪些部位或工序？

4. 分析该工程资料的归档管理步骤。案卷题名是什么？该工程单独组卷的项目有哪些？

5. 分析该工程档案验收与移交时，档案移交备案的时间是什么？履行了哪些手续？该工程有没有哪些手续违反政策要求？

6. 系统地梳理该工程档案的编码及组卷方法，画出案卷结构图，用文字评价该案卷的质量。

1.1 建筑工程资料及分类

1.1.1 建筑工程资料与建筑工程档案

1. 建筑工程资料

建筑工程资料是指建筑工程建设过程中形成的各种形式信息记录的统称，简称工程资料。

2. 建筑工程档案

建筑工程档案是指工程建设过程中直接形成的，具有归档保存价值的工程资料。建筑工程档案是在贯彻执行国家法律法规、国家标准，按照行业标准要求，以及落实地方规章、标准等前提下，对建筑工程资料进行归类、整理、组卷、归档后的结果。

3. 建筑工程资料与建筑工程档案的载体形式

建筑工程建设过程中，各种工程建设信息以不同的形式存在，主要有4种载体。

(1) 纸质载体是以纸张为基础的载体形式。

(2) 光盘载体是以光盘为基础，利用计算机技术对工程资料进行存储的载体形式。

(3) 缩微品载体是以胶片为基础，利用缩微技术对工程资料进行保存的载体形式。

(4) 磁性载体是以磁性记录材料(磁带、磁盘等)为基础，对工程资料的电子文件、声音、图像进行存储的载体形式。

根据建筑工程资料和建筑工程档案管理工作需要，建筑工程资料主要采用纸质载体、光盘载体和磁性载体3种形式，建筑工程档案则采用包括缩微品载体在内的上述4种形式。3种形式的建筑工程资料都要在工程建设过程中形成、收集和整理。采用缩微品载体的建筑工程档案，要在纸质载体档案经城建档案馆和有关部门验收合格的前提下，凭城建档案馆发的"许可微缩证明书"进行微缩制作。

1.1.2 建筑工程资料分类

为便于对建筑工程资料进行管理，一般按照工程文件资料的来源、类别、形成的先后顺序以及收集和整理单位的不同进行分类。《建设工程文件归档规范(2019 年版)》(GB/T 50328—2014)中,将建筑工程资料分为工程准备阶段文件(A 类)、监理文件(B 类)、施工文件(C 类)、竣工图(D 类)和工程竣工验收文件(E 类)。

(1) 工程准备阶段文件是指建设单位在工程建设管理过程中形成的文件。

(2) 监理文件是指监理单位在工程设计、施工等监理过程中形成的资料。

(3) 施工文件是指施工单位在工程施工管理过程中形成的资料。

(4) 竣工图是指工程竣工验收后,真实反映建筑工程施工结果的图纸。各项新建、改建、扩建的工程均须编制竣工图。

(5) 工程竣工验收文件是指竣工验收与备案文件、竣工决算文件、工程声像资料等、其他工程文件 4 类。

《建筑工程资料管理规程》(JGJ/T 185—2009)将其分为工程准备阶段文件、监理资料、施工资料、竣工图和工程竣工文件 5 大类。尽管名称略有差别,但实质是一样的,依据《建设工程文件归档规范(2019 年版)》(GB/T 50328—2014),各类建筑工程资料的分类如下。

1. 工程准备阶段文件(A 类)

工程准备阶段文件(A 类)分类见表 1-1。

表 1-1　工程准备阶段文件(A 类)分类

类别		归档文件	保存单位				
			建设单位	设计单位	施工单位	监理单位	城建档案馆
A1		立项文件					
	1	项目建议书批复文件及项目建议书	▲				▲
	2	可行性研究报告批复文件及可行性研究报告	▲				▲
	3	专家论证意见、项目评估文件	▲				▲
	4	有关立项的会议纪要、领导批示	▲				▲
A2		建设用地、拆迁文件					
	1	选址申请及选址规划意见通知书	▲				▲
	2	建设用地批准书	▲				▲
	3	拆迁安置意见、协议、方案等	▲				△
	4	建设用地规划许可证及其附件	▲				▲
	5	土地使用证明文件及其附件	▲				▲
	6	建设用地钉桩通知单	▲				▲
A3		勘察、设计文件					
	1	工程地质勘察报告	▲	▲			▲
	2	水文地质勘察报告	▲	▲			▲
	3	初步设计文件(说明书)	▲	▲			

续表

类别	归档文件	建设单位	设计单位	施工单位	监理单位	城建档案馆
4	设计方案审查意见	▲	▲			▲
5	人防、环保、消防等有关主管部门(对设计方案)审查意见	▲	▲			▲
6	设计计算书	▲	▲			△
7	施工图设计文件审查意见	▲	▲			▲
8	节能设计备案文件	▲				▲
A4	招投标文件					
1	勘察、设计招投标文件	▲	▲			
2	勘察、设计合同	▲	▲			▲
3	施工招投标文件	▲		▲	△	
4	施工合同	▲		▲	△	▲
5	工程监理招投标文件	▲			▲	
6	监理合同	▲			▲	▲
A5	开工审批文件					
1	建设工程规划许可证及其附件	▲		△	△	▲
2	建设工程施工许可证	▲		▲	▲	▲
A6	工程造价文件					
1	工程投资估算材料	▲				
2	工程设计概算材料	▲				
3	招标控制价格文件	▲				
4	合同价格文件	▲		▲		△
5	结算价格文件	▲		▲		△
A7	工程建设基本信息					
1	工程概况信息表	▲		△		▲
2	建设单位工程项目负责人及现场管理人员名册	▲				▲
3	监理单位工程项目总监及监理人员名册	▲			▲	▲
4	施工单位工程项目经理及质量管理人员名册	▲		▲		▲

注:表中符号"▲"表示必须归档保存;"△"表示选择性归档保存。

2. 监理文件(B 类)

监理文件(B 类)分类见表 1-2。

表 1-2 监理文件(B 类)分类

类别	归档文件	建设单位	设计单位	施工单位	监理单位	城建档案馆
B1	**监理管理文件**					
1	监理规划	▲			▲	▲
2	监理实施细则	▲		△	▲	▲
3	监理月报	△			▲	
4	监理会议纪要	▲		△	▲	
5	监理工作日志				▲	
6	监理工作总结				▲	▲
7	工作联系单	▲		△	△	
8	监理工程师通知	▲		△	▲	△
9	监理工程师通知回复单	▲		△	▲	△
10	工程暂停令	▲		△	▲	▲
11	工程复工报审表	▲		▲	▲	▲
B2	**进度控制文件**					
1	工程开工报审表	▲		▲	▲	▲
2	施工进度计划报审表	▲		△	△	
B3	**质量控制文件**					
1	质量事故报告及处理资料	▲		▲	▲	▲
2	旁站监理记录	△		△	▲	
3	见证取样和送检人员备案表	▲		▲	▲	
4	见证记录	▲		▲	▲	
5	工程技术文件报审表				△	
B4	**造价控制文件**					
1	工程款支付	▲		△	△	
2	工程款支付证书	▲		△	△	
3	工程变更费用报审表	▲		△	△	
4	费用索赔申请表	▲		△	△	
5	费用索赔审批表	▲		△	△	
B5	**工期管理文件**					
1	工程延期申请表	▲		▲	▲	▲
2	工程延期审批表	▲			▲	▲
B6	**监理验收文件**					
1	竣工移交证书	▲		▲	▲	▲
2	监理资料移交书	▲			▲	

注：表中符号"▲"表示必须归档保存；"△"表示选择性归档保存。

3. 施工文件(C 类)

施工文件(C 类)分类见表 1-3。

表 1-3 施工文件(C 类)分类

类别	归档文件	建设单位	设计单位	施工单位	监理单位	城建档案馆
C1	**施工管理文件**					
1	工程概况表	▲		▲	▲	△
2	施工现场质量管理检查记录			△	△	
3	企业资质证书及相关专业人员岗位证书	△		△	△	△
4	分包单位资质报审表	▲		▲	▲	
5	建设单位质量事故勘查记录	▲		▲	▲	▲
6	建设工程质量事故报告书	▲		▲	▲	▲
7	施工检测计划	△		△	△	
8	见证试验检测汇总表	▲		▲	▲	
9	施工日志			▲		
C2	**施工技术文件**					
1	工程技术文件报审表	△		△	△	
2	施工组织设计及施工方案	△		△	△	△
3	危险性较大分部分项工程施工方案	△		△	△	△
4	技术交底记录	△		△		
5	图纸会审记录	▲	▲	▲	▲	▲
6	设计变更通知单	▲	▲	▲	▲	▲
7	工程洽商记录(技术核定单)	▲	▲	▲	▲	▲
C3	**进度造价文件**					
1	工程开工报审表	▲		▲	▲	▲
2	工程复工报审表	▲		▲	▲	▲
3	施工进度计划报审表			△	△	
4	施工进度计划			△	△	
5	人、机、料动态表			△	△	
6	工程延期申请表	▲		▲	▲	▲
7	工程款支付申请表	▲		△	△	
8	工程变更费用报审表	▲		△	△	
9	费用索赔申请表	▲		△	△	

续表

类别	归档文件	保存单位				
		建设单位	设计单位	施工单位	监理单位	城建档案馆
C4	施工物资出厂质量证明及进场检测文件					
	出厂质量证明文件及检测报告					
1	砂、石、砖、水泥、钢筋、隔热保温、防腐材料、轻骨料出厂证明文件	▲		▲	▲	△
2	其他物资出厂合格证、质量保证书、检测报告和报关单或商检证等	△		▲	△	
3	材料、设备的相关检验报告、型式检测报告、3C 强制认证合格证书或 3C 标志	△		▲	△	
4	主要设备、器具的安装使用说明书	▲		▲	△	
5	进口的主要材料设备的商检证明文件	△		▲		
6	涉及消防、安全、卫生、环保、节能的材料、设备的检测报告或法定机构出具的有效证明文件	▲		▲	▲	△
7	其他施工物资产品合格证、出厂检验报告					
	进场检验通用表格					
1	材料、构配件进场检验记录			▲	△	
2	设备开箱检验记录			▲	△	
3	设备及管道附件试验记录	▲		▲	△	
	进场复试报告					
1	钢材试验报告	▲		▲	▲	▲
2	水泥试验报告	▲		▲	▲	▲
3	砂试验报告	▲		▲	▲	▲
4	碎(卵)石试验报告	▲		▲	▲	▲
5	外加剂试验报告	△		▲	▲	▲
6	防水涂料试验报告	▲		▲	△	
7	防水卷材试验报告	▲		▲	△	
8	砖(砌块)试验报告	▲		▲	▲	▲
9	预应力筋复试报告	▲		▲	▲	▲
10	预应力锚具、夹具和连接器复试报告	▲		▲	▲	▲
11	装饰装修用门窗复试报告	▲		▲	△	
12	装饰装修用人造木板复试报告	▲		▲	△	

续表

类别	归档文件	保存单位				
		建设单位	设计单位	施工单位	监理单位	城建档案馆
13	装饰装修用花岗石复试报告	▲		▲	△	
14	装饰装修用安全玻璃复试报告	▲		▲	△	
15	装饰装修用外墙面砖复试报告	▲		▲	△	
16	钢结构用钢材复试报告	▲		▲	▲	▲
17	钢结构用防火涂料复试报告	▲		▲	▲	▲
18	钢结构用焊接材料复试报告	▲		▲	▲	▲
19	钢结构用高强度大六角头螺栓连接副复试报告	▲		▲	▲	▲
20	钢结构用扭剪型高强螺栓连接副复试报告	▲		▲	▲	▲
21	幕墙用铝塑板、石材、玻璃、结构胶复试报告	▲		▲	▲	▲
22	散热器、供暖系统保温材料、通风与空调工程绝热材料、风机盘管机组、低压配电系统电缆的见证取样复试报告	▲		▲	▲	▲
23	节能工程材料复试报告	▲		▲	▲	▲
24	其他物资进场复试报告					
C5	**施工记录文件**					
1	隐蔽工程验收记录	▲		▲	▲	▲
2	施工检查记录			△		
3	交接检查记录			△		
4	工程定位测量记录	▲		▲	▲	▲
5	基槽验线记录	▲		▲	▲	▲
6	楼层平面放线记录			△	△	△
7	楼层标高抄测记录			△	△	
8	建筑物垂直度、标高观测记录	▲		▲	△	△
9	沉降观测记录	▲		▲	▲	▲
10	基坑支护水平位移监测记录			△	△	
11	桩基、支护测量放线记录			△	△	
12	地基验槽记录	▲	▲	▲	▲	▲
13	地基钎探记录	▲		△	△	▲
14	混凝土浇灌申请书			△	△	
15	预拌混凝土运输单			△		

续表

类别	归档文件	保存单位				
		建设单位	设计单位	施工单位	监理单位	城建档案馆
16	混凝土开盘鉴定			△	△	
17	混凝土拆模申请单			△	△	
18	混凝土预拌测温记录			△		
19	混凝土养护测温记录			△		
20	大体积混凝土养护测温记录			△		
21	大型构件吊装记录	▲		▲	△	▲
22	焊接材料烘焙记录			△		
23	地下工程防水效果检查记录	▲		▲	△	
24	防水工程试水检查记录	▲		▲	△	
25	通风(烟)道、垃圾道检查记录	▲		▲	△	
26	预应力筋张拉记录	▲		▲	△	▲
27	有黏结预应力结构灌浆记录	▲		▲	△	▲
28	钢结构施工记录	▲		▲	△	
29	网架(索膜)施工记录	▲		▲	△	▲
30	木结构施工记录	▲		▲	△	
31	幕墙注胶检查记录	▲		▲	△	
32	自动扶梯、自动人行道的相邻区域检查记录	▲		▲	△	
33	电梯电气装置安装检查记录	▲		▲	△	
34	自动扶梯、自动人行道电气装置检查记录	▲		▲	△	
35	自动扶梯、自动人行道整机安装质量检查记录	▲		▲	△	
36	其他施工记录文件					
C6	施工试验记录及检测文件					
	通用表格					
1	设备单机试运转记录	▲		▲	△	△
2	系统试运转调试记录	▲		▲	△	△
3	接地电阻测试记录	▲		▲	△	△
4	绝缘电阻测试记录	▲		▲	△	△
	建筑与结构工程					
1	锚杆试验报告	▲		▲	△	△
2	地基承载力检验报告	▲		▲	△	▲
3	桩基检测报告	▲		▲	△	▲

续表

类别	归档文件	保存单位				
		建设单位	设计单位	施工单位	监理单位	城建档案馆
4	土工击实试验报告	▲		▲	△	▲
5	回填土试验报告(应附图)	▲		▲	△	▲
6	钢筋机械连接试验报告	▲		▲	△	△
7	钢筋焊接连接试验报告	▲		▲	△	△
8	砂浆配合比申请书、通知单			△	△	△
9	砂浆抗压强度试验报告	▲		▲	△	▲
10	砌筑砂浆试块强度统计、评定记录	▲		▲	△	
11	混凝土配合比申请书、通知单	▲		△	△	△
12	混凝土抗压强度试验报告	▲		▲	△	▲
13	混凝土试块强度统计、评定记录	▲		▲	△	
14	混凝土抗渗试验报告	▲		▲	△	▲
15	砂、石、水泥放射性指标报告	▲		▲	△	△
16	混凝土碱总量计算书	▲		▲	△	△
17	外墙饰面砖样板黏结强度试验报告	▲		▲	△	△
18	后置埋件抗拔试验报告	▲		▲	△	△
19	超声波探伤报告、探伤记录	▲		▲	△	△
20	钢构件射线探伤报告	▲		▲	△	△
21	磁粉探伤报告	▲		▲	△	△
22	高强度螺栓抗滑移系数检测报告	▲		▲	△	△
23	钢结构焊接工艺评定			△	△	△
24	网架节点承载力试验报告	▲		▲	△	△
25	钢结构防腐、防火涂料厚度检测报告	▲		▲	△	△
26	木结构胶缝试验报告	▲		▲	△	
27	木结构构件力学性能试验报告	▲		▲	△	△
28	木结构防护剂试验报告	▲		▲	△	△
29	幕墙双组分硅酮结构胶混匀性及拉断试验报告	▲		▲	△	△
30	幕墙的抗风压性能、空气渗透性能、雨水渗透性能及平面内变形性能检测报告	▲		▲	△	△
31	外门窗的抗风压性能、空气渗透性能和雨水渗透性能检测报告	▲		▲	△	△
32	墙体节能工程保温板材与基层黏结强度现场拉拔试验	▲		▲	△	△

续表

类别	归档文件	保存单位				
		建设单位	设计单位	施工单位	监理单位	城建档案馆
33	外墙保温浆料同条件养护试件试验报告	▲		▲	△	△
34	结构实体混凝土强度验收记录	▲		▲	△	△
35	结构实体钢筋保护层厚度验收记录	▲		▲	△	△
36	围护结构现场实体检验	▲		▲	△	△
37	室内环境检测报告	▲		▲	△	△
38	节能性能检测报告	▲		▲	△	▲
39	其他建筑与结构施工试验记录与检测文件					
给水排水及供暖工程						
1	灌(满)水试验记录	▲		△	△	
2	强度严密性试验记录	▲		▲	△	△
3	通水试验记录	▲		△	△	
4	冲(吹)洗试验记录	▲		▲		
5	通球试验记录	▲		△	△	
6	补偿器安装记录			▲	△	
7	消火栓试射记录	▲		▲	△	
8	安全附件安装检查记录			▲	△	
9	锅炉烘炉试验记录			▲	△	
10	锅炉煮炉试验记录			▲	△	
11	锅炉试运行记录	▲		▲	△	
12	安全阀定压合格证书	▲		▲	△	
13	自动喷水灭火系统联动试验记录	▲		▲	△	△
14	其他给水排水及供暖施工试验记录与检测文件					
建筑电气工程						
1	电气接地装置平面示意图表	▲		▲	△	△
2	电气器具通电安全检查记录	▲		△	△	
3	电气设备空载试运行记录	▲		▲	△	△
4	建筑物照明通电试运行记录	▲		▲	△	△
5	大型照明灯具承载试验记录			▲	△	
6	漏电开关模拟试验记录	▲		▲	△	
7	大容量电气线路结点测温记录	▲		▲	△	
8	低压配电电源质量测试记录	▲		▲	△	

续表

类别	归档文件	保存单位				
		建设单位	设计单位	施工单位	监理单位	城建档案馆
9	建筑物照明系统照度测试记录	▲		△	△	
10	其他建筑电气施工试验记录与检测文件					
	智能建筑工程					
1	综合布线测试记录	▲		▲	△	△
2	光纤损耗测试记录	▲		▲	△	△
3	视频系统末端测试记录	▲		▲	△	△
4	子系统检测记录	▲		▲	△	△
5	系统试运行记录	▲		▲	△	△
6	其他智能建筑施工试验记录与检测文件					
	通风与空调工程					
1	风管漏光检测记录	▲		△	△	
2	风管漏风检测记录	▲		▲	△	
3	现场组装除尘器、空调机漏风检测记录			△	△	
4	各房间室内风量测量记录	▲		△	△	
5	管网风量平衡记录	▲		△	△	
6	空调系统试运转调试记录	▲		▲	△	△
7	空调水系统试运转调试记录	▲		▲	△	
8	制冷系统气密性试验记录	▲		▲	△	
9	净化空调系统检测记录	▲		▲	△	
10	防排烟系统联合试运行记录	▲		▲	△	△
11	其他通风与空调施工试验记录与检测文件					
	电梯工程					
1	轿厢平层准确度测量记录	▲		△	△	
2	电梯层门安全装置检测记录	▲		▲	△	
3	电梯电气安全装置检测记录	▲		▲	△	
4	电梯整机功能检测记录	▲		▲	△	
5	电梯主要功能检测记录	▲		▲	△	
6	电梯负荷运行试验记录	▲		▲	△	△
7	电梯负荷运行试验曲线图表	▲		▲	△	
8	电梯噪声测试记录	△		△	△	

续表

类别	归档文件	保存单位				
		建设单位	设计单位	施工单位	监理单位	城建档案馆
9	自动扶梯、自动人行道安全装置检测记录	▲		▲	△	
10	自动扶梯、自动人行道整机性能、运行试验记录	▲		▲	△	△
11	其他电梯施工试验记录与检测文件					
C7	**施工质量验收文件**					
1	检验批质量验收记录	▲		△	△	
2	分项工程质量验收记录	▲		▲	▲	
3	分部(子分部)工程质量验收记录	▲		▲	▲	▲
4	建筑节能分部工程质量验收记录	▲		▲	▲	▲
5	自动喷水系统验收缺陷项目划分记录	▲		△	△	
6	程控电话交换系统分项工程质量验收记录	▲		▲	△	
7	会议电视系统分项工程质量验收记录	▲		▲	△	
8	卫星数字电视系统分项工程质量验收记录	▲		▲	△	
9	有线电视系统分项工程质量验收记录	▲		▲	△	
10	公共广播与紧急广播系统分项工程质量验收记录	▲		▲	△	
11	计算机网络系统分项工程质量验收记录	▲		▲	△	
12	应用软件系统分项工程质量验收记录	▲		▲	△	
13	网络安全系统分项工程质量验收记录	▲		▲	△	
14	空调与通风系统分项工程质量验收记录	▲		▲	△	
15	变配电系统分项工程质量验收记录	▲		▲	△	
16	公共照明系统分项工程质量验收记录	▲		▲	△	
17	给水排水系统分项工程质量验收记录	▲		▲	△	
18	热源和热交换系统分项工程质量验收记录	▲		▲	△	
19	冷冻和冷却水系统分项工程质量验收记录	▲		▲	△	
20	电梯和自动扶梯系统分项工程质量验收记录	▲		▲	△	
21	数据通信接口分项工程质量验收记录	▲		▲	△	

续表

类别	归档文件	保存单位				
		建设单位	设计单位	施工单位	监理单位	城建档案馆
22	中央管理工作站及操作分站分项工程质量验收记录	▲		▲	△	
23	系统实时性、可维护性、可靠性分项工程质量验收记录	▲		▲	△	
24	现场设备安装及检测分项工程质量验收记录	▲		▲	△	
25	火灾自动报警及消防联动系统分项工程质量验收记录	▲		▲	△	
26	综合防范功能分项工程质量验收记录	▲		▲	△	
27	视频安防监控系统分项工程质量验收记录	▲		▲	△	
28	入侵报警系统分项工程质量验收记录	▲		▲	△	
29	出入口控制(门禁)系统分项工程质量验收记录	▲		▲	△	
30	巡更管理系统分项工程质量验收记录	▲		▲	△	
31	停车场(库)管理系统分项工程质量验收记录	▲		▲	△	
32	安全防范综合管理系统分项工程质量验收记录	▲		▲	△	
33	综合布线系统安装分项工程质量验收记录	▲		▲	△	
34	综合布线系统性能检测分项工程质量验收记录	▲		▲	△	
35	系统集成网络连接分项工程质量验收记录	▲		▲	△	
36	系统数据集成分项工程质量验收记录	▲		▲	△	
37	系统集成整体协调分项工程质量验收记录					
38	系统集成综合管理及冗余功能分项工程质量验收记录	▲		▲	△	
39	系统集成可维护性和安全性分项工程质量验收记录	▲		▲	△	
40	电源系统分项工程质量验收记录	▲		▲	△	
41	其他施工质量验收文件					

续表

类别	归档文件	保存单位				
		建设单位	设计单位	施工单位	监理单位	城建档案馆
C8	**施工验收文件**					
1	单位(子单位)工程竣工预验收报验表	▲		▲		▲
2	单位(子单位)工程质量竣工验收记录	▲	△	▲		▲
3	单位(子单位)工程质量控制资料核查记录	▲		▲		▲
4	单位(子单位)工程安全和功能检验资料核查及主要功能抽查记录	▲		▲		▲
5	单位(子单位)工程观感质量检查记录	▲		▲		▲
6	施工资料移交书	▲		▲		
7	其他施工验收文件					

注：表中符号"▲"表示必须归档保存；"△"表示选择性归档保存。

4. 竣工图(D 类)

竣工图(D 类)分类见表 1-4。

表 1-4 竣工图(D 类)分类

类别	归档文件	保存单位				
		建设单位	设计单位	施工单位	监理单位	城建档案馆
1	建筑竣工图	▲		▲		▲
2	结构竣工图	▲		▲		▲
3	钢结构竣工图	▲		▲		▲
4	幕墙竣工图	▲		▲		▲
5	室内装饰竣工图	▲		▲		▲
6	建筑给水排水及供暖竣工图	▲		▲		▲
7	建筑电气竣工图	▲		▲		▲
8	智能建筑竣工图	▲		▲		▲
9	通风与空调竣工图	▲		▲		▲
10	室外工程竣工图	▲		▲		▲
11	规划红线内的室外给水、排水、供热、供电、照明管线等竣工图	▲		▲		▲
12	规划红线内的道路、园林绿化、喷灌设施等竣工图	▲		▲		▲

注：表中符号"▲"表示必须归档保存；"△"表示选择性归档保存。

5. 工程竣工验收文件(E 类)

工程竣工验收文件(E 类)分类见表 1-5。

表 1-5 工程竣工验收文件(E 类)分类

类别	归档文件	建设单位	设计单位	施工单位	监理单位	城建档案馆
E1	竣工验收与备案文件					
1	勘察单位工程质量检查报告	▲		△	△	▲
2	设计单位工程质量检查报告	▲	▲	△		▲
3	施工单位工程竣工报告	▲		▲	△	▲
4	监理单位工程质量评估报告	▲		△	▲	▲
5	工程竣工验收报告	▲	▲	▲	▲	▲
6	工程竣工验收会议纪要	▲	▲	▲	▲	▲
7	专家组竣工验收意见	▲	▲	▲	▲	▲
8	工程竣工验收证书	▲	▲	▲	▲	▲
9	规划、消防、环保、民防、防雷、档案等部门出具的验收文件或意见	▲	▲	▲	▲	▲
10	房屋建筑工程质量保修书	▲				▲
11	住宅质量保证书、住宅使用说明书	▲		▲		▲
12	建设工程竣工验收备案表	▲	▲	▲	▲	▲
13	城市建设档案移交书	▲				▲
E2	竣工决算文件					
1	施工决算文件	▲		▲		△
2	监理决算文件	▲			▲	△
E3	工程声像资料等					
1	开工前原貌、施工阶段、竣工新貌照片	▲		△	△	▲
2	工程建设过程的录音、录像资料(重大工程)	▲		△	△	▲
E4	其他工程文件					

注:表中符号"▲"表示必须归档保存;"△"表示选择性归档保存。

知识链接

1. 建筑工程资料分类及保存表

《建设工程文件归档规范(2019年版)》(GB/T 50328—2014)附录A中,不但明确了各类建筑工程资料的分类,而且还对资料的归档保存单位进行了界定,是建筑工程资料分类保存的主要依据。

2. 建筑工程分部(子分部)工程划分

《建筑工程施工质量验收统一标准》(GB 50300—2013)中,规定了建筑工程分部(子分部)工程划分方法,将单位工程分为分部工程、子分部工程、分项工程,并明确了各分部工程、子分部工程和分项工程的名称,是施工资料分类管理的主要依据。

1.2 建筑工程资料管理及其质量要求

1.2.1 建筑工程资料管理

1. 建筑工程资料管理的概念及意义

建筑工程资料管理是对建筑工程资料形成过程中各个管理环节的统称，包括建筑工程资料的填写、编制、审核、审批、收集、整理、验收、组卷、移交等环节的管理，简称工程资料管理。建筑工程作为一个实体工程，在建设过程中涉及规划、勘察、设计、施工、监理等各项技术工作，这些在不同阶段形成的工程资料或文件，经过规划、勘察、设计、施工、监理等不同单位相关人员的积累、收集、整理，形成具有归档保存价值的工程档案。

建筑工程资料管理是项目管理的一项重要工作，是建筑工程施工管理程序化、规范化和制度化的具体体现，做好建筑工程资料管理工作具有重要意义。首先，建筑工程资料管理是保证工程质量与安全的重要环节。其次，完整、真实、具体、随工程建设进展同步积累完成的工程资料，是竣工验收交付使用的必备条件；一个质量优良或合格的建筑工程必须具有一份内容齐全、文字记载真实可靠的工程资料。最后，建筑工程资料管理工作是工程安全使用和维修、维护的保证，工程资料为工程的检查、管理、使用、维护、改造、扩建提供可靠的依据。

2. 建筑工程资料管理的依据

建筑工程资料管理要执行现行的国家法律法规，依据国家、行业标准来进行规范管理，同时还要适应地方性法规和标准的要求。在我国，国家立法和验收标准都对建筑工程资料管理提出了明确的要求，《中华人民共和国建筑法》《建设工程质量管理条例》《城市建设档案管理规定》等法律法规，《建设工程监理规范》(GB/T 50319—2013)、《建筑工程施工质量验收统一标准》(GB 50300—2013)、《建设工程文件归档规范(2019 年版)》(GB/T 50328—2014)等国家标准，均把建筑工程资料与工程档案管理放在重要位置。

近几年行业管理部门加大了政策指导力度，住房和城乡建设部在总结近年来我国建筑工程档案管理的实践经验，借鉴国际先进科研成果和标准规范的基础上，先后修改和发布了《房屋建筑和市政基础设施工程竣工验收备案管理办法》、《建筑工程资料管理规程》(JGJ/T 185—2009)等部门规章和行业标准，增加、更新了建筑工程资料与工程档案管理的内容和方法。尤其是随着电子信息技术的发展，建设领域的电子文件与电子档案大量产生并广泛应用，保证信息时代城乡建设活动的真实历史记录长期保存和随时利用，已成为各地建设部门，特别是城建档案管理部门、建设系统各业务管理部门，以及工程建设、施工、勘察、设计、监理等单位所面临的一项重要任务。为此，原建设部于 2007 年将电子档案管理纳入了工程资料管理的范围，建筑工程资料管理向着更加科学、更加规范的方向发展。

1.2.2 建筑工程资料管理的质量要求

1. 进行过程控制和同步整理

建筑工程资料管理应建立岗位责任制,进行过程控制。建筑工程资料具有分散性和复杂性等特点,建立不同参建单位的工程资料管理岗位责任制,针对资料形成过程进行控制管理,能有效保证不同建设阶段形成的工程资料收集完整齐全。

建筑工程资料应随工程进度同步收集、整理、组卷,并按规定移交。建筑工程资料产生于建筑工程的整个过程,部分文件资料的产生具有规律性,但相当多的文件资料是由具体工程事件引发的,存在很大的随机性;同时,工程建设周期长,资料管理跨度大,对建筑工程资料管理的时效性要求也就非常高,只有随工程进度同步收集、整理、组卷,才能保证建筑工程资料的真实性和有效性。

2. 保证资料真实有效和符合相关要求

(1) 建筑工程资料应保证真实有效、完整齐全,严禁随意修改。全面性和真实性是建筑工程资料的重要特征,建筑工程资料只有全面反映项目的各类信息,真实反映工程情况,包括发生的事故和存在的隐患,才更有实用价值。建筑工程资料的有效性主要是指资料是否经过责任单位及责任人员的签字及盖章确认,包括责任单位及责任人员要对材料真实性的确认承担责任。

(2) 建筑工程资料应保证字迹清楚,图样清晰,图表整洁。建筑工程资料签字必须使用档案规定用笔,签字、盖章手续要齐全;计算机形成的工程资料应采用内容打印、手工签字的方式;所有竣工图均应加盖竣工图章。

(3) 建筑工程资料应利于长期保存。采用耐久性强的书写材料,如碳素墨水、蓝黑墨水,不得使用易褪色的书写材料,如红色墨水、纯蓝墨水、圆珠笔、铅笔等。建筑工程资料用纸应采用能够长期保存的韧力大、耐久性强的纸张。图纸一般采用蓝晒图,竣工图应是新蓝图。计算机出图必须清晰,不得使用计算机出图的复印件。

(4) 建筑工程资料的内容及其深度必须符合国家有关工程勘察、设计、施工、监理等方面的技术规范、标准和规程。

3. 原则上使用原件

建筑工程资料应使用原件,当使用复印件时应保证建筑工程资料的可追溯性。因各种原因不能使用原件时,应在复印件上加盖原件存放单位公章、注明原件存放处,并有经办人签字及时间。

4. 明确资料编者的责任主体

工程物资质量证明文件由采购单位负责,应保证其内容真实有效、完整齐全。

需多方签字确认的资料应由主要责任单位负责,内容应真实有效,签字盖章应齐全。

5. 进行档案预验收并办理移交手续

工程档案应按法律法规规定进行档案预验收并办理移交手续。备案机关发现建设单位在竣工验收过程中有违反国家有关建设工程质量管理规定行为的,应当在收讫竣工验收与备案文件 15 日内,责令停止使用,重新组织竣工验收。在建筑工程资料管理的过程中,参与各方要完善和加强备案审查制度[①]。

---

① 引自党的二十大报告"七、坚持全面依法治国,推进法治中国建设""(一) 完善以宪法为核心的中国特色社会主义法律体系"。

制作缩微品载体档案需要城建档案馆批准并取得许可微缩证明书，证明书包括案卷目录、验收签章、城建档案馆的档号、胶片代数、质量要求等，并将证书缩拍在胶片"片头"上。报送缩微品载体工程竣工档案的种类和数量，一般要求报送三代片。

(1) 第一代(母片)卷片一套，作长期保存使用。

(2) 第二代(拷贝片)卷片一套，作复制工作用。

(3) 第三代(拷贝片)卷片或者开窗卡片、封套片、平片，作提供日常利用(阅读或复原)使用。

向城建档案馆移交的缩微卷片、开窗卡片、封套片、平片，以及电子工程档案的封套、格式必须按城建档案馆的要求进行标注。

6. 逐步实行计算机管理

建筑工程资料宜逐步实行计算机管理。对于参与各类规范化施工管理及参加政府、社会评优的工程宜采用光盘、缩微品载体。

采用光盘载体的电子工程档案，需要城建档案馆和有关部门先对纸质载体的建筑工程档案进行验收；验收合格后，再对电子工程档案进行核查；核查无误后，才能进行电子工程档案的光盘刻制。

知识链接

(1)《建筑工程资料管理规程》(JGJ/T 185—2009)。住房和城乡建设部于 2009 年 10 月 30 日，正式发布《建筑工程资料管理规程》为行业标准，编号为 JGJ/T 185—2009，自 2010 年 7 月 1 日起实施。该规程实施后已成为规范建筑工程资料管理的重要依据。

(2)《建设电子文件与电子档案管理规范》(CJJ/T 117—2017)。住房和城乡建设部于 2017 年 4 月 11 日，正式发布《建设电子文件与电子档案管理规范》(以下简称《规范》)为

行业标准，编号为 CJJ/T 117—2017，自 2017 年 10 月 1 日起实施。该《规范》是各单位收集、积累、整理、鉴定、验收、移交电子文件和加强电子档案管理的依据，对于保证建设电子文件和电子档案的真实性、完整性和有效性，保障建设电子文件和电子档案的安全保管与有效开发利用，具有重要的意义。

1.2.3 建筑工程资料管理职责

1. 建筑工程资料形成单位的管理职责

建筑工程资料应实行分级管理，由建设、勘察、设计、监理、施工、城建档案馆等单位项目负责人负责全过程的管理工作，具体管理职责见表1-6。

表1-6 建筑工程资料形成单位的管理职责

责任单位	序号	建筑工程资料管理职责
建设单位	1	负责收集和汇总勘察、设计、监理、施工等单位组卷、归档的工程资料
	2	建立工程资料管理制度，并督促工程各参建单位建立资料管理制度，将资料管理纳入工程建设管理的各个环节和各级人员的职责范围

续表

责任单位	序号	建筑工程资料管理职责
建设单位	3	负责基建文件管理,基建文件管理实行建设单位项目负责人负责制,建设单位应建立基建文件管理制度
	4	在工程招标及与勘察、设计、施工、监理等单位签订协议、合同时,应对工程资料的套数、费用、质量、移交时间等提出明确要求
	5	按《建设工程质量管理条例》规定向有关的勘察、设计、施工、监理等单位提供与工程有关的原始资料
	6	对需签字确认的工程资料及时签署意见
	7	负责督促检查各参建单位的工程资料管理工作,也可委托监理单位办理
	8	负责组织竣工图的绘制工作,亦可委托设计单位、监理单位或施工单位办理
	9	工程列入城建档案馆接收的,在组织工程竣工验收前,提请城建档案馆对工程档案进行预验收
	10	单位工程验收合格后,按规定进行竣工备案
	11	组织勘察、设计、监理、施工等有关单位进行工程竣工验收,形成竣工验收文件,并按规定进行工程档案移交
勘察、设计单位	1	勘察、设计单位分别负责勘察、设计文件管理,勘察、设计文件管理实行项目负责人负责制
	2	勘察、设计单位要建立勘察、设计文件管理制度
	3	勘察单位要提供工程地质、水文地质勘察报告,进行工程勘察交底,出具竣工质量检查报告并参与工程验收
	4	设计单位要提供工程设计文件,进行工程设计交底,参与图纸会审,提出设计变更、审核工程洽商文件,出具竣工质量检查报告并参与工程验收
监理单位	1	负责监理资料管理,实行总监理工程师负责制
	2	要建立监理资料管理制度
	3	依据合同约定,在施工阶段对施工资料的形成、积累、组卷和归档进行监督、检查,使施工资料的真实性、完整性和准确性符合有关要求
	4	在工程竣工验收前,负责提供合格、完整的监理资料,并提供工程质量评估报告
施工单位	1	负责施工资料管理,实行项目经理负责制
	2	建立施工资料管理制度
	3	建筑工程实行总承包的,施工总承包单位对施工资料总体负责,专业承包单位对承包范围内的施工资料负责。专业承包单位将承包范围内的施工资料收集、整理、组卷后移交施工总承包单位,由施工总承包单位汇总后移交建设单位
	4	在工程竣工验收前,将工程的施工资料整理、汇总、组卷,并按合同约定数量将其编制完整,移交建设单位,施工单位自行保存一套
城建档案馆	1	城建档案馆负责全市城建档案的管理,对建设系统列入城建档案业务范围的单位和部门的城建档案工作进行业务指导、监督和检查
	2	协调和组织全市地下管线普查,接收和编制地下管网图并进行动态管理工作

续表

责任单位	序号	建筑工程资料管理职责
城建档案馆	3	负责工程项目竣工档案的验收
	4	负责统筹规划建设信息系统的建设、业务指导及运行管理工作
	5	接收和保管应当永久和长期保管的各种载体的城建档案、资料
	6	对接收进馆的城建档案、资料实行科学管理、安全保护和为社会提供利用服务
	7	广泛征集城市建设、管理中形成的各种载体的历史档案、资料,开展城建年鉴、史志编辑、档案专题编研
	8	拍摄编辑反映城市建设历史及城市建设新貌的声像专题片,宣传城市建设成就和建设战线精神文明风貌

2. 施工资料员的管理职责

资料管理工作主要包括建筑工程资料的收集、积累、整理、组卷、验收与移交,各单位由资料员负责,其中施工资料员的管理职责见表1-7。

表1-7 施工资料员的管理职责

分类	序号	主要管理职责
资料管理计划	1	协助制订施工资料管理计划
	2	协助建立施工资料管理规章制度
资料收集、整理	1	负责建立施工资料收集台账,进行施工资料交底
	2	负责施工资料的收集、审查及整理
资料使用、保管	1	负责施工资料的往来传递、追溯及借阅管理
	2	负责提供管理数据、信息资料
资料归档、移交	1	负责施工资料的组卷、归档
	2	负责施工资料的封存和安全保密工作
	3	负责施工资料的验收与移交
施工信息管理系统	1	参与建立施工信息管理系统
	2	负责施工信息管理系统的运用、服务和管理

1.3 资料员岗位工作要求

1.3.1 资料员的基本要求

资料员是施工企业八大员(施工员、质量员、标准员、机械员、劳务员、安全员、材料员、资料员)之一。一个建设工程的质量具体反映在建筑物的实体质量，即硬件上，此外是该项工程技术资料质量，即软件。建筑工程资料的形成主要靠资料员的收集、整理、编制成册，因此资料员在施工过程中担负着十分重要的责任。

要当好资料员除要有认真、负责的工作态度外，还必须了解建设工程项目的工程概况；熟悉本工程的施工图、施工基础知识、施工技术规范、施工质量验收规范，建筑材料的技术性能、质量要求及使用方法，以及有关政策、法规和地方性法规、条文等；了解施工管理的全过程，掌握每项资料在什么时候产生。

知识链接

施工资料员应具备的理论知识见表1-8。

表1-8 施工资料员应具备的理论知识

分　　类	序号	理　论　知　识
通用知识	1	熟悉国家工程建设相关法律法规
	2	了解工程材料的基本知识
	3	熟悉施工图绘制、识读的基本知识
	4	了解工程的施工工艺和方法
	5	熟悉工程项目管理的基本知识
基础知识	1	了解建筑构造、建筑设备及工程预算的基本知识
	2	掌握计算机和相关资料管理软件的应用知识
	3	掌握公文写作基本知识
岗位知识	1	熟悉与本岗位相关的标准和管理规定
	2	熟悉工程竣工备案的管理知识
	3	掌握城建档案管理、施工资料管理及建筑业统计的基础知识
	4	掌握资料安全管理知识
备注		本标准将专业知识的认知目标分为"了解""熟悉""掌握"三个层次。"掌握"是最高水平要求，包括三方面含义：一是能记忆，即能陈述所列知识；二是能转换，即能用自己的语言对所列知识加以叙述和概括；三是能运用，即能应用所列知识分析和解决实际问题。"熟悉"是次高水平要求，包括两方面含义：一是能记忆，即能陈述所列知识；二是能转换，即能用自己的语言对所列知识加以叙述和概括。"了解"是最低水平要求，其内涵是对所列知识有一定的认识和记忆

1.3.2 资料员的工作职责

资料员负责工程项目的资料档案管理、计划、统计管理及内业管理工作。

1. 负责工程项目资料、图纸等档案的收集、管理

(1) 负责工程项目所有图纸的接收、清点、登记、发放、归档、管理的工作，在收到工程项目图纸并进行登记以后，按规定向有关单位和人员签发，由收件方签字确认。负责收存全部工程项目图纸，且每一项目应收存不少于两套正式图纸，其中至少一套图纸有设计单位图纸专用章。竣工图采用散装方式折叠，按资料目录的顺序，对建筑平面图、立面图、剖面图、建筑详图、结构施工图等建筑工程图纸进行分类管理。

(2) 收集、整理施工过程中所有技术变更、洽商记录、会议纪要等资料并归档。负责对每日收到的管理文件、技术文件进行分类、登记、归档。负责项目文件资料的登记、受控、分办、催办、签收、用印、传递、组卷、归档和销毁等工作。负责做好各类资料的积累、整理、处理、保管、归档、组卷等工作，注意保密的原则。来往文件资料收发应及时登记台账，视文件资料的内容和性质准确及时递交给项目经理批阅，并及时送有关部门办理。确保设计变更、洽商记录的完整性，要求各方严格执行接收手续，所接收到的设计变更、洽商记录，须经各方签字确认，并加盖公章。设计变更(包括图纸会审记录)原件要存档。所收存的技术资料须为原件，无法取得原件的，应详细备注，并加盖公章。做好信息收集、汇编工作，确保管理目标的全面实现。

2. 参加分部分项工程的验收工作

(1) 负责备案资料的填写、会签、整理、报送、归档，负责工程备案管理，对竣工验收相关指标做好备案处理(包括质量资料审查记录、单位工程综合验收记录)。对桩基工程、基础工程、主体工程、结构工程的备案资料进行核查。严格遵守资料整编要求，资料整编符合分类方案、编码规则的要求，资料份数应满足资料存档的需要。

(2) 监督检查施工单位施工资料的编制、管理，施工资料应做到完整、及时，要与工程进度同步。对施工单位形成的管理资料、技术资料、物资资料及验收资料，按施工顺序进行全程督查，保证施工资料的真实性、完整性、有效性。

(3) 按时向建设单位档案室移交有关资料。在工程竣工后，负责将文件资料、工程资料组卷移交建设单位。文件材料移交与归档时，应有"归档文件材料交接表"，交接双方必须根据移交目录清点核对，履行签字手续。移交目录一式两份，双方各持一份。

(4) 负责向城建档案馆移交档案。提请城建档案馆对列入城建档案馆接收范围的工程档案进行预验收，取得"建设工程竣工档案预验收意见"，在竣工验收后将工程档案移交城建档案馆。

(5) 指导工程技术人员对施工组织设计及施工方案、技术交底记录、图纸会审记录、设计变更通知单、工程洽商记录等技术资料进行分类保管并移交资料室。指导工程技术人员对工作活动中形成的，经过办理完毕具有保存价值的文件材料，或一项基建工程进行鉴定验收时归档的科技文件材料，或已竣工验收的工程项目的工程资料进行分类保管并移交资料室。

3. 负责计划、统计的管理工作

(1) 负责对施工部位、产值完成情况进行汇总、申报，按月编制施工统计报表，在平时统计资料基础上，编制整个项目当月进度统计报表和其他信息统计资料。编报的统计报表要按现场实际完成情况严格审查核对，不得多报、早报、重报、漏报。

(2) 负责与项目有关的各类合同的档案管理,负责对签订完成的合同进行收编归档,并开列编制目录。做好借阅登记,不得擅自抽取、复制、涂改,不得遗失,不得在案卷上随意画线、抽拆。

(3) 负责向销售策划提供工程主要形象进度信息,向各专业工程师了解工程进度,随时关注工程进展情况,为销售策划提供准确、可靠的工程信息。

4. 负责工程项目的内业管理工作

(1) 协助项目经理做好对外协调、接待工作,以及做好对内协调施工单位部门之间的工作。做好与有关部门及外来人员的联络接待工作,树立企业形象。

(2) 负责工程项目的内业管理工作,汇总各种内业资料,及时准确统计、登记台账、报表按要求上报。通过实时跟踪、反馈监督、信息查询、经验积累等多种方式,保证汇总的内业资料反映施工过程中的各种状态和责任,能够真实地再现施工时的情况,从而找到施工过程中的问题所在。对产生的资料进行及时收集和整理,确保工程项目的顺利进行。有效地利用内业资料,为企业发挥它们的潜在作用。

(3) 负责工程项目的后勤保障工作,负责做好文件收发、归档工作;负责部门成员考勤管理和日常行政管理等经费报销工作;负责对竣工工程的档案进行整理、归档、保管,便于有关部门查阅调用;负责公司文字及有关表格等打印;保管工程印章,对工程盖章登记,并留存备案。

5. 完成工程项目部经理交办的其他任务

略。

> 知识链接

施工资料员应具备的岗位技能见表1-9。

表1-9 施工资料员应具备的岗位技能

分　　类	序号	岗　位　技　能
资料管理计划	1	能够参与编制施工资料管理计划
资料收集、整理	1	能够建立施工资料收集台账
	2	能够进行施工资料交底
	3	能够收集、审查、整理施工资料
资料使用、保管	1	能够检索、处理、存储、传递、追溯、应用工程资料
	2	能够安全保管施工资料
资料归档、移交	1	能够对施工资料进行组卷、归档、验收、移交
施工信息管理系统	1	能够参与建立施工资料计算机辅助管理平台
	2	能够应用专业软件进行施工资料的处理
备注		鉴于土建施工、建筑设备安装等不同分部工作差异较为明显,资料员的岗位技能要不断培训学习

1.3.3 资料员的工作内容

资料员的工作内容按不同阶段划分，可分为施工前期阶段、施工阶段、竣工验收阶段，见表 1-10。

表 1-10 资料员的工作内容

工程施工阶段		序号	资料员的工作内容
施工前期阶段		1	熟悉建设项目的有关资料和施工图
		2	协助编制施工技术组织设计(施工技术方案)，并填写施工组织设计(施工方案)报审表给现场监理机构要求审批
		3	报开工报告，填报工程开工报审表，填写开工通知单
		4	协助编制各工种的技术交底材料
		5	协助制定各种规章制度
施工阶段		1	及时搜集整理进场的工程材料、构配件、成品、半成品和设备的质量控制资料(出厂质量证明书、生产许可证、准用证、交易证)，填报工程材料/构配件/设备报审表，由监理工程师审批
		2	与施工进度同步，做好隐蔽工程验收记录及检验批质量验收记录的报审工作
		3	及时整理施工试验记录和测试记录
		4	阶段性的协助整理施工日志
竣工验收阶段	组卷	1	单位(子单位)工程质量验收资料
		2	单位(子单位)工程质量控制资料核查记录
		3	单位(子单位)工程安全与功能检验资料核查及主要功能抽查记录
		4	单位(子单位)工程施工技术管理资料
	归档	1	施工技术准备文件，包括图纸会审记录、控制网设置资料、工程定位测量资料、基槽开挖线测量资料
		2	工程图纸变更记录，包括设计会审记录、设计变更记录、工程洽商记录等
		3	地基处理记录，包括地基钎探记录、钎探平面布置点位置记录、验槽记录、桩基施工记录、试桩记录等
		4	施工材料预制构件质量证明文件及复试试验报告
		5	施工试验记录，包括土壤试验记录、砂浆混凝土抗压强度试验报告、商品混凝土出厂合格证和复试报告、钢筋接头焊接报告等
		6	施工记录，包括工程定位测量记录、沉降观测记录、现场施工预应力记录、工程竣工测量、新型建筑材料和施工新技术的使用记录等
		7	隐蔽工程检查记录，包括基础与主体结构钢筋工程、防水工程、高程测量记录等
		8	工程质量事故处理记录

1.4 建筑工程资料整理与组卷

1.4.1 建筑工程资料编号

(1) 通常建筑工程资料编号采用7位制，形式如图1.1所示。

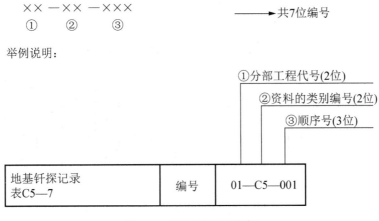

图1.1 建筑工程资料编号

(2) 单独组卷的子分部工程资料编号采用9位制，形式如图1.2所示。

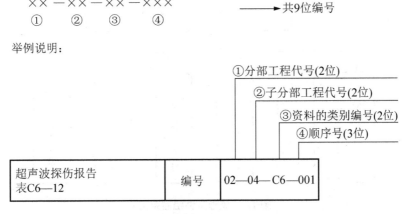

图1.2 单独组卷的子分部工程资料编号

1.4.2　建筑工程资料组卷

(1) 组卷是指按照一定的原则和方法，将有保存价值的工程资料分类整理成案卷的过程。

(2) 工程准备阶段文件可根据一个建设项目或一个单位工程按文件分类原则的具体内容进行组卷，其组卷范围如图 1.3 所示。

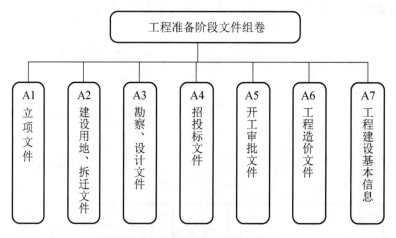

图 1.3　工程准备阶段文件组卷范围

(3) 监理文件可按单位工程资料分类原则的具体内容进行组卷，其组卷范围如图 1.4 所示。

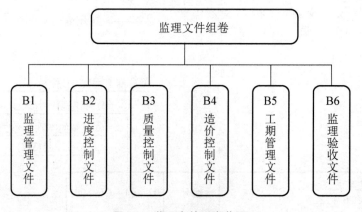

图 1.4　监理文件组卷范围

(4) 单位工程施工资料应按照单位工程施工资料分类原则的具体内容进行组卷，其组卷范围如图 1.5 所示。

第1章 建筑工程资料管理入门

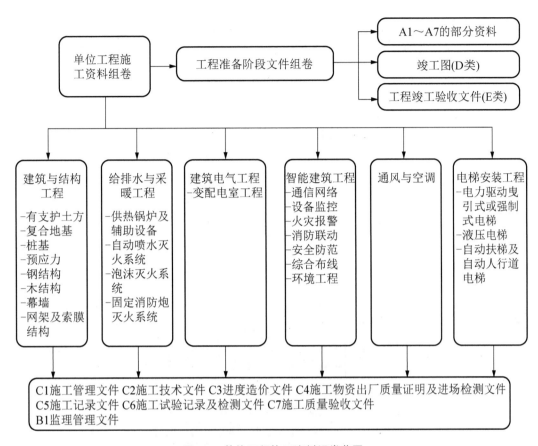

图1.5 单位工程施工资料组卷范围

知识链接

《建筑工程施工质量验收统一标准》(GB 50300—2013)附录B建筑工程的分部工程、分项工程划分可指导建筑工程资料编号和组卷，见表1-11。

表1-11 建筑工程的分部工程、分项工程划分

序号	分部工程	子分部工程	分项工程
1	地基与基础	地基	素土、灰土地基，砂和砂石地基，土工合成材料地基，粉煤灰地基，强夯地基，注浆地基，预压地基，砂石桩复合地基，高压旋喷注浆地基，水泥土搅拌桩地基，土和灰土挤密桩复合地基，水泥粉煤灰碎石桩复合地基，夯实水泥土桩复合地基
		基础	无筋扩展基础，钢筋混凝土扩展基础，筏形与箱形基础，钢结构基础，钢管混凝土结构基础，型钢混凝土结构基础，钢筋混凝土预制桩基础，泥浆护壁成孔灌注桩基础，干作业成孔桩基础，长螺旋钻孔压灌桩基础，沉管灌注桩基础，钢桩基础，锚杆静压桩基础，岩石锚杆基础，沉井与沉箱基础
		基坑支护	灌注桩排桩围护墙，板桩围护墙，咬合桩围护墙，型钢水泥土搅拌墙，土钉墙，地下连续墙，水泥土重力式挡墙，内支撑，锚杆，与主体结构相结合的基坑支护

续表

序号	分部工程	子分部工程	分项工程
1	地基与基础	地下水控制	降水与排水，回灌
		土方	土方开挖，土方回填，场地平整
		边坡	喷锚支护，挡土墙，边坡开挖
		地下防水	主体结构防水，细部构造防水，特殊施工法结构防水，排水，注浆
2	主体结构	混凝土结构	模板，钢筋，混凝土，预应力，现浇结构，装配式结构
		砌体结构	砖砌体，混凝土小型空心砌块砌体，石砌体，配筋砌体，填充墙砌体
		钢结构	钢结构焊接，紧固件连接，钢零部件加工，钢构件组装及预拼装，单层钢结构安装，多层及高层钢结构安装，钢管结构安装，预应力钢索和膜结构，压型金属板，防腐涂料涂装，防火涂料涂装
		钢管混凝土结构	构件现场拼装，构件安装，钢管焊接，构件连接，钢管内钢筋骨架，混凝土
		型钢混凝土结构	型钢焊接，紧固件连接，型钢与钢筋连接，型钢构件组装及预拼装，型钢安装，模板，混凝土
		铝合金结构	铝合金焊接，紧固件连接，铝合金零部件加工，铝合金构件组装，铝合金构件预拼装，铝合金框架结构安装，铝合金空间网格结构安装，铝合金面板，铝合金幕墙结构安装，防腐处理
		木结构	方木与原木结构，胶合木结构，轻型木结构，木结构的防护
3	建筑装饰装修	建筑地面	基层铺设，整体面层铺设，板块面层铺设，木、竹面层铺设
		抹灰	一般抹灰，保温层薄抹灰，装饰抹灰，清水砌体勾缝
		外墙防水	外墙砂浆防水，涂膜防水，透气膜防水
		门窗	木门窗安装，金属门窗安装，塑料门窗安装，特种门安装，门窗玻璃安装
		吊顶	整体面层吊顶，板块面层吊顶，格栅吊顶
		轻质隔墙	板材隔墙，骨架隔墙，活动隔墙，玻璃隔墙
		饰面板	石板安装，陶瓷板安装，木板安装，金属板安装，塑料板安装
		饰面砖	外墙饰面砖黏贴，内墙饰面砖黏贴
		幕墙	玻璃幕墙安装，金属幕墙安装，石材幕墙安装，陶板幕墙安装
		涂饰	水性涂料涂饰，溶剂型涂料涂饰，美术涂饰
		裱糊与软包	裱糊，软包
		细部	橱柜制作与安装，窗帘盒和窗台板制作与安装，门窗套制作与安装，护栏和扶手制作与安装，花饰制作与安装
4	屋面	基层与保护	找坡层和找平层，隔汽层，隔离层，保护层
		保温与隔热	板状材料保温层，纤维材料保温层，喷涂硬泡聚氨酯保温层，现浇泡沫混凝土保温层，种植隔热层，架空隔热层，蓄水隔热层
		防水与密封	卷材防水层，涂膜防水层，复合防水层，接缝密封防水
		瓦面与板面	烧结瓦和混凝土瓦铺装，沥青瓦铺装，金属板铺装，玻璃采光顶铺装

续表

序号	分部工程	子分部工程	分项工程
4	屋面	细部构造	檐口，檐沟和天沟，女儿墙和山墙，水落口，变形缝，伸出屋面管道，屋面出入口，反梁过水孔，设施基座，屋脊，屋顶窗
5	建筑给排水及供暖	室内给水系统	给水管道及配件安装，给水设备安装，室内消火栓系统安装，消防喷淋系统安装，防腐，绝热，管道冲洗、消毒，试验与调试
		室内排水系统	排水管道及配件安装，雨水管道及配件安装，防腐，试验与调试
		室内热水系统	管道及配件安装，辅助设备安装，防腐，绝热，试验与调试
		卫生器具	卫生器具安装，卫生器具给水配件安装，卫生器具排水管道安装，试验与调试
		室内供暖系统	管道及配件安装，辅助设备安装，散热器安装，低温热水地板辐射供暖系统安装，电加热供暖系统安装，燃气红外辐射供暖系统安装，热风供暖系统安装，热计量及调控装置安装，试验与调试，防腐，绝热
		室外给水管网	给水管道安装，室外消火栓系统安装，试验与调试
		室外排水管网	排水管道安装，排水管沟与井池，试验与调试
		室外供热管网	管道及配件安装，系统水压试验，土建结构，防腐，绝热，试验与调试
		建筑饮用水供应系统	管道及配件安装，水处理设备及控制设施安装，防腐，绝热，试验与调试
		建筑中水系统及雨水利用系统	建筑中水系统、雨水利用系统管道及配件安装，水处理设备及控制设施安装，防腐，绝热，试验与调试
		游泳池及公共浴池水系统	管道及配件系统安装，水处理设备及控制设施安装，防腐，绝热，试验与调试
		水景喷泉系统	管道系统及配件安装，防腐，绝热，试验与调试
6	通风与空调	送风系统	风管与配件制作，部件制作，风管系统安装，风机与空气处理设备安装，风管与设备防腐，旋流风口、岗位送风口、织物(布)风管安装，系统调试
		排风系统	风管与配件制作，部件制作，风管系统安装，风机与空气处理设备安装，风管与设备防腐，吸风罩及其他空气处理设备安装，厨房、卫生间排风系统安装，系统调试

续表

序号	分部工程	子分部工程	分项工程
6	通风与空调	防排烟系统	风管与配件制作，部件制作，风管系统安装，风机与空气处理设备安装，风管与设备防腐，排烟风阀(口)、常闭正压风口、防火风管安装，系统调试
		除尘系统	风管与配件制作，部件制作，风管系统安装，风机与空气处理设备安装，风管与设备防腐，除尘器与排污设备安装，吸尘罩安装，高温风管绝热，系统调试
		舒适性空调系统	风管与配件制作，部件制作，风管系统安装，风机与空气处理设备安装，风管与设备防腐，组合式空调机组安装，消声器、静电除尘器、换热器、紫外线灭菌器等设备安装，风机盘管、变风量与定风量送风装置、射流喷口等末端设备安装，风管与设备绝热，系统调试
		恒温恒湿空调系统	风管与配件制作，部件制作，风管系统安装，风机与空气处理设备安装，风管与设备防腐，组合式空调机组安装，电加热器、加湿器等设备安装，精密空调机组安装，风管与设备绝热，系统调试
		净化空调系统	风管与配件制作，部件制作，风管系统安装，风机与空气处理设备安装，风管与设备防腐，净化空调机组安装，消声器、静电除尘器、换热器、紫外线灭菌器等设备安装，中、高效过滤器及风机过滤器单元等末端设备清洗与安装，洁净度测试，风管与设备绝热，系统调试
		地下人防通风系统	风管与配件制作，部件制作，风管系统安装，风机与空气处理设备安装，风管与设备防腐，过滤吸收器、防爆波活门、防爆超压排气活门等专用设备安装，系统调试
		真空吸尘系统	风管与配件制作，部件制作，风管系统安装，风机与空气处理设备安装，风管与设备防腐，管道安装，快速接口安装，风机与滤尘设备安装，系统压力试验及调试
		冷凝水系统	管道系统及部件安装，水泵及附属设备安装，管道冲洗，管道、设备防腐，板式热交换器，辐射板及辐射供热、供冷地埋管，热泵机组设备安装，管道、设备绝热，系统压力试验及调试
		空调(冷、热)水系统	管道系统及部件安装，水泵及附属设备安装，管道冲洗，管道、设备防腐，冷却塔与水处理设备安装，防冻伴热设备安装，管道、设备绝热，系统压力试验及调试
		冷却水系统	管道系统及部件安装，水泵及附属设备安装，管道冲洗，管道、设备防腐，系统灌水渗漏及排放试验，管道、设备绝热
		土壤源热泵换热系统	管道系统及部件安装，水泵及附属设备安装，管道冲洗，管道、设备防腐，埋地换热系统与管网安装，管道、设备绝热，系统压力试验及调试

续表

序号	分部工程	子分部工程	分项工程
6	通风与空调	水源热泵换热系统	管道系统及部件安装，水泵及附属设备安装，管道冲洗，管道、设备防腐，地表水源换热管及管网安装，除垢设备安装，管道、设备绝热，系统压力试验及调试
		蓄能系统	管道系统及部件安装，水泵及附属设备安装，管道冲洗，管道、设备防腐，蓄水罐与蓄冰槽、罐安装，管道、设备绝热，系统压力试验及调试
		压缩式制冷(热)设备系统	制冷机组及附属设备安装，管道、设备防腐，制冷剂管道及部件安装，制冷剂灌注，管道、设备绝热，系统压力试验及调试
		吸收式制冷设备系统	制冷机组及附属设备安装，管道、设备防腐，系统真空试验，溴化锂溶液加灌，蒸汽管道系统安装，燃气或燃油设备安装，管道、设备绝热，试验及调试
		多联机(热泵)空调系统	室外机组安装，室内机组安装，制冷剂管路连接及控制开关安装，风管安装，冷凝水管道安装，制冷剂灌注，系统压力试验及调试
		太阳能供暖空调系统	太阳能集热器安装，其他辅助能源、换热设备安装，蓄能水箱、管道及配件安装，防腐，绝热，低温热水地板辐射采暖系统安装，系统压力试验及调试
		设备自控系统	温度、压力与流量传感器安装，执行机构安装调试，防排烟系统功能测试，自动控制及系统智能控制软件调试
7	建筑电气	室外电气	变压器、箱式变电所安装，成套配电柜、控制柜(屏、台)和动力、照明配电箱(盘)及控制柜安装，梯架、支架、托盘和槽盒安装，导管敷设，电缆敷设，管内穿线和槽盒内敷线，电缆头制作、导线连接和线路绝缘测试，普通灯具安装，专用灯具安装，建筑照明通电试运行，接地装置安装
		变配电室	变压器、箱式变电所安装，成套配电柜、控制柜(屏、台)和动力、照明配电箱(盘)安装，母线槽安装，梯架、支架、托盘和槽盒安装，电缆敷设，电缆头制作、导线连接和线路绝缘测试，接地装置安装，接地干线敷设
		供电干线	电气设备试验和试运行，母线槽安装，梯架、支架、托盘和槽盒安装，导管敷设，电缆敷设，管内穿线和槽盒内敷线，电缆头制作、导线连接和线路绝缘测试，接地干线敷设
		电气动力	成套配电柜、控制柜(屏、台)和动力配电箱(盘)安装，电动机、电加热器及电动执行机构检查接线，电气设备试验和试运行，梯架、支架、托盘和槽盒安装，导管敷设，电缆敷设，管内穿线和槽盒内敷线，电缆头制作、导线连接和线路绝缘测试
		电气照明	成套配电柜、控制柜(屏、台)和照明配电箱(盘)安装，梯架、支架、托盘和槽盒安装，导管敷设，管内穿线和槽盒内敷线，塑料护套线直敷布线，钢索配线，电缆头制作、导线连接和线路绝缘测试，普通灯具安装，专用灯具安装，开关、插座、风扇安装，建筑照明通电试运行

续表

序号	分部工程	子分部工程	分项工程
7	建筑电气	备用和不间断电源	成套配电柜、控制柜(屏、台)和动力、照明配电箱(盘)安装,柴油发电机组安装,不间断电源装置及应急电源装置安装,母线槽安装,导管敷设,电缆敷设,管内穿线和槽盒内敷线,电缆头制作、导线连接和线路绝缘测试,接地装置安装
		防雷及接地	接地装置安装,防雷引下线及接闪器安装,建筑物等电位连接,浪涌保护器安装
8	智能建筑	智能化集成系统	设备安装,软件安装,接口及系统调试,试运行
		信息接入系统	安装场地检查
		用户电话交换系统	线缆敷设,设备安装,软件安装,接口及系统调试,试运行
		信息网络系统	计算机网络设备安装,计算机网络软件安装,网络安全设备安装,网络安全软件安装,系统调试,试运行
		综合布线系统	梯架、托盘、槽盒和导管安装,线缆敷设,机柜、机架、配线架安装,信息插座安装,链路或信道测试,软件安装,系统调试,试运行
		移动通信室内信号覆盖系统	安装场地检查
		卫星通信系统	安装场地检查
		有线电视及卫星电视接收系统	梯架、托盘、槽盒和导管安装,线缆敷设,设备安装,软件安装,系统调试,试运行
		公共广播系统	梯架、托盘、槽盒和导管安装,线缆敷设,设备安装,软件安装,系统调试,试运行
		会议系统	梯架、托盘、槽盒和导管安装,线缆敷设,设备安装,软件安装,系统调试,试运行
		信息导引及发布系统	梯架、托盘、槽盒和导管安装,线缆敷设,显示设备安装,机房设备安装,软件安装,系统调试,试运行
		时钟系统	梯架、托盘、槽盒和导管安装,线缆敷设,设备安装,软件安装,系统调试,试运行
		信息化应用系统	梯架、托盘、槽盒和导管安装,线缆敷设,设备安装,软件安装,系统调试,试运行
		建筑设备监控系统	梯架、托盘、槽盒和导管安装,线缆敷设,传感器安装,执行器安装,控制器、箱安装,中央管理工作站和操作分站设备安装,软件安装,系统调试,试运行

续表

序号	分部工程	子分部工程	分项工程
8	智能建筑	火灾自动报警系统	梯架、托盘、槽盒和导管安装，线缆敷设，探测器类设备安装，控制器类设备安装，其他设备安装，软件安装，系统调试，试运行
		安全技术防范系统	梯架、托盘、槽盒和导管安装，线缆敷设，设备安装，软件安装，系统调试，试运行
		应急响应系统	设备安装，软件安装，系统调试，试运行
		机房	供配电系统，防雷与接地系统，空气调节系统，给水排水系统，综合布线系统，监控与安全防范系统，消防系统，室内装饰装修，电磁屏蔽，系统调试，试运行
		防雷与接地	接地装置，接地线，等电位联接，屏蔽设施，电涌保护器，线缆敷设，系统调试，试运行
9	建筑节能	围护系统节能	墙体节能，幕墙节能，门窗节能，屋面节能，地面节能
		供暖空调设备及管网节能	供暖节能，通风与空调设备节能，空调与供暖系统冷热源节能，空调与供暖系统管网节能
		电气动力节能	配电节能，照明节能
		监控系统节能	监测系统节能，控制系统节能
		可再生能源	地源热泵系统节能，太阳能光热系统节能，太阳能光伏节能
10	电梯	电力驱动的曳引式或强制式电梯	设备进场验收，土建交接检验，驱动主机，导轨，门系统，轿厢，对重，安全部件，悬挂装置，随行电缆，补偿装置，电气装置，整机安装验收
		液压电梯	设备进场验收，土建交接检验，液压系统，导轨，门系统，轿厢，对重，安全部件，悬挂装置，随行电缆，电气装置，整机安装验收
		自动扶梯、自动人行道	设备进场验收，土建交接检验，整机安装验收

1.4.3 建筑工程资料组卷要求

1. 卷内文件的排列

(1) 文字材料按事项、专业顺序排列。同一事项的请示和批复，同一文件的印本与定稿、主件与附件不能分开，并按批复在前、请示在后，印本在前、定稿在后，主件在前、附件在后的顺序排列。

(2) 图纸按专业排列,同专业图纸按图号顺序排列。

(3) 既有文字材料又有图纸的案卷,如果文字是针对整个工程或某个专业进行的说明或指示,文字材料排前,图纸排后;如果文字是针对某一图幅或某一问题或局部的一般说明,图纸排前,文字材料排后。

2. 卷内文件目录

卷内文件目录格式见表 1-12。

表1-12 卷内文件目录格式

序 号	文件编号	责任者	文件题名	日期	页次	备注

特别提示

(1) 序号:以一份文件为单位,按文件的排列用阿拉伯数字从"1"依次标注。

(2) 文件编号:填写工程文件原有的文号或图号。

(3) 责任者:填写文件的直接形成单位和个人。有多个责任者时,选择两个主要责任者,其余用"等"代替。

(4) 文件题名:填写文件标题的全称。

(5) 日期:填写文件形成的日期。

(6) 页次:填写文件在卷内所排的起始页号,最后一份文件填写起止页号。

(7) 备注:填写需要说明的问题。

3. 卷内备考表的编制

卷内备考表排列在卷内文件的尾页之后,格式如图 1.6 所示。

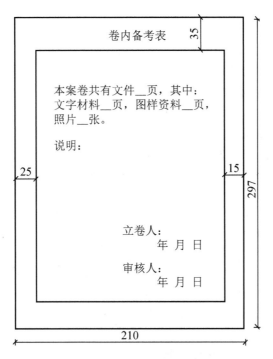

图 1.6　卷内备考表格式(单位：mm)

4．案卷封面的编制

案卷封面印刷在卷盒、卷夹的正表面，也可采用内封面形式，常见格式如图 1.7 所示。

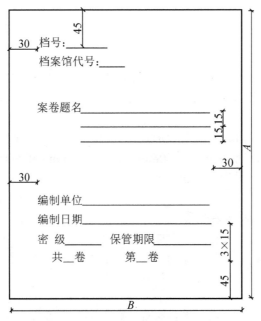

卷盒、卷夹封面 $A \times B = 310 \times 220$
案卷封面 $A \times B = 297 \times 210$

图 1.7　案卷封面格式(单位：mm)

> **特别提示**
>
> （1）卷内备考表页数填写主要包括：卷内文字材料的总页数、各类文件页数(照片张数)，以及组卷单位对案卷情况的说明。
>
> （2）时间：填写完成组卷时间，年代编写4位数。
>
> （3）档号：应由分类号、项目号和档案号组成，由档案保管单位填写。
>
> （4）档案馆代号：应填写国家给定的本档案馆的编号，由档案馆填写。
>
> （5）案卷题名：简明准确地揭示卷内文件的内容，包括工程名称、专业名称、卷内文件的名称。
>
> （6）编制单位：应填写案卷内文件的形成单位或主要责任者，即组卷单位。
>
> （7）编制日期：应填写档案整编日期。
>
> （8）保管期限：分为永久、长期、短期3种期限。永久是指工程档案需永久保存。长期是指工程档案的保管期限等于该工程的使用寿命。短期是指工程档案保存20年以下。同一案卷有不同保管期限的文件，该案卷保管期限应属于长期。
>
> （9）密级：分为绝密、机密、秘密3种。同一案卷内有不同密级的文件，应以高密级为本卷密级。
>
> ① 案卷不宜过厚，一般不超过40mm。
>
> ② 案卷内不应有重份文件，不同载体的文件一般应分别组卷。

1.4.4 案卷的装订

1. 案卷的装订形式

案卷可采用装订和散装两种形式。文字材料必须装订，既有文字材料又有图纸的案卷应装订。采用线绳三孔左侧装订法，要整齐、牢固，便于保管和利用。装订时必须剔除金属物。

2. 案卷装具

案卷装具一般采用卷盒、卷夹两种形式。卷盒、卷夹应采用无酸纸制作。卷盒的外表尺寸为310mm×220mm，厚度分别为20mm、30mm、40mm和50mm。卷夹的外表尺寸为310mm×220mm，厚度一般为20～30mm。

3. 案卷脊背

案卷脊背的内容包括档号和案卷题名。

案卷由互有联系的若干文件组合而成，并放入卷夹、卷具送往档案保管单位，案卷也是卷宗内档案系统排列、编目和统计的基本单位。案卷的组成包括案卷封面、卷内文件目录、卷内文件、卷内备考表、封底等几部分。

下面简要介绍其中三项。

案卷封面项目包括卷宗名称、类目名称、案卷题名、卷内文件起止日期、保管期限、件(页)数、档案馆代号、档号。有些国家对案卷的规格有统一的规定。

卷内文件目录是案卷内登记案卷题名及其他特征并固定文件排列次序的表格，通常排列在卷内文件之前。卷内文件目录项目包括：顺序号、文号、责任者、题名、日期、页号。

卷内备考表是案卷内文件状况的记录,通常排列在卷内文件之后,主要项目有本卷情况说明、立卷人、审核人、立卷时间等。

1.5 建筑工程资料验收、移交与归档

1.5.1 建筑工程资料验收

建筑工程竣工验收前,参建各方单位的主管(技术)负责人,应对本单位形成的建筑工程资料进行竣工审查;建设单位应按照国家验收规范和相关规定的要求,对参建各方汇总的资料进行验收,使其完整、准确。

列入城建档案馆(室)接收范围的工程,建设单位在组织工程竣工验收前,应提请城建档案管理机构对工程档案进行预验收。建设单位未取得城建档案管理机构出具的认可文件不得组织工程竣工验收。

验收主要包括以下内容。

(1) 建筑工程资料是否齐全、系统、完整。
(2) 建筑工程资料的内容是否真实、准确地反映工程建设活动和工程实际状况。
(3) 建筑工程资料是否已整理组卷,并符合相关标准的规定。
(4) 竣工图绘制方法、图式及规格等是否符合专业技术要求,要求图面整洁,加盖竣工图章。
(5) 文件的形成、来源是否符合实际,单位或个人的签章、手续是否完备等。
(6) 文件材质、幅面、书写、绘图、用墨、托裱等是否符合要求。

知识链接

纸张的加固方式之一——托裱法

党的二十大报告提出,中华优秀传统文化源远流长、博大精深,是中华文明的智慧结晶。托裱是我国传统的手工技艺,是行之有效的加固方法,是传统工艺在现代工程实践中灵活运用的体现,一般可分单面托裱和双面托裱。单面托裱,就是在有文字的背面进行裱托。双面托裱,则适用于两面有文字的纸张。托裱工艺两者基本相同,所不同的是使用的托纸要求不同。

托裱目前应用较为广泛,操作方法是:把需托裱的纸张用湿毛巾覆盖在上,或以清水喷湿,使之润湿,舒展平整;施以浆水,再把托纸盖在上面,用糊帚把它刷平。在刷托纸时,左手拿着纸张一头,时时将托纸和纸张书页轻轻掀松,并要与右手动作配合,既不能刷得太紧,也不能刷得太松,以不刷出夹皱为度。待全部刷好后,再翻转放到一张干纸上,用糊帚排刷,使之黏接牢固。托裱又分湿托和干托。其操作方法基本上相同,主要区别在于干托是把糨糊刷在托纸上,而湿托却是把糨糊刷在文件上。使用时应根据字迹的耐水程度来决定。

1.5.2 建筑工程资料移交

施工、监理等工程参建单位应将建筑工程资料按合同或协议约定的时间以规定的套数移交给建设单位，并填写移交目录，双方签字、盖章后按规定办理移交手续。

列入城建档案馆接收范围的工程，建设单位在工程竣工验收后 3 个月内必须向城建档案馆移交一套符合规定的工程档案资料，并按规定办理移交手续。若推迟报送日期，应在规定报送时间内向城建档案馆申请延期报送，并说明延期报送的原因，经同意后方可办理延期报送手续。停建、缓建工程的档案，暂由建设单位保管。改建、扩建和维修工程，建设单位应当组织设计、施工单位根据实际情况修改、补充和完善原工程资料。对改变的部分，应当重新编制建筑工程档案，并在工程竣工验收后 3 个月内向城建档案馆移交。建设单位向城建档案馆移交建筑工程档案时，应办理移交手续，填写移交目录，双方签字、盖章后交接。

1.5.3 建筑工程资料归档

1. 归档

建筑工程资料的归档是指建筑工程资料形成单位在完成其工作任务后，将形成的资料整理组卷，按规定移交给档案管理机构的过程。

归档包括两方面含义：一是建设、勘察、设计、施工、监理等单位将本单位在建筑工程建设过程中形成的资料向本单位档案管理机构移交；二是勘察、设计、施工、监理等单位将本单位在建筑工程建设过程中形成的资料向建设单位档案管理机构移交。

归档应符合下列规定。

(1) 归档资料必须完整、准确、系统，能够反映建筑工程建设的全过程。归档的资料必须经过分类整理，并应组成符合要求的案卷。

(2) 根据建筑工程建设的程序和特点，归档可以分阶段进行，也可以在单位或分部工程通过竣工验收后进行。一般规定勘察、设计单位应当在任务完成时，施工、监理单位应当在工程竣工验收前，将各自形成的有关建筑工程档案向建设单位归档。

(3) 勘察、设计、施工、监理单位在收齐工程文件并整理组卷后，建设单位应根据城建档案管理机构的要求对档案文件的完整、准确、系统情况和案卷质量进行审查，审查合格后向建设单位移交。

(4) 建筑工程档案一般不少于两套，一套由建设单位保管，一套(原件)移交当地城建档案馆。

(5) 勘察、设计、施工、监理等单位向建设单位移交档案时，应编制移交清单，双方签字、盖章后方可交接。

(6) 凡设计、施工及监理单位需要向本单位归档的文件，应按国家有关规定的要求单独组卷归档。

2. 建设单位办理工程竣工验收备案

建设单位办理工程竣工验收备案应当提交下列文件。

(1) 工程竣工验收备案表。

(2) 工程竣工验收报告。工程竣工验收报告应当包括工程报建日期，施工许可证号，施工图设计文件审查意见，勘察、设计、施工、监理等单位分别签署的质量合格文件及验收人员签署的竣工验收原始文件，市政基础设施的有关质量检测和功能性试验资料以及备案机关认为需要提供的有关资料。

(3) 法律、行政法规规定应当由规划、环保等部门出具的认可文件或者准许使用文件。

(4) 法律规定应当由公安消防部门出具的对大型的人员密集场所和其他特殊建设工程验收合格的证明文件。

(5) 施工单位签署的工程质量保修书。

(6) 法规、规章规定必须提供的其他文件。

3. 竣工图章

竣工图章的基本内容应包括"竣工图"字样、施工单位、编制人、审核人、技术负责人、编制日期、监理单位、现场监理、总监。

4. 竣工图

利用施工图改绘竣工图，必须标明变更修改依据；凡施工图结构、工艺、平面布置等有重大改变，或变更部分超过幅面 1/3 的，应当重新绘制竣工图。

5. 工程图纸

不同幅面的工程图纸应按《技术制图 复制图的折叠方法》(GB/T 10609.3—2009)统一折叠成 A4 幅面(297mm×210mm)，图标栏露在外面。

知识链接

技术制图折叠方法示例，如图 1.8～图 1.16 所示。

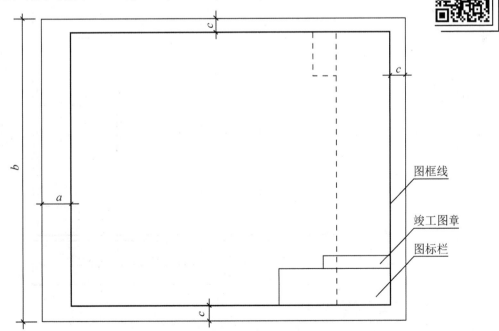

图 1.8 竣工图的折叠方法(单位：mm)

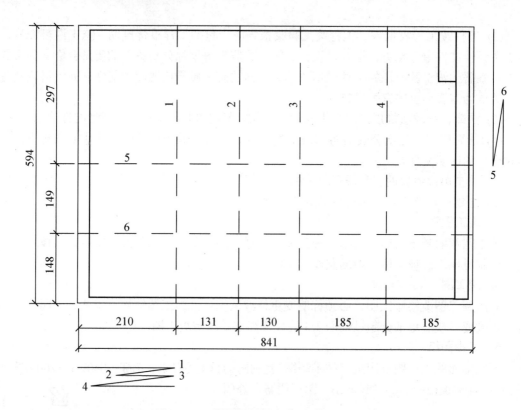

图 1.9　A1 图纸的折叠方法(1)(单位：mm)

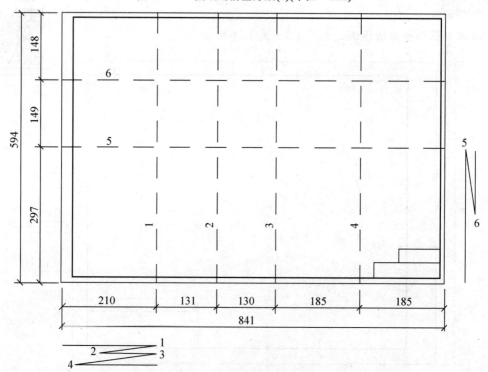

图 1.10　A1 图纸的折叠方法(2)(单位：mm)

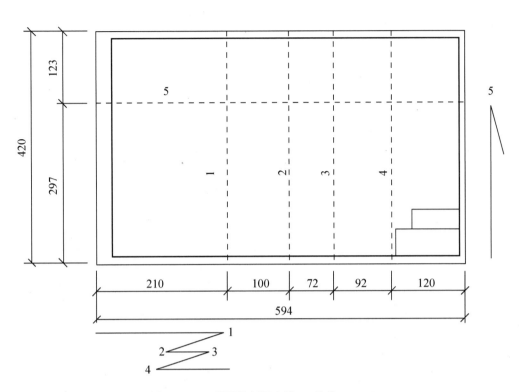

图 1.11　A2 图纸的折叠方法(1)(单位：mm)

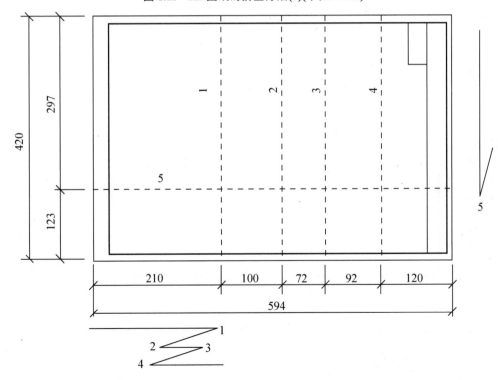

图 1.12　A2 图纸的折叠方法(2)(单位：mm)

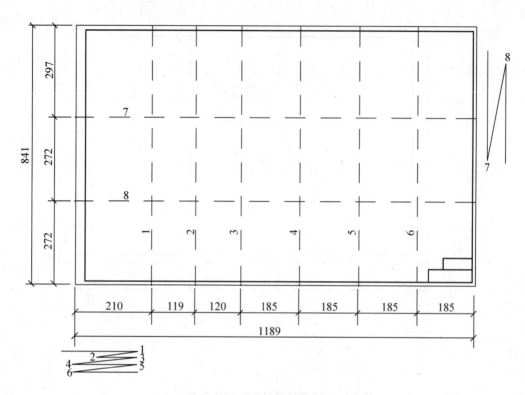

图 1.13　A0 图纸的折叠方法(1)(单位：mm)

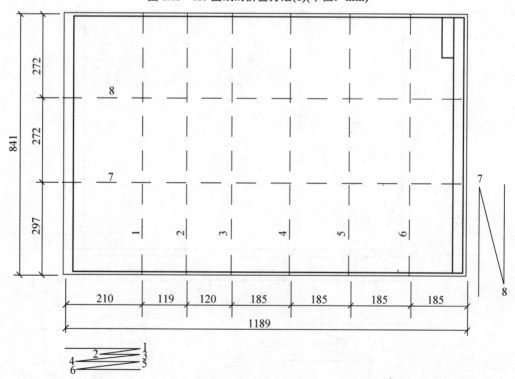

图 1.14　A0 图纸的折叠方法(2)(单位：mm)

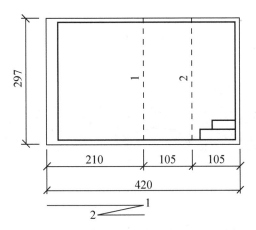 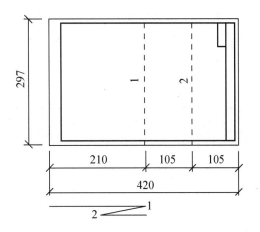

图 1.15　A3 图纸的折叠方法(1)(单位：mm)　　图 1.16　A3 图纸的折叠方法(2)(单位：mm)

小　结

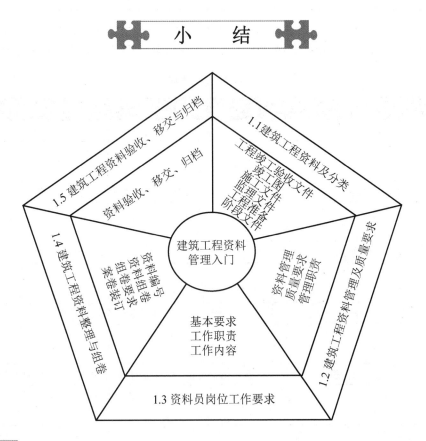

能力拓展

1. 参照《技术制图　复制图的折叠方法》将不同幅面的一套工程图纸统一折叠成 A4 幅面(297mm×210mm)，图标栏露在外面。

2. 以章前引例为范本模拟资料员，画出一套工程资料卷宗的结构图，并准备相应的卷盒及卷内备考表等资料，为后续章节的学习打下基础。

3. 到工地现场访问工程资料员，了解他们真实工作过程中的困难及经验，写出访问报告，字数不少于 2 000 字，访问报告要求真实有效，具有可追溯性。

4. 对应本章学习内容，填写学习效果自我检测记录表。

学习效果自我检测记录表

领域	层次		
	初级	中级	高级
理论认知	了解	运用	综合
岗位技能	模仿	应用	创造
职业情感	激情	心境	热情

5. 在学习过程中，不仅要注重沟通能力的训练，团队合作学习，更要加强个人工程实践经验的积累。伴随着理论知识的学习，自觉及时记录课后实践将促进职业能力的提升。

课后实践记录表

实践分项	时间段	实践要点	见证人及联络方式
工地考察		工程名称、工程所在地	
沟通能力训练		沟通对象、沟通内容、沟通效果	
内业资料管理		收集、分类、整理、组卷、归档	
小组合作学习		分工负责情况及合作成效	
实践中遭遇的问题		视具体情况填写，着眼于发现问题、分析问题及解决问题	
其他		其他	

第 2 章 工程准备阶段文件编制与整理

思维导图

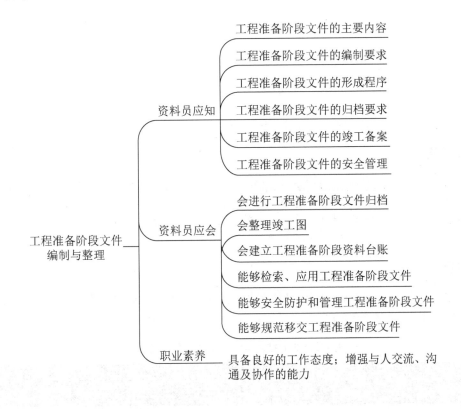

✓ 学习性工作任务

🏠 工程背景

日照职业技术学院新校区坐落在日照大学科技园北部，占地 $8.28 \times 10^5 m^2$，其中单体建筑 20 余幢，涉及施工单位 13 个，监理单位 8 个，勘察、设计单位 7 个，还有若干货物供应商。

🏠 工作准备

每小组准备统一的档案盒 8 个，工程准备阶段文件管理相应表格若干，A4 活动页纸张若干，竣工图纸 1 套，工程资料管理软件一套。

🏠 工作任务

结合工程背景提供的信息，模拟该建设单位工程准备阶段文件管理人员，完成以下任务。
(1) 依据现行的工程资料管理行业标准，对工程准备阶段文件进行分类和整理。
(2) 以小组为单位，分工合作完成单位工程工程准备阶段文件归档和移交。

🏠 教学建议

教师提供一套完整的工程准备阶段文件范本供学生在学习过程中观摩、分析、讨论，教学过程中宜采用分组合作学习方式，通过整理一套完整的工程准备阶段文件档案来贯彻"学以致用"理念，学习小组成员以 3~4 人一组为宜。教学过程贯彻以学生为主体，以实际工程项目为载体，"在做中学"，按照咨询、决策、计划、实施、评估、反馈的教学步骤组织完成学习性工作任务。

🏠 引例

日照职业技术学院新校区建设指挥部作为甲方代表，全权负责工程建筑及工程准备阶段文件的编制与整理，其中四期工程概况见表 2-1。

表 2-1 日照职业技术学院新校区其中四期工程概况

项目阶段	名 称		建筑面积	总投资(土建约计)/万元	施工单位	监理单位
一期	海润楼		8 724m²	870	日照市东港西湖建筑工程有限公司	山东省工程建设监理公司
二期	和润楼		10 747m²	1 000	日照市石臼建筑工程有限公司	山东省工程建设监理公司
	地滋楼 47 570m²	A 区	19 257m²	1 900	山东锦华建设集团有限公司	山东监协建设监理中心
		B 区	11 029m²	1 100	日照市东港西湖建筑工程有限公司	山东监协建设监理中心
		C 区	17 284m²	1 700	山东日建建设集团有限公司	山东监协建设监理中心
三期	格物楼 46 305m²	A 区	12 495m²	1 250	日照市东港西湖建筑工程有限公司	山东监协建设监理中心

续表

项目阶段	名 称		建筑面积	总投资(土建约计)/万元	施 工 单 位	监 理 单 位
三期	格物楼 46 305m²	B区	13 990m²	1 400	日照市东港区兴安建筑有限公司	山东省工程建设监理公司
		C区	19 820m²	2 000	山东锦华建设集团有限公司	日照日星建设监理有限公司
	德润楼		10 265m²	620	日照方圆建设集团有限公司	山东众成工程建设服务有限公司
	山润楼		11 165m²	1 100	日照市鲁艺建筑工程有限责任公司	山东省中鲁监理公司
	体育看台		5 909m²	590	日照市恒工建筑工程有限公司	日照市天衡工程监理有限公司
四期	图文信息与行政办公楼 46 914m²	A区	9 559m²	950	日照市山海天建筑有限公司	山东省工程建设监理公司
		B区	23 199m²	2 300	日照港建筑安装工程有限公司	山东众成工程建设服务有限公司
		C区	14 156m²	1 400	日照市石臼建筑工程有限公司	山东恒信建设监理有限公司
	国际交流中心 22 499m²	A区	5 684m²	560	日照市秦楼建筑工程有限公司	山东省建设监理服务中心
		B区	13 789m²	1 300	山东西湖建设有限公司	日照日星建设监理有限公司
		C区	3 026m²	302	日照市鲁艺建筑工程有限责任公司	山东省建设监理服务中心

思考

1. 工程准备阶段文件形成的流程是什么?
2. 工程准备阶段文件包括哪些内容?
3. 工程准备阶段文件中涉及的相关方有哪些?
4. 工程竣工验收及备案资料涉及的相关方有哪些?
5. 工程影音资料包括哪些载体?
6. 工程准备阶段文件组卷与施工资料、监理资料组卷有何联系与区别?
7. 工程准备阶段文件审批单位有哪些?

推荐阅读资料

1. 《建设工程文件归档规范(2019年版)》(GB/T 50328—2014)。
2. 《技术制图 复制图的折叠方法》(GB/T 10609.3—2009)。
3. 《建筑工程资料管理规程》(JGJ/T 185—2009)。

2.1 立项文件

2.1.1 项目建议书及其批复文件

1. 项目建议书

项目建议书是由建设单位自行编制或委托其他有相应资质的咨询单位编制并申报的文件。项目建议书主要内容如下。

(1) 工程概况。
(2) 项目建设的必要性。
(3) 项目建设的意义。
(4) 项目建设的规模。
(5) 项目投资估算及资金筹措。
(6) 项目社会效益、经济效益、环境效益分析。
(7) 结论及建议。

知识链接

项目建议书应有的主要附件如下。

(1) 项目初步可行性研究报告。
(2) 项目选择初步方案报告。
(3) 资金筹措方案初步意向性文件。
(4) 有关部门对选址或征用土地的初步建议。
(5) 建设项目可行性研究工作计划。

2. 项目建议书批复文件

项目建议书批复文件是建设单位的上级主管单位或国家有关主管部门(一般是发展改革部门)对该项目建议书的批复文件。

项目建议书批复文件包括以下主要内容。

(1) 建设项目名称。
(2) 建设规模及主要建设内容。
(3) 总投资及资金来源。
(4) 建设年限。
(5) 批复意见说明、批复单位及时间。

2.1.2 可行性研究报告及其批复文件

1. 可行性研究报告

可行性研究报告是由建设单位自行编制或委托其他具有相应资质的咨询、设计单位编制的文件。

可行性研究报告主要内容如下。
(1) 项目概要。
(2) 项目建设背景及必要性。
(3) 项目承建单位的基本情况。
(4) 项目选址。
(5) 项目主要技术指标分析。
(6) 项目工程建设方案。
(7) 投资估算和资金筹措。
(8) 建设期限和实施进度安排。
(9) 环保与节能。
(10) 项目组织管理与运行。
(11) 招标方案。
(12) 效益分析。
(13) 结论与建议。

知识链接

可行性研究报告主要附件如下。
(1) 单位法人证书。
(2) 建设单位对建设地点的土地使用权证明或协议、房产证。
(3) 项目建设规划总平面图、建设方案平面布置图。
(4) 项目建设内容投资一览表。
(5) 项目选址和建设条件表。
(6) 项目招标投标事项申请。

2. 可行性研究报告批复文件

大中型项目由中华人民共和国国家发展和改革委员会或中华人民共和国国家发展和改革委员会委托的有关单位审批；小型项目分别由行业或国家有关主管部门审批；建设资金自筹的企业大中型项目由城市发展和改革委员会审批，报国家及有关部门备案；地方投资的文教、卫生事业的大中型项目由城市发展和改革委员会审批。

可行性研究报告批复文件主要内容如下。
(1) 建设项目名称。
(2) 建设单位名称。
(3) 项目建设的必要性。
(4) 项目选址和建设条件。

(5) 功能定位。
(6) 建设内容和规模。
(7) 项目总平面布置。
(8) 市政公用及配套设施。
(9) 总投资与资金来源。
(10) 批复意见说明、批复单位及时间。

> **特别提示**
>
> 立项文件还包括的资料如下。
> 1. 关于立项的会议纪要、领导批示
> 关于立项的会议纪要、领导批示是由建设单位或其上级主管部门召开研究会议后形成的文件，并由相关领导做出的批示。
> 2. 专家对项目的有关建议文件
> 它是由建设单位或有关部门组织专家会议后所形成的有关建议性方面的文件。
> 3. 项目评估研究资料
> 它是由建设单位或其主管部门(一般是发展改革部门)组织会议，对该项目的可行性研究报告进行评估论证之后，所形成的资料。

2.2 建设用地文件

2.2.1 建设项目选址意见书

新建设项目报建应具备"一书三证"，即建设项目选址意见书，建设用地规划许可证，建设工程规划许可证，建筑工程施工许可证。

城市规划区内的建设工程选址和布局必须符合城市规划。设计任务书报请批准时，必须附有建设项目选址意见书。

1. 申请建设项目选址意见书需报送的资料

(1) 建设项目选址意见书申请表1份。
(2) 土地使用权证明文件。
(3) 扩建项目需提供产权证复印件1份。
(4) 联建项目需提供联建协议1份。
(5) 1：500地形图6份，其中1份用蓝笔标注拟建用地范围，并由供地单位或自有用地单位加盖公章。
(6) 其他需要说明的图纸、文件等。

2. 办理国有土地使用权证应当提供的材料

(1) 土地登记申请书。
(2) 土地登记审批表。
(3) 征用土地批准材料和红线图。
(4) 地籍图或地形图。
(5) 出让金收据、契税(复印件)。
(6) 法人资格证明(或个人身份证明)。
(7) 需提供的其他证明材料(包括国有土地使用权出让合同、建设项目批文、营业执照等复印件)。

2.2.2　建设用地规划许可证

建设用地规划许可证是经城乡规划主管部门依法审核，建设用地符合城乡规划要求的法律凭证。

《中华人民共和国城乡规划法》规定以下建设工程需要申请建设用地规划许可证。

(1) 在城市、镇规划区内以划拨方式提供国有土地使用权的建设项目，经有关部门批准、核准、备案后，建设单位应当向城市、县人民政府城乡规划主管部门提出建设用地规划许可申请，由城市、县人民政府城乡规划主管部门依据控制性详细规划核定建设用地的位置、面积、允许建设的范围，核发建设用地规划许可证。

建设单位在取得建设用地规划许可证后，方可向县级以上地方人民政府土地主管部门申请用地，经县级以上人民政府审批后，由土地主管部门划拨土地。

(2) 在城市、镇规划区内以出让方式提供国有土地使用权的，在国有土地使用权出让前，城市、县人民政府城乡规划主管部门应当依据控制性详细规划，提出出让地块的位置、使用性质、开发强度等规划条件，作为国有土地使用权出让合同的组成部分。未确定规划条件的地块，不得出让国有土地使用权。

以出让方式取得国有土地使用权的建设项目，建设单位在取得建设项目的批准、核准、备案文件和签订国有土地使用权出让合同后，向城市、县人民政府城乡规划主管部门领取建设用地规划许可证。

城市、县人民政府城乡规划主管部门不得在建设用地规划许可证中，擅自改变作为国有土地使用权出让合同组成部分的规划条件。

(3) 规划条件未纳入国有土地使用权出让合同的，该国有土地使用权出让合同无效；对未取得建设用地规划许可证的建设单位批准用地的，由县级以上人民政府撤销有关批准文件；占用土地的，应当及时退回；给当事人造成损失的，应当依法给予赔偿。

知识链接

在乡、村庄规划区内进行乡镇企业、乡村公共设施和公益事业建设的，建设单位或者个人应当向乡、镇人民政府提出申请，由乡、镇人民政府报城市、县人民政府城乡规划主管部门核发乡村建设规划许可证。

在乡、村庄规划区内使用原有宅基地进行农村村民住宅建设的规划管理办法，由省、自治区、直辖市制定。

在乡、村庄规划区内进行乡镇企业、乡村公共设施和公益事业建设以及农村村民住宅建设，不得占用农用地；确需占用农用地的，应当依照《中华人民共和国土地管理法》有关规定办理农用地转用审批手续后，由城市、县人民政府城乡规划主管部门核发乡村建设规划许可证。

建设单位或者个人在取得乡村建设规划许可证后，方可办理用地审批手续。

> **特别提示**
>
> 申请建设用地规划许可证需报送的资料如下。
> (1) 建设用地规划许可证申请表 1 份。
> (2) 计划批准文件(限政府投资项目)1 份。
> (3) 勘测单位出具的勘测放线成果 1 套。
> (4) 涉及规划地铁控制线的建设项目，出具市地铁管理部门的意见。
> (5) 涉及规划黄线范围内的建设项目，出具文化和旅游部门的意见。
> (6) 涉及土地整合的建设项目，出具国土部门整合土地的意见。
> (7) 涉及航空限高的建设项目，出具规划部门的航空限高要求或空军对航空限高的要求。
> (8) 其他需要说明的图纸、文件。

2.3 勘察、设计文件

2.3.1 工程地质勘察报告

工程地质勘察报告由建设单位委托的勘察单位经勘察工程地质后形成，勘察报告一般包括文字和图表。

文字部分包括工程概况、勘察目的和任务、勘察方法及完成工作量、依据的规范和标准、工程地质和水文条件、岩土特征及参数、场地地震效应等，最后对地基做出一个综合的评价、提供承载力数据等。

图表部分包括平面图、剖面图、钻孔柱状图、土工试验成果表、物理力学指标统计表、分层土工试验成果表等。

2.3.2 工程测量与规划设计审批

1. 工程定位测量放线、水准点引测记录

工程定位测量放线是指在单位工程开工前，施工单位根据测绘部门提供的放线成果、红线桩及场地控制网(或建筑物控制网)、设计总平面图及水准点,对工程进行的准确测量定位。相关资料表格形式见表 2-2 和表 2-3。

表 2-2　工程定位测量放线、水准点引测记录

工程名称		施工单位	
依据		仪器型号	
设计标高		水准点位置	

定位测量示意图:
结论:
水准点引测示意图:
结论:

建设单位:	施工单位:	监理单位:	测量人:
项目负责人:	项目专业负责人:	总监理工程师:	复测人:
年　月　日	年　月　日	年　月　日	年　月　日

表 2-3 工程定位测量放线、水准点引测经过记录

工程名称		施工单位	
工程地点			

记录内容：

项目负责人：	记录人：
年　月　日	年　月　日

特别提示

工程测量相关规定及要求

　　工程定位测量主要包括测设建筑物位置线、标准水准点、坐标点(包括场地控制网或建筑物控制网、标准轴线桩等)。测绘部门根据建设工程规划许可证(含附件、附图)批准的建筑工程位置及标高，测定出建筑物红线桩。

　　(1) 建筑物位置线。施工测量单位(指专业测量单位)应根据测绘部门提供的放线成果、红线桩及场地控制网(或建筑物控制网)，测定建筑物位置、主控轴线及尺寸，做出平面控制网并绘制成图。

　　(2) 标准水准点。标准水准点由规划部门提供，以作为引入拟建建筑物标高的水准点，一般为2~3点，在使用前必须进行校核，测定建筑物±0.000绝对高程。

　　(3) 工程定位测量检查内容如下。
　　① 校核标准轴线桩点、平面控制网。
　　② 校核引进现场施工用的水准点。
　　③ 检查计算资料及成果。

　　(4) 工程定位测量完成后，应由建设单位报请具有相应资质的测绘部门验线，并报请监理单位审核。

2. 建设单位申请办理规划设计条件通知书须提供的材料

(1) 规划部门核发的选址规划意见通知书及其附图和选址规划意见通知书中所要求的其他部门意见。

(2) 计划行政主管部门的批准文件 1 份。

(3) 拟建项目情况说明书 1 份，其内容包括建设理由，建设工程的规模、性质、占地面积，对道路使用、环境、市政基础配套设施方面的要求等。

(4) 经规划部门核准的拟建项目总体方案图(加盖规划管理章)1 份。

2.3.3 设计文件

设计文件由建设单位委托的设计单位完成。根据工程建设项目在审批、施工等阶段对设计文件深度要求的变化，产生以下设计文件。

(1) 初步设计图及说明：由设计单位形成。

(2) 施工图设计及说明：由设计单位形成。

(3) 设计计算书：由设计单位形成。

(4) 人防、环保、消防、设计等主管部门审查意见：由人防、环保、消防、设计等单位审批形成。

(5) 施工图设计文件审查通知书及施工图审查报告：由审查机构审查形成。

(6) 节能设计备案文件：由设计单位形成。

> **特别提示**
>
> 勘察、设计文件还包括的资料如下。
>
> (1) 水文地质勘察报告：由建设单位委托的勘察单位经勘察工程水文地质情况后形成。
>
> (2) 验线通知单：由城市规划部门审批形成。
>
> (3) 审定设计方案通知书及附图：由城市规划部门审批形成。
>
> (4) 有关部门对审定设计方案通知书的审查意见和要求取得的有关协议：分别由人防、环保、消防、交通、园林、市政、文物、通信、保密、河湖、教育等部门审批形成。

2.4 招投标文件

2.4.1 工程建设过程中的各种招投标文件

招标文件由建设单位自行编制或委托具有相应资质的招标代理机构编制,投标文件分别由勘察、设计、施工、监理单位编制,中标通知书由建设单位或招标代理机构编制而成,并到监管部门备案。

1. 招标文件主要内容

(1) 投标须知。
(2) 合同通用条款和专用条款。
(3) 技术规范与要求。
(4) 投标文件格式。
(5) 施工图纸。
(6) 工程量清单。

2. 投标文件(技术标部分)内容

(1) 编制依据。
(2) 管理目标。
(3) 工程概况。
(4) 施工安排。
(5) 施工准备。
(6) 本工程关键部位施工技术方案。
(7) 质量保证措施。
(8) 安全保证措施。
(9) 文明施工、环保措施。
(10) 工期保证措施。
(11) 技术管理措施。
(12) 合理化建议。
(13) 附件。

2.4.2 工程建设过程中的各种合同文件

合同文件由建设单位分别与勘察、设计、施工、监理单位协商签订而成,并到建设行政主管部门备案。

> **知识链接**

合同文件应能相互解释，互为说明，除合同专用条款另有约定外，合同文件组成及优先解释顺序如下。

(1) 本合同协议书。
(2) 中标通知书。
(3) 投标书及其附件。
(4) 本合同专用条款。
(5) 本合同通用条款。
(6) 标准、规范及有关技术文件。
(7) 图纸。
(8) 工程量清单。
(9) 工程报价单或预算书。

合同履行中，发包人、承包人有关工程的洽商、变更等书面协议或文件视为本合同文件的组成部分。

2.5 开工审批文件

2.5.1 建设工程规划许可证及其附件

办理建设工程规划许可证(图 2.1 和图 2.2)应当提供下列材料。

(1) 建设工程规划申请书。
(2) 已核发的建设用地规划许可证及其附图复印件。
(3) 国土部门出具的国有土地使用权证或者土地使用意见。
(4) 符合规划审批要求的地质勘测报告、建筑(市政)测量图、建筑(市政)设计方案(建筑平面、立面、剖面及效果图)及设计单位的资质证书复印件。
(5) 其他相关部门出具的书面审查意见。
(6) 其他有关申报材料。
① 非国有投资的建设项目，还应当提供建设项目资金法定证明。
② 个人自用建设项目还应当提供申请人身份证和户口簿原件及复印件。
③ 市政管线工程还应当提供符合规划审批要求的管线施工图。

中华人民共和国
建设工程规划许可证

编号 ××—规建字—0008

建设单位	××集团开发有限公司
建设项目名称	××大厦
建设位置	×××市××区×××街××号
建设规模	××平方米

附图及附件名称

本工程建设工程规划许可证附件一份

本工程设计图一份

根据《中华人民共和国城乡规划法》第四十条规定，经审定，本建设工程符合城乡规划要求，准予建设。

特发此证

遵守事项：

一、本证是城乡规划区内，经城乡规划行政主管部门审定，许可建设各类工程的法律凭证。

二、凡未取得本证或不按本证规定进行建设，均属违法建设。

三、未经发证机关许可，本证的各项规定均不得随意变更。

四、建设工程施工期间，根据城乡规划行政主管部门的要求，建设单位有义务随时将本证交查验。

五、本证所需附图与附件由发证机关依法确定，与本证具有同等法律效力。

发证机关 （盖章：市规划委员会）

日 期 ××年×月×日

图 2.1 建设工程规划许可证（示例）

第2章 工程准备阶段文件编制与整理

建设单位：××集团开发有限公司	××—规建字—0008
建设位置：××市××区××街××号	图幅号：122—19
建设单位联系人：×××　电话：×××××××	发证日期：××年×月×日

建设项目名称	建设规模/m²	层数		高度/m	栋数	结构类型	造价/元	备注
		地上	地下					
××工程	25 598	20	3	69.8	1	框架 剪力墙	5 000 000	

抄送单位：××××　　　　　　　　　　　　　　　　承建单位：××××

说明：
1. 本附件与建设工程规划许可证具有同等法律效力。
2. 遵守事项见建设工程规划许可证。

图 2.2　建设工程规划许可证附件

在城市、镇规划区内进行建筑物、构筑物、道路、管线和其他工程建设的，建设单位或者个人应当向城市、县人民政府城乡规划主管部门或者省、自治区、直辖市人民政府确定的镇人民政府申请办理建设工程规划许可证。

申请办理建设工程规划许可证，应当提交使用土地的有关证明文件、建设工程设计方案等材料。需要建设单位编制修建性详细规划的建设项目，还应当提交修建性详细规划。对符合控制性详细规划和规划条件的，由城市、县人民政府城乡规划主管部门或者省、自治区、直辖市人民政府确定的镇人民政府核发建设工程规划许可证。

城市、县人民政府城乡规划主管部门或者省、自治区、直辖市人民政府确定的镇人民政府应当依法将经审定的修建性详细规划、建设工程设计方案的总平面图予以公布。

> **特别提示**
>
> 工程建设过程中的一些注意事项如下。
> (1) 本工程放线完毕，请通知测绘、规划部门验线无误后方可施工。
> (2) 有关消防、绿化、交通、环保、市政、文物等未尽事宜，应由建设单位负责与有关主管部门联系，妥善解决。
> (3) 设计责任由设计单位负责。不按规定允许非正式设计单位设计的工程，其设计责任由建设单位负责。

(4) 建设工程规划许可证及其附件发出后，因年度建设计划变更或因故未建满两年者，建设工程规划许可证及其附件自行失效，需建设时，应向审批机关重新申报，经审核批准后方可施工。

(5) 按规定应编制竣工图的工程必须按照国家编制竣工图的有关规定编制竣工图，送至城建档案馆。

2.5.2 建筑工程施工许可证

申领建筑工程施工许可证应当提供下列材料。
(1) 建设用地规划许可证和经土地管理部门年审的土地证(复印件)。
(2) 建设工程规划许可证(复印件)。
(3) 拆迁许可证(原件)。
(4) 建设工程质量注册登记表和建设工程质量监督书(原件)。
(5) 施工安全生产监督申报书(原件)。
(6) 经过建设行政主管部门备案的施工合同(原件)。
(7) 监理合同(原件)。
(8) 中标通知书和招标备案表(原件)。
(9) 施工企业安全生产许可证(复印件)。
(10) 施工图设计文件审查合格书和施工图审查备案表(原件)。
(11) 八大员及项目经理证书，相关人员安全生产考核合格证书(提供原件并压证上岗，如果外聘还须原单位的解聘书和现单位的聘书。项目经理应与施工企业投标书中的一致)。
(12) 资金审计证明(建设工期不足一年的到位资金，不得少于工程合同价的50%，建设工期超过一年的到位资金，不得少于工程合同价的30%，房地产开发企业项目资本金需达到35%)。
(13) 工程建设合同担保。
(14) 施工组织设计。
(15) 经审查机构审核的施工图。
(16) 安全防护、文明施工措施费用支付合同。
(17) 工程建设项目廉政责任书、工程监理廉政责任书。
(18) 建设工程内部运行表。
(19) 建筑工程施工许可证申请表。

> **特别提示**
>
> (1) 工程投资额在30万元以下或建筑面积在300m² 以下的建筑工程可不申领建筑工程施工许可证。
> (2) 所有提供材料的复印件须提供原件审核，复印件须加盖建设单位公章，并注明"与原件一致"。

建筑工程施工许可证(范例)如图2.3所示。

中华人民共和国
建筑工程施工许可证

编号 施××××－×××建

根据《中华人民共和国建筑法》第八条规定，经审查，本建筑工程符合施工条件，准予施工。

特发此证

建设单位	××集团公司		
工程名称	××大厦		
建设地址	××市××区××街××号		
建设规模	××m²	合同价格	××万元
设计单位	××建筑设计院有限公司		
施工单位	××建筑工程有限公司		
监理单位	××市监理公司		
合同开工日期	××年×月×日	合同竣工日期	××年×月×日
备注			

注意事项：

一、本证放置施工现场，作为准予施工的凭证。

二、未经发证机关许可，本证的各项内容不得变更。

三、建设行政主管部门可以对本证进行查验。

四、本证自核发之日起1个月内应予施工，逾期应办理延期手续，不办理延期或延期次数、时间超过法定时间的，本证自行废止。

五、凡未取得本证擅自施工的属违法建设，将按《中华人民共和国建筑法》的规定予以处罚。

发证机关

日期 年 月 日

图 2.3 建筑工程施工许可证（范例）

2.6 工程造价文件

工程准备阶段文件中的工程造价文件是由工程投资估算材料、工程设计概算材料、招标控制价格文件、合同价格文件、结算价格文件等组成的。特别说明文件的形成责任单位如下。
(1) 工程投资估算材料：由建设单位委托工程造价咨询单位形成。
(2) 工程设计概算材料：由建设单位委托工程造价咨询单位形成。
(3) 招标控制价格文件：由建设单位委托工程造价咨询单位形成。
(4) 合同价格文件：由合同双方形成。
(5) 结算价格文件：由合同双方形成。

2.7 工程建设基本信息

工程建设基本信息主要包括工程概况信息表、建设单位工程项目负责人及现场管理人员名册、监理单位工程项目总监及监理人员名册(见表 2-4)、施工单位工程项目经理及质量管理人员名册。

表 2-4 监理单位工程项目总监及监理人员名册

工程名称						
法定代表人				施工单位		
姓名	项目职务	职称	专业	证书名	证书号	备注
上述人员是我单位为　　工程的监理单位管理人员，请建设单位审核。						
总监理工程师：					(公章) 日期：	
审核意见：						
建设单位项目负责人：					(公章) 日期：	

小 结

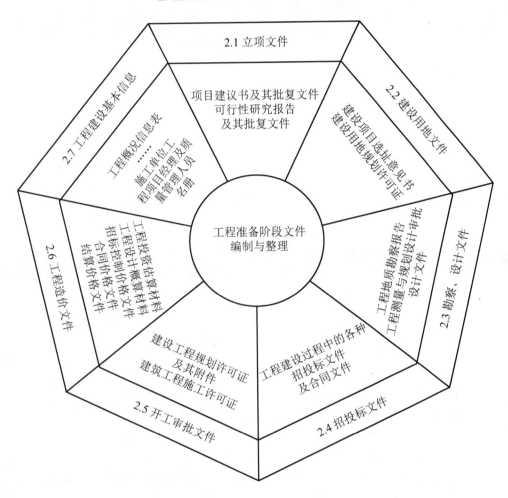

能力拓展

1. 画出工程准备阶段文件的组成结构图。

2. 依据资料员的岗位职责要求,进行工程准备阶段文件的收集、整理并按规范移交。

3. 依据工程准备阶段文件形成流程图,复制并添画出工程前期和竣工期间建设单位应归档的文件名称。

4. 对应本章内容，填写学习效果自我检测记录表。

学习效果自我检测记录表

领域	层次		
	初级	中级	高级
理论认知	了解	运用	综合
岗位技能	模仿	应用	创造
职业情感	激情	心境	热情

5. 在学习过程中，不仅要注重沟通能力的训练，强化团队合作意识，更要加强个人工程实践经验的积累。伴随着理论知识的学习，自觉记录课后实践将促进职业能力的提升。

课后实践记录表

实践分项	时间段	实践要点	见证人及联络方式
工地考察		工程名称、工程所在地	
沟通能力训练		沟通对象、沟通内容、沟通效果	
内业资料管理		收集、分类、整理、组卷、归档	
小组合作学习		分工负责情况及合作成效	
实践中遭遇的问题		视具体情况填写，着眼于发现问题、分析问题及解决问题	
其他		其他	

第 3 章　工程监理资料编制与整理

思维导图

```
                            ┌── 工程监理资料的主要内容
                            ├── 工程监理资料的编制要求
                            ├── 工程监理资料的编制程序
                   资料员应知 ├── 工程监理资料的分类编号、归档保存
                            ├── 工程监理资料表格填写的基本要求
                            └── 工程监理资料管理的基本要求

工程监理资料
编制与整理     ┤
                            ┌── 会进行工程监理资料分类、归档
                            ├── 依据事实，规范填写监理通用表
                   资料员应会 ├── 及时传阅、收发、登记工程监理资料
                            ├── 能设计并填写工程监理资料检索目录
                            ├── 能够检查工程监理资料的正误
                            └── 规范办理工程监理资料移交

                   职业素养   具备认真负责、一丝不苟的工作态度，具
                            备有效沟通的能力，具备团结协作的能力
```

✅ 学习性工作任务

🏠 工程背景

日照职业技术学院实验实训楼，位于日照职业技术学院校园西北区，由日照市建筑规划设计院设计，分为 A、B、C 三个功能区，其中 A 区由日照市东港西湖建筑工程有限公司施工，山东监协建设监理中心实施监理。

该工程 A 区为 4 层框架结构，由于大型实验设备的需要，钢筋混凝土框架柱具有间距大、楼层高、独立基础承载力大等特点，再加上室内外装修标准高，水、电、暖、卫等基本设施配套齐全，电视、网络、电话等智能建筑系统完善，因此无论是对施工单位还是对监理单位都提出了较高要求。

🏠 工作准备

每小组准备统一的档案盒 6 个，分别归档管理，监理资料 B1~B6，工程监理资料管理相应表格若干，A4 活动页纸张若干，图纸 1 套。

🏠 工作任务

结合工程背景提供的信息，模拟资料员，进行该建筑工程在各施工阶段监理资料管理工作，并完成以下任务。

(1) 依据现行的工程资料管理行业标准，制定资料管理制度，明确责任。
(2) 以小组为单位，分工合作完成某一分部工程监理资料，形成一套模拟资料组卷展示。

🏠 教学建议

教师根据周边建筑实际情况及已有完整工程资料状态，灵活布置各小组学习任务，以"不雷同、又能完整地学习工程监理资料管理"为准则，采用"在做中学"的职业教育理念，充分调动学生的学习主动性，提高授课的有效性。

🏠 引例

工程监理资料管理是指监理单位受建设单位的委托，在其进行监理工作期间，对工程建设实施过程中所形成的与监理相关的资料进行收集积累、加工整理、组卷、归档和检索利用等一系列的工作。通常总监理工程师是工程监理资料管理的主要负责人，并安排专门资料员具体管理监理资料。

建设工程监理资料的主要内容包括：监理资料的收发与登记，监理资料的传阅及发文，监理资料的分类存放，监理资料的借阅、更改与作废。

本章提供一套工程监理通用表，见正文内容，资料填写来源于日照职业技术学院实验实训楼工程实际状况，资料供学生观摩、分析、讨论。

🏠 思考

1. 设计监理资料收发与登记表时应注意哪些信息？
2. 如何保障监理资料的及时传阅与存放？
3. 监理资料发文的依据有哪些？
4. 监理资料组卷与施工资料组卷有何联系与区别？
5. 为方便监理资料的使用，应建立怎样的检索目录？
6. 监理资料的更改与作废有何规定？

第 3 章 工程监理资料编制与整理

知识链接

本章按照施工阶段工程监理的任务和主要控制环节将工程监理资料划分为监理管理文件、进度控制文件、质量控制文件、造价控制文件、工期管理文件及监理验收文件 6 个方面。为了更好地理解各种监理资料的概念、资料表格样式及相应资料填写要求等,建议学习《建设工程监理规范》(GB/T 50319—2013)和《建设工程文件归档规范(2019 年版)》(GB/T 50328—2014)。

特别提示

工程监理资料形成流程图如图 3.1 所示。

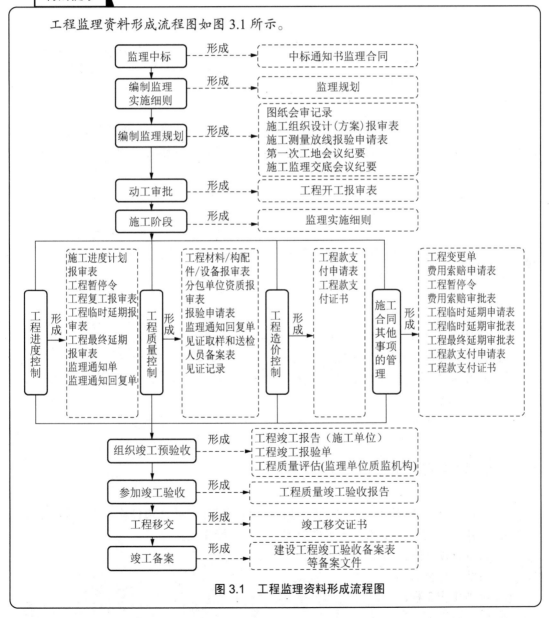

图 3.1 工程监理资料形成流程图

3.1 监理管理文件

监理管理文件主要有监理规划、监理实施细则、监理月报、监理会议纪要、监理工作日志、工作联系单、监理通知单、监理通知回复单、工程暂停令、工程复工报审表等内容。

3.1.1 监理规划

监理规划是监理单位接受业主委托并签订委托监理合同之后,在总监理工程师的主持下,根据委托监理合同,在监理大纲的基础上,结合工程的具体情况,广泛收集工程信息和资料进行编制,经监理单位技术负责人批准,用来指导整个项目监理机构全面开展工作的指导性文件。

(1) 监理规划的编制应针对工程的实际情况,明确项目监理机构的工作目标,确定具体的监理工作制度、内容、程序、方法和措施,并应具有可操作性。

(2) 监理规划应包括以下主要内容。
① 工程概况。
② 监理工作范围、内容、目标。
③ 监理工作依据。
④ 项目监理机构的组织形式、人员配备及进退场计划、监理人员岗位职责。
⑤ 监理工作制度。
⑥ 工程质量控制。
⑦ 工程造价控制。
⑧ 工程进度控制。
⑨ 安全生产管理的监理工作。
⑩ 合同与信息管理。
⑪ 组织协调。
⑫ 监理工作设施。

3.1.2 监理实施细则

监理实施细则是根据监理规划由专业监理工程师编写,并经项目总监理工程师审批,针对工程项目中的某一专业或某一方面监理工作的可操作性文件。

监理实施细则应包括下列主要内容。
(1) 专业工程特点。
(2) 监理工作流程。

(3) 监理工作要点。
(4) 监理工作方法及措施。

3.1.3 监理月报

监理月报是指项目监理机构就工程实施情况和监理工作定期向建设单位和本监理单位所作的报告。

监理月报由项目总监理工程师组织各专业监理工程师编写，监理月报包括内容见表 3-1(范例)。

表 3-1 ××学院实验实训楼 A 区监理月报(范例)

编号：B1-3-001

01 期
××年×月×日—××年×月×日
内容提要： 　　监理公司就该工程质量控制、进度控制、造价控制及合同与信息管理做简要报告
一、工程形象进度完成情况 　　1. 本月实际完成情况与计划进度比较。 　　2. 对进度完成情况及采取措施后效果的分析
二、工程签证情况 　　1. 工程进度签证。 　　2. 工程质量签证。 　　3. 工程造价签证
三、本月工程情况评述 　　1. 工程质量情况分析。 　　2. 工程计量与工程款支付。 　　3. 合同变更及工程延期
四、本月监理工作小结 　　1. 对本月进度、质量、工程款支付等方面情况的综合评价。 　　2. 本月监理工作情况。 　　3. 有关本工程的意见和建议
五、下月监理工作打算 　　为保证工程质量、进度、造价所采取的措施计划
其他： 　　详细信息见附件
项目监理机构(章)：××监协建设监理中心
总监理工程师：×××(手签)

3.1.4 监理会议纪要

监理会议纪要是指项目监理机构根据会议记录整理的文件,它包括工地例会纪要和专题会议纪要。

(1) 工地例会纪要是总监理工程师定期主持召开的工地会议,其主要包括如下内容。
① 检查上次例会议定事项的落实情况,分析未完事项原因。
② 检查分析工程项目进度计划完成情况,提出下一阶段进度目标及落实措施。
③ 检查分析工程项目质量状况,针对存在的质量问题提出改进措施。
④ 检查工程量核定及工程款支付情况。
⑤ 解决需要协调的有关事项。
⑥ 其他有关事宜。

(2) 专题会议纪要是为解决施工过程中的某一问题而召开的不定期会议,会议应有主要议题。
① 主要议题应简明扼要地写清楚会议的主要内容及中心议题(即与会各方提出的主要事项和意见)。
② 解决或议定事项应写清楚会议达成的一致意见、下步工作安排和对未解决问题的处理意见。

(3) 监理会议纪要由项目监理机构起草,与会各方代表签字。

(4) 监理会议纪要(范例)见表 3-2。

表 3-2 监理会议纪要(范例)

工程名称:			编号:B1-4-001	
各与会单位: 现将_____会议纪要印发给你们,请查收。附会议纪要正文_____页。 项目监理机构(章):_____ 总监理工程师:_____ 日　　　　期:_____				
会议地点		会议时间		
组织单位		主持人		
会议议题				
各与会单位及人员签到栏	与会单位		与会人员	
备注:				

3.1.5 监理工作日志

监理工作日志是项目监理机构在监理工程施工期间每日记录气象、施工过程、监理工作及有关事项的日志。

(1) 施工过程的记录是指施工人数、作业内容及部位，使用的主要施工设备、材料等的记录，应对主要的分部分项工程开工、完工做出标记。

(2) 有关事项记录是指记录当日的下列监理工作内容和主要事项。

① 施工过程巡视检查和旁站监理、见证取样送检。
② 施工测量放线、工程报验情况及验收结果。
③ 材料、设备、构配件和主要施工机械设备进场情况及进场验收结果。
④ 施工单位资料报审及审查结果。
⑤ 施工图交接、工程变更的有关事项。
⑥ 所发监理通知单(书面或口头)的主要内容及签发、接收人。
⑦ 建设单位、施工单位提出的有关事宜及处理意见。
⑧ 工地会议议定的有关事项及协调确定的有关问题。
⑨ 工程质量事故(缺陷)及处理方案。
⑩ 异常事件(可能引发索赔的事件)及对施工的影响情况。
⑪ 设计人员到工地处理、交代的有关事宜。
⑫ 质量监督人员、有关领导来工地检查、指导工作情况及有关指示。
⑬ 其他重要事项。

(3) 监理工作日志应为统一制式，每册封面应标明工程名称、编号、记录时间段及建设单位、设计单位、施工单位、监理单位名称，并由总监理工程师签字。监理工作日志(范例)见表 3-3。

表 3-3 监理工作日志(范例)

编号：B1-5-001

××年 10 月 7 日，星期一，气温最高 25℃ 低 15℃　气候 上午(晴、阴、雨、雪) 下午(晴、阴、雨、雪)

工程名称	××学院实验实训楼 A 区
监理人员动态： (1) 上午总监理工程师×××来工地巡视检查。 (2) 7:30 至 11:30 由×××进行旁站监理。 (3) 11:30 至 19:00 由×××进行旁站监理	
施工情况及存在问题： (1) 基础混凝土进行浇捣(上午 7:30 至晚上 7:00)，采用 C40S8 商品混凝土，4 根振动棒振捣，现场有施工员 1 名，质量员 1 名，班长 1 名。施工作业人员 15 名，完成的混凝土数量共有 395m^3，施工情况正常，留置试块四组，抗渗试块两组，同条件养护试块一组。 (2) 因晚上预报小雨，为防止混凝土表面的外观质量受影响，与施工人员沟通做好防雨措施	
监理工作内容及问题处理情况： (1) 在基础混凝土浇捣过程中实行旁站监理，具体详见旁站监理记录。 (2) 因晚上预报小雨，督促施工单位做好防雨措施	
其他： 　　对施工现场进行巡视检查，一机一闸一保到位。施工作业人员安全帽佩戴齐全	
监理人员	×××、×××、×××(手签)

> **特别提示**
>
> 监理工作日志可分为专业监理工程师的监理工作日志和监理员的监理工作日志，专业监理工程师的监理工作日志主要记录当日主要的施工和监理情况，而监理员的监理工作日志则记录当日的检查情况和发现的问题。监理人员应及时填写监理工作日志并签字、不得补记，不得隔页或扯页，以保持其原始记录。

3.1.6 工作联系单

工作联系单是指在施工过程中，与监理有关的各方工作联系用表，即当与监理有关的某一方需向另一方或几方告知某一事项，或督促某项工作，或提出某项建议等，对方执行情况不需要书面回复时均用此表。

(1) 监理联系事项主要包括如下内容。

① 工地会议时间、地点安排。

② 建设单位向监理机构提供的设施、物品及监理机构在监理工作完成后向建设单位移交设施及剩余物品。

③ 建设单位及施工单位就本工程及本合同需要向监理机构提出保密要求的有关事项。

④ 建设单位向监理机构提供与本工程合作的原材料、构配件、机械设备生产厂家名录，以及与本工程有关的协作单位、配合单位的名录。

⑤ 按委托监理合同，监理单位需向委托人书面报告的事项。

⑥ 监理单位调整监理人员；建设单位要求监理单位更换监理人员。

⑦ 监理费用支付通知。

⑧ 监理机构提出的合理化建议。

⑨ 建设单位派驻及变更施工场地履行合同的代表姓名、职务、职权。

⑩ 紧急情况下无法与专业监理工程师联系时，项目经理可采取保证人员生命和财产安全的紧急措施，在采取措施后 48 小时内向专业监理工程师提交报告。

⑪ 对不能按时开工提出延期开工报告。

⑫ 实施爆破作业、在放射毒害环境中施工及使用毒害性、腐蚀性物品施工，施工单位在施工前 14 天以内向专业监理工程师提出的书面通知。

⑬ 可调价合同发生实体调价的情况时，施工单位向专业监理工程师发出的调整原因、金额的意向通知。

⑭ 索赔意向通知。

⑮ 发生不可抗力事件，施工单位向专业监理工程师通报受害损失情况。

⑯ 在施工中发现文物、地下障碍物等，施工单位向专业监理工程师提出的书面汇报。

⑰ 其他各方需要联系的事宜。

(2) 工作联系单(范例)见表 3-4。

表 3-4 工作联系单(范例)

工程名称：××学院实验实训楼 A 区　　　　　　　　　　　　编号：B1-7-001

致： ××监协建设监理中心
事由： 设计交底和图纸会审。
内容： 我方已与设计单位商定于××年×月×日进行本工程设计交底和图纸会审工作，请贵方做好有关准备工作。
发文单位：××学院 负责人(签字)：××× 日期：××××年×月×日

特别提示

工作联系单有关单位各存一份。

3.1.7 监理通知单

在监理工作中，项目监理机构按委托监理合同授予的权限和国家有关规定，对施工单位所发出的指令和提出的要求，除另有规定外，均应采用监理通知单的形式。监理工程师现场发出的口头指令及要求，也应采用此表予以确认。

监理通知单的内容，施工单位应认真执行，并将执行结果用监理通知回复单报项目监理机构复核。

监理通知单(范例)见表 3-5。

表 3-5　监理通知单(范例)

| 工程名称：××学院实验实训楼 A 区 | 编号：B1-8-001 |

致：　××建筑工程有限责任公司　　　　　(施工项目经理部)
事由：　柱内钢筋骨架验收中发现问题需要整改。

内容：
1. 柱内主筋搭接长度不足的应补足。
2. 箍筋间距不对的应纠正。
3. 柱内主筋电弧焊长度不足的应补焊。

项目监理机构(盖章)：××监协建设监理中心
总/专业监理工程师(签字)：××
日期：××××年6月7日

注：本表一式三份，项目监理机构、建设单位、施工单位各一份。

> **特别提示**
>
> 工作联系单与监理通知单的主要区别在于：工作联系单不需要对方书面回复执行情况，而监理通知单需要施工单位将执行结果用监理通知回复单报项目监理机构复核。

3.1.8　监理通知回复单

监理通知回复单是指监理单位发出监理通知单，施工单位对监理通知单执行完成后，报项目监理机构请求复查的回复用表。施工单位完成监理通知单中需要整改的工作后，用监理通知回复单回复。

(1)"我方收到编号为_____"，填写所回复的监理通知单的编号。

(2)"完成了_____工作"，按监理通知单要求完成的工作填写。

(3)"需要说明的情况"，针对监理通知单的要求，简要说明落实过程、结果及自检情况，必要时附有关证明资料。

(4)"复查意见"，专业监理工程师应详细核查施工单位所报的有关资料，符合要求后针对工程实体的质量缺陷整改进行现场检查，检查合格后填写"已按监理通知单整改完毕/经检查符合要求"的意见，如检查不合格，应具体指明不合格的项目或部位，签署"不符合要求，要求施工单位继续整改"的意见。

监理通知回复单(范例)见表 3-6。

表 3-6 监理通知回复单(范例)

工程名称：××学院实验实训楼 A 区　　　　　　　　　　　　　编号：B1-9-001

致：××监协建设监理中心
我方收到编号为 B1-8-001 的监理通知单后，已按要求完成相关柱内钢筋骨架验收中发现问题的整改工作。现报上，请予以复查。 附件：需要说明的情况 　　1. 柱内主筋搭接长度已补足焊牢。 　　2. 箍筋间距不对的已纠正。 　　3. 柱内主筋电弧焊长度不足的已补焊。 　　　　　　　　　　　　　　　　施工项目经理部(盖章)：××建筑工程有限责任公司 　　　　　　　　　　　　　　　　项目经理(签字)：××× 　　　　　　　　　　　　　　　　　　　　　　　　　××××年 6 月 9 日
复查意见： 经复查已按 B1-8-001 监理通知单中的内容整改完毕。   　　　　　　　　　　　　　　　　项目监理机构(盖章)：××监协建设监理中心 　　　　　　　　　　　　　　　　总/专业监理工程师(签字)：×× 　　　　　　　　　　　　　　　　　　　　　　　　　日期：××××年 6 月 9 日

注：本表一式三份，项目监理机构、建设单位、施工单位各一份。

3.1.9　工程暂停令

总监理工程师下达工程暂停令前，宜向建设单位报告。施工过程中发生了需要停工处理事件，由总监理工程师签发停工指令。

(1) 总监理工程师应根据暂停工程的影响范围和影响程度，按照施工合同和委托监理合同的约定签发工程暂停令。

(2) 工程暂停若是由施工单位的原因造成的，施工单位申请复工时，除填报工程复工报审表外，还应报送针对停工原因所进行的整改工作报告等有关材料。

(3) 工程暂停若是由非施工单位的原因造成的，也就是建设单位的原因或应由建设单位承担的责任风险或其他事件，总监理工程师在签发工程暂停令之后，应尽快按施工合同的规定处理因工程暂停引起的与工期、费用等有关问题。

(4) 工程暂停令中应简明扼要地准确填写工程暂停原因。

工程暂停令(范例)见表 3-7。

表 3-7 工程暂停令(范例)

工程名称：××学院实验实训楼 A 区　　　　　　　　　　　编号：B1-10-003

致：××建筑工程有限责任公司

在本工程外部脚手架拆除过程中贵方管理人员不到位，存在严重安全隐患问题，现通知你方于××××年 12 月 29 日 8:00 起，暂停对本工程的外部脚手架拆除(工序)施工，并按下述要求做好后续工作。

要求：1. 落实做好管理人员的到位工作。

2. 再次认真落实脚手架拆除的安全技术交底工作。

项目监理机构(盖章)：××监协建设监理中心

总监理工程师(签字、加盖执业印章)：×××

××××年 12 月 29 日

注：本表一式三份，项目监理机构、建设单位、施工单位各一份。

3.1.10 工程复工报审表

工程复工报审表用于工程暂停原因消失时，施工单位申请恢复施工。总监理工程师签署审查意见前，宜向建设单位报告。

(1) 当工程暂停是由施工单位的原因引起时，表中"附件"系指施工单位提交的整改情况和预防措施；当工程暂停是由非施工单位的原因引起时，表中"附件"系指施工单位提交的工程暂停原因消失证明。

(2) 总监理工程师应指定专业监理工程师对复工条件进行复核，在施工合同约定的时间内完成对复工申请的审批，符合复工条件的注明同意复工的时间；不符合复工条件的注明不同意复工的原因和对施工单位的要求。

工程复工报审表(范例)见表 3-8。

表 3-8 工程复工报审表(范例)

工程名称：××学院实验实训楼 A 区　　　　　　　　　　　　编号：B1-11-003

致：_____(项目监理机构) 　　编号为 B1-10-003 的工程暂停令所停工的_____外部脚手架拆除(工序)已满足复工条件，我方申请于××××年 12 月 31 日复工，请予以审批。 附件：证明文件资料 具备复工条件的情况说明。 　　　　　　　　　　　　　　　　　施工项目经理部(盖章)：××建筑工程有限责任公司 　　　　　　　　　　　　　　　　　项目经理(签字)：××× 　　　　　　　　　　　　　　　　　　　　　　　　　　　××××年 12 月 30 日
审查意见： 　　经审查具备复工条件，同意××建筑工程有限责任公司于××××年 12 月 31 日 8:00 复工。 　　　　　　　　　　　　　　　　　项目监理机构(盖章)：××监协建设监理中心 　　　　　　　　　　　　　　　　　总监理工程师(签字)：××× 　　　　　　　　　　　　　　　　　　　　　　　　　　　××××年 12 月 30 日
审批意见： 　　同意××建筑工程有限责任公司于××××年 12 月 31 日 8:00 复工。 　　　　　　　　　　　　　　　　　建设单位(盖章)：××学院 　　　　　　　　　　　　　　　　　建设单位代表(签字)：××× 　　　　　　　　　　　　　　　　　　　　　　　　　　　××××年 12 月 30 日

注：本表一式三份，项目监理机构、建设单位、施工单位各一份。

3.2　进度控制文件

进度控制文件主要有工程开工报审表、施工进度计划报审表等内容。

3.2.1　工程开工报审表

工程开工报审表用于施工单位申请工程项目开工。

(1) 施工单位应对表中所列 5 项准备工作逐一落实，自查符合要求后在该项"□"内打"√"，同时报送相关证明资料。

(2) 总监理工程师应指定专业监理工程师对施工单位的准备情况进行检查,并报其审核;总监理工程师确认具备开工条件时签署同意开工时间,并报告建设单位。否则,应简要指出不符合开工条件要求之处。

工程开工报审表(范例)见表3-9。

表3-9　工程开工报审表(范例)

工程名称:××学院实验实训楼A区　　　　　　　　　　　　　编号:B2-1-001

致:××学院(建设单位)
××监协建设监理中心 (项目监理机构) 　　我方承担的___××学院实验实训楼A区___工程,已完成相关准备工作,具备开工条件,申请于××××年1月28日开工,请予以审批。 　　附件:证明文件资料 　　1. 建筑工程施工许可证已办理。　　　　　　　　　　　　　　　　　　　☑ 　　2. 现场管理人员已到位,专业管理人员和特种作业人员已取得资格证、上岗证。☑ 　　3. 施工现场质量管理检查记录已经检查确认。　　　　　　　　　　　　☑ 　　4. 进场道路及水、电、通信等已满足开工要求。　　　　　　　　　　　☑ 　　5. 质量、安全、技术管理制度已建立,组织机构已落实。　　　　　　　☑ 　　　　　　　　　　　　　　　　　　施工单位(盖章):××建筑工程有限责任公司 　　　　　　　　　　　　　　　　　　项目经理(签字):××× 　　　　　　　　　　　　　　　　　　日期:××××年1月26日
审查意见: 　　经审查上述各项工作已完成且资料齐全,同意本工程于××××年1月28日开工。 　　　　　　　　　　　　　　　　　　项目监理机构(盖章):××监协建设监理中心 　　　　　　　　　　　　　　　　　　总监理工程师(签字、加盖执业印章):××× 　　　　　　　　　　　　　　　　　　日期:××××年1月27日
审批意见: 　　经审查上述各项工作已完成且资料齐全,同意本工程于××××年1月28日开工。 　　　　　　　　　　　　　　　　　　建设单位(盖章):××学院 　　　　　　　　　　　　　　　　　　建设单位代表(签字):××× 　　　　　　　　　　　　　　　　　　日期:××××年1月27日

注:本表一式三份,项目监理机构、建设单位、施工单位各一份。

> **特别提示**
>
> 如整个项目一次开工，只填报一次；如工程项目中涉及较多单位工程，且开工时间不同，则每个单位工程开工都应填报一次。
>
> 对具备开工条件的工程，总监理工程师签署意见中应明确开工日期。

3.2.2 施工进度计划报审表

施工进度计划报审表是施工单位根据已批准的施工总进度计划，按施工合同约定或监理工程师要求，编制的施工进度计划并报项目监理机构审查、确认和批准。

(1) 根据监理机构批准的施工组织设计(方案)，结合工程的大小、规模等情况，施工单位应分别编制按合同工期目标制订的施工总进度计划，以及按不同计划期(年、季、月)制订的施工进度计划并进行报审。

(2) 对施工进度计划，主要进行如下审核。

① 进度安排是否符合工程项目建设总进度的要求，计划中总目标和分目标的要求，是否符合施工合同中开、竣工日期的规定。

② 施工总进度计划中的项目是否有遗漏，分期施工是否满足分批动用的需要和配套动用的要求。

③ 施工顺序的安排是否符合施工工艺的要求。

④ 劳动力、材料、构配件、施工机具及设备、施工水电等生产要素的供应计划是否能保证进度计划的实现，供应是否均衡，需求高峰期是否有足够能力实现计划供应。

⑤ 由建设单位提供的施工条件(资金、施工图纸、施工场地、采购供应的物资设备等)，以及施工单位在施工进度计划中所提出的供应时间和数量是否明确、合理，是否有造成建设单位违约而导致工程延期和费用索赔的可能。

⑥ 工期是否进行了优化，进度安排是否合理。

⑦ 总、分包单位分别编制的各单项工程施工进度计划之间是否相协调，专业分工与计划衔接是否明确、合理。

施工进度计划报审表(范例)见表 3-10。

> **特别提示**
>
> 施工单位项目经理部应提前 5 日提交月进度计划报审表，一般为每月 25 日申报。

表 3-10　施工进度计划报审表(范例)

工程名称：　　　　　　　　　　　　　　　　　　　　　　　　　　编号：B2-2-001

致：　　　　　　　(项目监理机构)
根据施工合同约定，我方已完成　　　　　　　　工程施工进度计划的编制和批准，请予以审查。 　　附件：□施工总进度计划 　　　　　□阶段性进度计划 　　　　　　　　　　　　　　　　　施工项目经理部(盖章)： 　　　　　　　　　　　　　　　　　项目经理（签字）： 　　　　　　　　　　　　　　　　　　　　年　　月　　日
审查意见：   　　　　　　　　　　　　　　　　　专业监理工程师(签字)： 　　　　　　　　　　　　　　　　　　　　年　　月　　日
审核意见：   　　　　　　　　　　　　　　　　　项目监理机构(盖章)： 　　　　　　　　　　　　　　　　　总监理工程师(签字)： 　　　　　　　　　　　　　　　　　　　　年　　月　　日

注：本表一式三份，项目监理机构、建设单位、施工单位各一份。

3.3　质量控制文件

　　质量控制文件的内容主要有施工组织设计(专项施工方案)报审表，分包单位资格报审表，试验单位资格报审表，施工控制测量成果报验表，工程材料/构配件/设备报审表，旁站监理记录，见证取样、送检记录表，工程报审、报验表，工程质量/安全问题(事故)处理文件等内容。

3.3.1　施工组织设计(专项施工方案)报审表

　　此表用于施工单位报审施工组织设计(专项施工方案)。施工单位对专业性较强的重点部位、关键工序的施工工艺，新工艺、新材料、新技术、新设备的专项施工方案报审，也采用此表。施工过程中，如经批准的施工组织设计(专项施工方案)发生改变，变更后的施工组织设计(专项施工方案)报审时，也采用此表。

(1) 专业监理工程师应审核施工组织设计(专项施工方案)的完整性、符合性、适用性、合理性、可操作性及实现目标的保证措施。

如符合要求，专业监理工程师在审查意见处可签署如"施工组织设计(专项施工方案)合理、可行，且审批手续齐全，拟同意施工单位按该施工组织设计(专项施工方案)组织施工，请总监理工程师审核"的内容。如不符合要求，专业监理工程师在审查意见处应简要指出不符合要求之处，并提出修改补充意见后签署如"暂不同意(部分或全部应指明)施工单位按该施工组织设计(专项施工方案)组织施工，待修改完善后再报，请总监理工程师审核"的内容。

(2) 总监理工程师对专业监理工程师的审查结果进行审核，如同意专业监理工程师的审查意见，应签署如"同意专业监理工程师审查意见，同意(或不同意)施工单位按该施工组织设计(专项施工方案)组织施工"的内容；如不同意专业监理工程师的审查意见，应简要指明与专业监理工程师审查意见中的不同之处，签署修改意见，并签字确认最终结论如"同意(不同意)施工单位按该施工组织设计(专项施工方案)组织施工(修改后再报)"的内容。

施工组织设计(专项施工方案)报审表(范例)见表 3-11。

表 3-11　施工组织设计(专项施工方案)报审表(范例)

工程名称：××学院实验实训楼 A 区　　　　　　　　　　　　　　编号：B1-0-001

致：＿＿＿＿＿＿＿＿(项目监理机构) 　　我方已完成　××学院实验实训楼 A 区 工程施工组织设计(专项施工方案)的编制和审批，请予以审查。 　　附件：☑施工组织设计 　　　　　□专项施工方案 　　　　　□施工方案 　　　　　　　　　　　　　　　　施工项目经理部(盖章)：××建筑工程有限责任公司 　　　　　　　　　　　　　　　　项目经理(签字)：××× 　　　　　　　　　　　　　　　　　　　　　　　　××××年 1 月 20 日
审查意见： 1. 施工进度计划中总工期经计算为 336 天，与合同要求的工期 330 天不符，请予以调整。 2. 设计要求的"静音防尘地板"在施工方案及施工进度计划中未体现出来。 3. 由于现场施工条件是学生正常开课时间，相应安全防范措施应设计详细到位。 　　　　　　　　　　　　　　　　　　　　　　　　专业监理工程师(签字)：××× 　　　　　　　　　　　　　　　　　　　　　　　　　　　　××××年 1 月 23 日

续表

审核意见： 1. 同意专业监理工程师的审查意见。 2. 尚应在施工方案及相应施工进度计划中补充设计要求的"静音防尘地板"。 3. 在上述各项不足之处调整完成后同意本施工组织设计。 　　　　　　　　　　　　　　项目监理机构(盖章)：××监协建设监理中心 　　　　　　　　　　　　　　总监理工程师(签字、加盖执业印章)：××× 　　　　　　　　　　　　　　　　　　　　　　　　××××年1月23日
审批意见(仅对超过一定规模的危险性较大的分部分项工程专项施工方案)： 　　　　　　　　　　　　　　　　　　　　　　建设单位(盖章)： 　　　　　　　　　　　　　　　　　　　　　　建设单位代表(签字)： 　　　　　　　　　　　　　　　　　　　　　　××××年×月×日

注：本表一式三份，项目监理机构、建设单位、施工单位各一份。

3.3.2 分包单位资格报审表

1. 对分包单位资格应审核的内容

(1) 分包单位的营业执照、企业资质等级证书、特殊行业施工许可证、国外企业在国内承包工程许可证。

(2) 分包单位的业绩。

(3) 拟分包工程的内容和范围。

(4) 专业管理人员和特种作业人员的资格证、上岗证。

监理工程师完成上述审查工作，审查合格后，签发分包工程申请报告单，批准分包单位进行工程分包。

2. 分包单位资格报审表(范例)(表3-12)

本表由施工单位填报，项目监理机构专业监理工程师审查、总监理工程师签发。分包单位资格审查由项目监理机构负责。

表3-12 分包单位资格报审表(范例)

工程名称：　　　　　　　　　　　　　　　　　　　　　　　　编号：

致：＿＿＿＿＿＿＿＿(项目监理机构)

　　经考察，我方认为拟选择的＿＿＿＿＿＿＿＿＿＿＿＿＿＿(分包单位)具有承担下列工程施工或安装的资质和能力，可以保证本工程按施工合同第＿＿＿条款的约定进行施工或安装。请予以审查。

分包工程名称(部位)	分包工程量	分包工程合同额

续表

	合计	

附件：1. 分包单位资质材料
　　　2. 分包单位业绩材料
　　　3. 分包单位专业管理人员和特种作业人员的资格证书
　　　4. 施工单位对分包单位的管理制度

施工项目经理部(盖章)：
项目经理(签字)：
　　　　　年　　月　　日

审查意见：

专业监理工程师(签字)：
　　　　　年　　月　　日

审核意见：

项目监理机构(盖章)：
总监理工程师(签字)：
　　　　　年　　月　　日

注：本表一式三份，项目监理机构、建设单位、施工单位各一份。

知识链接

建设工程分包与转包的区别

　　分包是指总承包人将其承包的建设工程的一部分转让给第三人(即分包人)。总承包人与发包人签订的建设工程施工合同称为总包合同，总承包人与分包人签订的合同为分包合同。分包合同的标的是总包合同的一部分，分包人与总承包人共同对发包人承担连带责任。

　　转包是指承包人在与发包人签订建设工程施工合同后，又将其承包的工程部分或全部转让给第三人(即转承包人)。转让后，转让人即承包人退出承包关系，受让人即转承包人成为承包合同的另一方当事人，转让人对受让人的行为不承担责任。

　　分包与转包的区别为：转包中，转让人将其承包的工程部分或全部转让给第三人，而转让人不履行原承包合同约定的义务，转包是国家明令禁止的；分包中，总承包人将承包的一部分转让给其他人，总承包人仍然就总包合同的履行向发包人负责。

3.3.3 试验单位资格报审表

项目监理机构就施工单位对其试验室的资质等级及试验范围、法定计量部门对试验设备出具的计量检定证明、试验室管理制度、试验人员的资格证书等提请的资格报审进行资质考核、确认和批复,以确定其是否具有自有试验室或"对外委托"试验室,即为试验单位资格报审。

施工单位利用本企业试验室时,应将试验室的资质等级,试验内容,试验设备的规格、型号、数量及定期鉴定证明,试验室管理制度,试验人员的资格证书等有关资料报送项目监理机构,并经专业监理工程师审核确认;当一个施工单位的试验室供本单位承建的几个工程项目共用时,只要经查符合实施要求即可视为有工地试验室;当该试验室资质等级不够、试验项目不全时均应进行外委试验;对外委托项目或试验,施工单位应填写分包单位资格报审表,将要委托试验室的营业执照、企业资质等级证书、委托试验内容等有关内容报送项目监理机构。

1. 试验室审核

专业监理工程师应从以下 5 个方面对施工单位的试验室进行审核。
(1) 试验室的资质等级及试验范围。
(2) 法定计量部门对试验设备出具的计量检定证明。
(3) 试验室的管理制度。
(4) 试验人员的资格证书。
(5) 本工程的试验项目及其要求。

2. 试验单位资格报审表(范例)(表 3-13)

表 3-13 试验单位资格报审表(范例)

工程名称: 编号:

致:_____(项目监理机构) 　　经考察,我方认为拟选择的_____(试验室)具有与_____工程相适应的试验资质及试验能力。现报上有关资料,请予以审查和批准。 　　附件: 　　　　　　　　　　　　　　　　　　　　　　　　　　　施工项目经理部(盖章): 　　　　　　　　　　　　　　　　　　　　　　　　　　　项目技术负责人(签字): 　　　　　　　　　　　　　　　　　　　　　　　　　　　　　　年　　月　　日
审核意见: 　　　　　　　　　　　　　　　　　　　　　　　　　　　项目监理机构(盖章): 　　　　　　　　　　　　　　　　　　　　　　　　　　　总监理工程师(签字): 　　　　　　　　　　　　　　　　　　　　　　　　　　　　　　年　　月　　日

3.3.4 施工控制测量成果报验表

施工测量放线报验分为开工前的交桩复测及施工单位建立的控制网、水准系统的测量；施工过程中的施工测量放线。

施工单位测量放线完毕后，应进行自检，合格后填写施工控制测量成果报验表，并附上施工控制测量依据资料及施工控制测量成果表(基槽及各层测量放线及复测记录)，报送项目监理机构。

(1) 施工控制测量依据资料是指施工测量方案、建设单位提供的红线桩和水准点等材料；施工控制测量成果表是指施工单位测量放线所放出的控制线及施工测量放线记录表(依据资料应该是经过项目监理机构确认过的)。

(2) 备注应填写施工测量放线所使用测量仪器的名称、型号、编号。

(3) 专业监理工程师根据对测量放线资料的审查和现场实际复测情况在审查意见处签署意见。

施工控制测量成果报验表(范例)见表 3-14。

表 3-14 施工控制测量成果报验表(范例)

工程名称：××学院实验实训楼 A 区　　　　　　　　　　　　　　编号：C5-4-001

致：_____(项目监理机构) 　　我方已完成××学院实验实训楼 A 区基础工程的施工控制测量，经自检合格，请予以查验。 　　附件：1. 施工控制测量依据资料 　　　　　2. 施工控制测量成果表 　　××学院实验实训楼 A 区基础工程的轴线位置图及测量数据。 　　　　　　　　　　　　施工项目经理部(盖章)：××建筑工程有限责任公司 　　　　　　　　　　　　项目技术负责人(签字)：××× 　　　　　　　　　　　　　　　　　　　　　　　××××年1月29日
审查意见：   　　　　　　　　　　　　项目监理机构(盖章)：××监协建设监理中心 　　　　　　　　　　　　专业监理工程师(签字)：××× 　　　　　　　　　　　　　　　　　　　　　　　××××年1月29日
备注：本工程测量仪器为水准仪 DS1-96007、经纬仪 DJ2-707、全站仪 NTS-332R6

注：本表一式三份，项目监理机构、建设单位、施工单位各一份。

3.3.5 工程材料/构配件/设备报审表

工程材料/构配件/设备报审是指施工单位对拟进场的主要工程材料、构配件、设备自检合格后,报项目监理机构进行进场验收的工作。

(1) "拟用于部位",应填写工程材料、构配件、设备拟用于工程的具体部位。

(2) "工程材料、构配件或设备清单",应用表格形式填报,内容包括名称、规格、单位、数量、生产厂家、批号、复试/检验记录编号等。

(3) "质量证明文件",指出厂合格证、复试/检验报告、准用证、商检证等。如无出厂合格证原件,有抄件亦可,但抄件上要注明原件存放单位,抄件人和抄件单位需签字并盖公章。

(4) "自检结果",填写施工单位对所购工程材料、构配件、设备,按有关规定进行自检及复试后的相应结果。对建设单位采购的主要设备进行开箱检查,监理人员应进行见证,并在主要设备进行开箱检查记录上签字。复试报告一般应提供原件。

(5) 专业监理工程师对报审表所附的工程材料、构配件或设备清单、质量证明文件及自检结果进行认真核对,在符合要求的基础上对所进场工程材料、构配件或设备进行实物核对及观感质量验收,查验是否与清单、质量证明文件及自检结果相符,有无质量缺陷等情况,并将检查情况记录在监理工作日志中,然后根据检查结果,给出审查意见。

工程材料/构配件/设备报审表(范例)见表 3-15。

表 3-15 工程材料/构配件/设备报审表(范例)

工程名称:××学院实验实训楼 A 区	编号:B3-4-001

致:_____(项目监理机构)
于××××年 1 月 27 日进场的拟用于基础工程防水防潮部位的聚乙烯丙纶防水卷材,经我方检验合格,现将相关资料报上,请予以审查。 附件: 1. 工程材料、构配件或设备清单 　　　2. 质量证明文件 　　　3. 自检结果 　　　　　　　　　　　　　　　　　施工项目经理部(盖章):××建筑工程有限责任公司 　　　　　　　　　　　　　　　　　项目经理(签字):××× 　　　　　　　　　　　　　　　　　　　　　　　　　　　　××××年 2 月 7 日
审查意见: 经检查上述材料符合设计文件和规范的要求,准许进场用于基础施工。 　　　　　　　　　　　　　　　　　项目监理机构(盖章):××监协建设监理中心 　　　　　　　　　　　　　　　　　专业监理工程师(签字):××× 　　　　　　　　　　　　　　　　　　　　　　　　　　　　××××年 2 月 8 日

注:本表一式两份,项目监理机构、施工单位各一份。

3.3.6 旁站监理记录

旁站监理记录是指监理人员在房屋建筑工程施工阶段监理中，对关键部位、关键工序的施工质量，实施全过程现场跟班的监督活动，对所见证的有关情况的记录。旁站监理记录(范例)见表3-16。

表3-16 旁站监理记录(范例)

工程名称：　　　　　　　　　　　　　　　　　　　　　　　　　编号：B3-2-001

日期及气候		工程地点	
旁站监理的部位或工序			
旁站监理开始时间		旁站监理结束时间	
施工情况：			
监理情况：			
发现问题：			
处理意见：			
备　　注：			
施工企业：_____ 项目经理部：_____ 质检员(签字)：_____ 年　月　日		监理企业：_____ 项目监理机构：_____ 旁站监理人员(签字)：_____ 年　月　日	

注：本表一式一份，项目监理机构留存。

知识链接

房屋建筑工程的关键部位、关键工序包括如下内容。

(1) 基础工程：桩基工程、沉井过程、水下混凝土浇筑、承载力检测、框架结构独立基础、基础土方回填。

(2) 结构工程：混凝土浇筑、施加预应力、施工缝处理、结构吊装。
(3) 钢结构工程：重要部位焊接、机械连接安装。
(4) 设备进场验收测试、单机无负荷试车、无负荷联动试车、试运转、设备安装验收、压力容器测试等。
(5) 隐蔽工程的隐蔽过程。
(6) 建筑材料的见证取样、送样。
(7) 新技术、新材料、新工艺、新设备试验过程。
(8) 委托监理合同规定的应旁站监理的部位和工序。

> **特别提示**
>
> 表 3-16 旁站监理记录(范例)为项目监理机构实施旁站监理的通用表式。项目监理机构可根据需要增加附表。

3.3.7 见证取样、送检记录表

单位工程施工前，项目监理机构应根据施工单位报送的施工试验计划编写见证取样、送检记录表。由总监理工程师指定一名具备见证取样送检资格的监理人员担任见证取样送检工作，并书面通知施工单位、检测单位和质量监督机构。

在施工过程中，见证人员按计划对施工现场的取样和送检进行见证，在试样包装和封条上签字，并在监理工作日志中进行记录。

> **知识链接**

《房屋建筑工程和市政基础设施工程实行见证取样和送检的规定》中规定如下。
(1) 涉及结构安全的试块、试件和材料见证取样和送检的比例不得低于有关技术标准中规定应取样数量的 30%。
(2) 下列试块、试件和材料必须实施见证取样和送检。
① 用于承重结构的混凝土试块。
② 用于承重墙体的砌筑砂浆试块。
③ 用于承重结构的钢筋及连接接头试件。
④ 用于承重墙的砖和混凝土小型砌块。
⑤ 用于拌制混凝土和砌筑砂浆的水泥。
⑥ 用于承重结构的混凝土中使用的掺加剂。
⑦ 地下、屋面、厕浴间使用的防水材料。
⑧ 国家规定必须实行见证取样和送检的其他试块、试件和材料。
见证取样、送检记录表见表 3-17。

表 3-17 见证取样、送检记录表

工程名称：　　　　　　　　　　　　　　　　　　　　　　　　　　　　　编号：B3-4-002

样品名称		取样部位	
样品规格		试样数量	
取样时间		代表样本数量	
封样情况检查：			
试样外观检查：			
取样、送检人		日期	
见证人		资格证书编号	

特别提示

《建筑工程资料管理规程》(JGJ/T 185—2009)规定：监理单位填写的见证取样和送检见证人员备案表应一式五份，质量监督站、检测单位、建设单位、监理单位、施工单位各保存一份。

3.3.8 工程报审、报验表

本表是隐蔽工程、检验批工程、分项工程、分部工程报审、报验通用表。报审、报验时按实际完成的工程名称填写。

本表附件可根据实际情况填写，填写内容举例如下。

(1) "工程质量控制资料"，填写相应质量验收规范中规定工程验收时应检查的文件和记录，按规定应见证取样送检的，须附见证取样送检资料。

(2) "安全和功能检验(检测)报告"，填写相应质量验收规范中规定工程验收时应对材料及其性能指标进行检验(检测)的报告或复验项目的检验(检测)报告和《建筑工程施工质量验收统一标准》(GB 50300—2013)中要求的安全和功能检查项目的测试记录，按规定应见证取样送检的，须附见证取样送检资料。

(3) "观感质量验收记录"，填写分部(子分部)观感质量验收记录。

(4) "隐蔽工程验收记录"，填写相应质量验收规范中规定的隐蔽验收项目的隐蔽工程验收记录。

(5) 专业监理工程师对所报隐蔽工程、检验批工程、分项工程资料进行认真核查，确认资料是否齐全、填报是否符合要求，并根据现场实地检查情况按表式项目签署审查意见，分部工程由总监理工程师组织验收，并签署验收意见。

工程报审、报验表(范例)见表3-18。

表3-18 工程报审、报验表(范例)

工程名称：××学院实验实训楼A区　　　　　　　　　　　　编号：B3-5-001

致：_____(项目监理机构)
我方已完成××学院实验实训楼A区基础工程防水工作，经自检合格，请予以审查或验收。 附件：□隐蔽工程质量检验资料 　　　□检验批质量检验资料 　　　☑分项工程质量检验资料 　　　□施工试验室证明资料 　　　□其他 　　　　　　　　　　施工项目经理部(盖章)：××建筑工程有限责任公司 　　　　　　　　　　项目经理或项目技术负责人(签字)：×× 　　　　　　　　　　　　　　　　　　　　　　　××××年3月4日
审查或验收意见： 所报分项工程的技术资料齐全，经现场检测，核查合格。 　　　　　　　　　　项目监理机构(盖章)：××监协建设监理中心 　　　　　　　　　　专业监理工程师(签字)：×× 　　　　　　　　　　　　　　　　　　　　　　　××××年3月5日

注：本表一式两份，项目监理机构、施工单位各一份。

3.3.9 工程质量/安全问题(事故)处理文件

工程质量/安全问题(事故)处理文件包括工程质量/安全问题(事故)报告单和工程质量/安全问题(事故)技术处理方案报审表两类。

1. 工程质量/安全问题(事故)报告单

工程质量/安全问题(事故)报告单是施工过程中发生工程质量/安全问题(事故)，施工单位就工程质量/安全问题(事故)的有关情况及初步原因分析和处理方案向项目监理机构报告时用表。当监理工程师发现存在工程质量/安全问题(事故)要求施工单位报告时也用此表报告。

(1) "_____时，在_____(部位)发生_____工程质量/安全问题(事故)"，分别填写工程质量/安全问题(事故)发生的时间、工程部位和工程质量/安全问题(事故)的特征。

(2) "原因、性质或类型、造成损失、应急措施及初步处理意见"，分别填写质量事故发生原因的初步判断、一般事故还是重大事故、造成损失的初步估算、事故发生后采取的措施和事故控制的情况及初步处理方案。

工程质量/安全问题(事故)报告单(范例)见表3-19。

表3-19 工程质量/安全问题(事故)报告单(范例)

工程名称：××学院实验实训楼A区　　　　　　　　　　　　　　　编号：B3-1-003

致：_____(项目监理机构)	
××××年8月6日9:00，在③/⑥三层框架柱发现外观蜂窝严重，测其强度严重不足，☑工程质量/□安全问题(事故)，现报告如下： 1．原因：(初步调查结果及现场情况报告) 由于操作工人振捣不均。 2．性质或类型： 较严重。 3．造成损失： 造成经济损失约3 000元。 4．应急措施： 对附近柱强度进行全面检查。 5．初步处理意见： 对该柱的混凝土进行返工重做处理。 　　　　　　　　　　　　施工单位(盖章)：××建筑工程有限责任公司 　　　　　　　　　　　　项　目　经　理：×××(手签) 　　　　　　　　　　　　日　　　　　　期：××××年8月7日	
抄报： 1．××建设工程质量监督站。 2．××学院。	项目监理机构签收： 于××××年8月7日8:00收到。
	项目监理机构(盖章)：××监协建设监理中心 总监理工程师：×××(手签) 日　　　　　期：××××年8月7日

注：本表一式三份，建设单位、监理单位、施工单位各存一份。

2．工程质量/安全问题(事故)技术处理方案报审表

工程质量/安全问题(事故)技术处理方案报审是施工单位在对工程质量事故详细调查、研究的基础上，提出处理方案后报项目监理机构审查、确认和批复的过程。

(1) "工程质量/安全问题(事故)调查报告"，填写施工单位在对工程质量事故详细调查、研究的基础上提出的详细报告。其一般应包括下列内容：质量事故情况，质量事故发生的时间、地点、经过、有关现场的记录、发展变化趋势、是否已稳定等；事故性质；事故原因；事故评估；质量事故涉及的人员与主要责任者的情况等。

(2) "工程质量/安全问题(事故)技术处理方案"，技术处理方案针对质量事故的状况及原因，应本着安全可靠、不留隐患、满足建筑物的使用功能要求、技术可行、经济合理的原则提出。因设计造成的质量事故，应由设计单位提出技术处理方案。

(3) "设计单位意见"，填写建筑工程的设计单位对工程质量/安全问题(事故)调查报告和技术处理方案的审查意见。若与施工单位提出的工程质量/安全问题(事故)调查报告和技术处理方案有不同意见应一一注明，工程质量/安全问题(事故)技术处理方案必须经设计单位同意。

(4) 总监理工程师应组织建设、设计、施工、监理等有关人员对工程质量/安全问题(事故)调查报告和技术处理方案进行论证,以确认报告和方案的正确合理性,如有不同意见,应责令施工单位重报。必要时应邀请有关专家参加对事故调查报告和技术处理方案的论证。

监理人员发现施工存在重大质量隐患,可能造成工程质量/安全问题(事故)或已经造成工程质量/安全问题(事故)时,应通过总监理工程师及时下达工程暂停令,要求施工单位停工整改。凡要求施工单位提交工程质量/安全问题(事故)整改方案的,施工单位均应用表3-20向项目监理机构报审工程质量/安全问题(事故)调查报告和技术处理方案。

工程质量/安全问题(事故)技术处理方案报审表(范例)见表3-20。

表3-20 工程质量/安全问题(事故)技术处理方案报审表(范例)

工程名称:××学院实验实训楼A区　　　　　　　　　　　　　编号:B3-1-004

致:_____(项目监理机构)
贵方××××年8月7日提出的因振捣不均发生构造柱强度降低的☑工程质量/□安全问题(事故)的报告,经认真研究后,现提出处理方案,请予以审批。 附件:☑隐蔽工程质量检验资料 　　　□检验批质量检验资料 　　　□分项工程质量检验资料 　　　□施工试验室证明资料 　　　□其他 　　　　　　　　　　　　　　　　施工项目经理部(盖章):××建筑工程有限责任公司 　　　　　　　　　　　　　　　　项目经理或项目技术负责人(签字):×× 　　　　　　　　　　　　　　　　　　　　　　　　　　　　　××××年8月8日
审查或验收意见: 所报隐蔽工程的技术资料齐全,符合设计文件和规范要求,同意按此处理方案施工。 　　　　　　　　　　　　　　　　项目监理机构(盖章):××监协建设监理中心 　　　　　　　　　　　　　　　　专业监理工程师(签字):×× 　　　　　　　　　　　　　　　　　　　　　　　　　　　　　××××年8月8日

注:本表一式两份,项目监理机构、施工单位各一份。

3.4 造价控制文件

造价控制即实现项目实际投资不超过计划投资,也就是指力求使项目在满足质量和进度要求的前提下,在整个项目施工阶段开展的管理活动。造价控制不是单一的目标控制,须具有全面性,且是一种微观性的工作。造价控制文件包括工程款支付报审表、工程变更费用报审表、费用索赔报审表等。

3.4.1 工程款支付报审表

工程款支付报审是指施工单位针对经项目监理机构验收合格的工程量计算应收的工程款提出的申请。

(1) 工程款支付的程序及注意事项如下。

对实际完成的分部分项工程量进行计量和审核,对承建单位提交的进度付款申请进行审核,并签发付款证明以控制合同价款。

根据设计文件及承包合同中关于工程量计算的规定,项目监理机构对施工单位申报的已完成的工程量进行核验,即为工程计量。

发包方应在双方计量确认后 14 天,向承包方支付工程款;同期用于工程上发包方供应的材料或设备的价款,以及按约定时间发包方应按比例扣回的预付款,应和工程款一并结算。发包方超过约定时间而不支付工程款时,承包方可向发包方发出要求付款的通知,仍不能支付时,双方可签订延期付款协议。协议须明确延期支付的时间和从计量结果确认后第 15 天起计算应付款的贷款利息。如发包方不按合同约定支付工程款,双方又达不成一致协议时,承包方可停止施工,由发包方承担违约责任。

(2) 工程款支付报审表(范例)见表 3-21。

表 3-21 工程款支付报审表(范例)

工程名称:××学院实验实训楼 A 区　　　　　　　　　　　　编号:4-1-001

致:_____(项目监理机构)

根据施工合同约定,我方已完成××学院实验实训楼 A 区基础工程的中间结构验收工作,建设单位应在××年 3 月 20 日前支付工程款共计(大写)贰佰玖拾陆万零捌拾贰元整(小写:2 960 082.00 元),请予以审核。

附件:
☑已完成工程量报表
☐工程竣工结算证明材料
☑相应支持性证明文件

施工项目经理部(盖章):××建筑工程有限责任公司
项目经理(签字):×××
××××年 3 月 7 日

审查意见:
1. 施工单位应得款为,(大写)贰佰玖拾陆万零捌拾贰元整(小写:2 960 082.00 元)。
2. 本期应扣款为,零元(0.00 元)。
3. 本期应付款为,(大写)贰佰玖拾陆万零捌拾贰元整(小写:2 960 082.00 元)。
附件:相应支持性材料

专业监理工程师(签字):×××
××××年 3 月 7 日

续表

审核意见：
经审核，同意本期支付施工单位工程款，(大写)贰佰玖拾陆万零捌拾贰元整(小写：2 960 082.00 元)。 项目监理机构(盖章)：××监协建设监理中心 总监理工程师(签字、加盖执业印章)：××× ××××年3月7日
审批意见：
同意支付施工单位工程款，(大写)贰佰玖拾陆万零捌拾贰元整(小写：2 960 082.00 元) 建设单位(盖章)：××学院 建设单位代表(签字)：××× ××××年3月7日

注：本表一式三份，项目监理机构、建设单位、施工单位各一份；工程竣工结算报审时本表一式四份，项目监理机构、建设单位各一份、施工单位两份。

3.4.2 工程变更费用报审表

工程变更是指工程项目在实施过程中，按照合同约定的程序对部分或全部工程在材料、工艺、功能、构造、尺寸、技术指标、工程数量及施工方法等方面做出的改变。工程变更通常与初始目标不一致，会打乱原来的施工方案和计划，使工程的质量、投资、进度控制目标受到不利影响。工程变更费用报审是指由于建设、设计、监理、施工单位任何一方的工程变更，经有关方确认工程数量后，计算出的工程价款提请报审、确认、批复的过程。

工程变更费用报审表(范例)见表3-22。

表3-22 工程变更费用报审表(范例)

编号：B4-3-001

工程名称							日期	

致：_____(项目监理机构)

根据第( )号工程变更单，申请费用如下表，请审核。

项目名称	变更前			变更后			工程款
	工程量	单价	合价	工程量	单价	合价	增(＋)减(一)

续表

施工项目经理部(盖章):
项　目　经　理(签字):
　　　　　　　　　　年　　月　　日

审核意见:

项目监理机构(盖章):
专业监理工程师(签字):
　　　　　　　　　　年　　月　　日
总监理工程师(签字):
　　　　　　　　　　年　　月　　日

注: 本表一式三份,由施工单位填报,建设单位、监理单位、施工单位各存一份。

知识链接

工程变更费用的确定如下。

(1) 变更发生后,承包方在变更确定后14天内,提出变更工程价款的报告,经监理工程师确认后调整合同价款。

① 合同中已有适用于变更工程的价格,按合同已有的价格变更合同价款。

② 合同中只有类似于变更工程的价格,可参照此价格变更合同价款。

③ 合同中没有适用或类似于变更工程的价格,由承包方提出适当的变更价格,经监理工程师确认后执行。

(2) 承包方在变更确定后14天内不向监理工程师提出变更工程价款报告时,视为该项设计变更不涉及合同价款的变更。

(3) 监理工程师收到变更工程价款报告之日起14天内予以确认,否则,自变更工程价款报告送达之日起14天后,视为变更工程价款报告被确定。

(4) 监理工程师不同意承包方提出的变更价格,按照合同约定的争议解决方法处理。

(5) 监理工程师确认增加的变更工程价款作为追加合同价款,与工程款同期支付。

(6) 因承包方自身原因导致的工程变更，承包方无权要求追加合同价款。

(7) 监理工程师同意采用承包方合理化建议，对所发生的费用和获得的收益，由合同双方另行约定分担或分享。

> **特别提示**
>
> 工程变更费用报审程序如下。
>
> (1) 施工单位应按照施工合同的有关规定，编制工程变更计算书，报送项目监理机构工程师审核、确认，经建设单位、施工单位认可后，方可进入工程计量和工程款支付程序。
>
> (2) 发生工程变更，无论是由设计单位提出的，还是由建设单位或承建单位提出的，均应经过建设单位、设计单位、施工单位、监理单位的代表签认，并通过项目总监理工程师下达变更指令后，施工单位方可进行施工和费用报审。
>
> (3) 工程变更费用报审表由施工单位填报，加盖公章，项目经理签字，经专业监理工程师审查符合要求后报总监理工程师批准后签字有效，加盖项目监理机构章；工程变更费用报审表以经项目监理机构审查签章后的表格形式归存。
>
> (4) 工程变更费用的拒审。
> ① 未经监理工程师审查同意，擅自变更或修改施工方案进行施工而计量的费用。
> ② 工序施工完成后，未经监理工程师验收或验收不合格而计量的费用。
> ③ 隐蔽工程未经监理工程师验收确认而计量和提出的费用。

3.4.3 费用索赔报审表

在施工合同实施中，合同一方当事人不履行或未正确履行其义务，而使另一方受到损失，受到损失的一方向违约的一方提出给予赔偿的要求，称为索赔。在涉及工程施工合同时，大多数索赔是施工单位向建设单位提出的，而且索赔的原因是多种多样的。

(1) 项目监理机构处理费用索赔应依据下列内容。
① 国家相应的法律、法规和工程项目所在地的地方性法规。
② 本工程的施工合同文件。
③ 国家、部门和地方有关的标准、规范和定额。
④ 施工合同履行过程中与索赔事件有关的凭证。

(2) 当施工单位提出费用索赔的理由同时满足以下条件时，项目监理机构应予以受理。
① 索赔事件造成了施工单位直接经济损失。
② 索赔事件是由于非施工单位的责任发生的。
③ 施工单位已按照施工合同规定的期限和程序提交费用索赔报审表，并附有索赔凭证材料。

(3) 费用索赔报审表(范例)见表 3-23。

表 3-23 费用索赔报审表(范例)

工程名称：××学院实验实训楼 A 区　　　　　　　　　　　　　　　　编号：B4-4-001

致：_____(项目监理机构)

　　根据施工合同第 36.1、36.2 条款，由设计变更导致部分工程返工，我方申请索赔金额(大写) 伍万伍仟陆佰贰拾元整，请予批准。

　　索赔理由：由设计变更导致部分工程返工，使施工材料费、人工费、机械费等增加，特申请索赔费用。

　　附件：☑索赔金额计算
　　　　　☑证明材料

　　　　　　　　　　　　　施工项目经理部(盖章)：××建筑工程有限责任公司
　　　　　　　　　　　　　项 目 经 理 (签 字)：×××
　　　　　　　　　　　　　××××年 12 月 16 日

审核意见：
　　□不同意此项索赔。
　　☑同意此项索赔，索赔金额为(大写)伍万伍仟陆佰贰拾元整。
　　同意/不同意索赔的理由：_____
　　附件：☑索赔审查报告

　　　　　　　　　　　　　项目监理机构(盖章)：××监协建设监理中心
　　　　　　　　　　　　　总监理工程师(签字、加盖执业印章)：×××
　　　　　　　　　　　　　××××年 12 月 16 日

审批意见：
　　同意支付索赔金额为(大写)伍万伍仟陆佰贰拾元整。

　　　　　　　　　　　　　建设单位(盖章)：××学院
　　　　　　　　　　　　　建设单位代表(签字)：×××
　　　　　　　　　　　　　××××年 12 月 16 日

注：本表一式三份，项目监理机构、建设单位、施工单位各一份。

特别提示

《建设工程施工合同(示范文本)》规定，根据合同约定，承包人认为有权得到追加付款和（或）延长工期的，应按以下程序向发包人提出索赔。

（1）承包人应在知道或应当知道索赔事件发生后 28 天内，向监理人递交索赔意向通知书，并说明发生索赔事件的事由；承包人未在前述 28 天内发出索赔意向通知书的，丧失要求追加付款和（或）延长工期的权利。

（2）承包人应在发出索赔意向通知书后 28 天内，向监理人正式递交索赔报告；索赔报告应详细说明索赔理由以及要求追加的付款金额和（或）延长的工期，并附必要的记录和证明材料。

（3）索赔事件具有持续影响的，承包人应按合理时间间隔继续递交延续索赔通知，说明持续影响的实际情况和记录，列出累计的追加付款金额和（或）工期延长天数。

（4）在索赔事件影响结束后28天内，承包人应向监理人递交最终索赔报告，说明最终要求索赔的追加付款金额和（或）延长的工期，并附必要的记录和证明材料。

知识链接

合 同 争 议

合同是连接社会经济生活各环节的重要纽带，是经济活动借以实现的主要形式。在建筑市场中，合同管理直接关系着工程项目建设的投资、进度、质量三大控制，是工程建设监理系统中不可缺少的组成部分。在工程项目的进展过程中，对某些问题的处理需要合同作为依据，当建设单位和施工单位对合同条款的适用性或解释形不成一致意见时，就出现合同争议。

1. 合同争议的分类

常见的合同争议内容主要包括下列几种。

（1）索赔争议。如施工单位提出经济或工期索赔，建设单位不予承认，或予以承认但支付金额与施工单位的要求相差较大，双方不能达成一致意见而发生的争议。

（2）违约赔偿争议。如建设单位或施工单位违约责任不明确，双方产生严重分歧。

（3）工程质量争议。如工程施工中的缺陷、设备性能不合格等施工质量责任分不清，双方不能达成一致意见而发生的争议。

（4）中止合同争议。如施工单位因建设单位违约而中止合同，并要求建设单位对因这一中止所引起的损失予以赔偿，建设单位不予以承认或不同意施工单位提出的索赔要求而发生的争议。

（5）终止合同争议。如对于终止合同的原因、责任，以及终止合同后的结算和赔偿，双方持有不同看法而引起的争议。

（6）计量与支付争议。如双方在计量原则、方法及程序上产生的争议。

（7）其他争议。如进度、质量控制、试验等方面产生的争议。

2. 接到合同争议后的工作

项目监理机构接到合同争议的调解要求后应进行以下工作。

（1）及时了解合同争议的全部情况，包括进行调查和取证。

（2）及时与合同的双方进行磋商。

（3）在项目监理机构提出调解方案后，由总监理工程师进行争议调解。

（4）当调解未能达成一致时，总监理工程师应在施工合同规定的期限内提出处理该合同争议的意见。

(5) 在争议调解的过程中，除已达到了施工合同规定的暂停履行合同的条件外，项目监理机构应要求施工合同的双方继续履行施工合同。

3. 合同争议处理的原则

按照合同要求，无论是施工单位还是建设单位，均应以书面形式向监理工程师提出争议事宜，并呈一副本给对方。监理工程师应在收到争议通知后，按合同规定期限，完成对争议事件的全面调查与取证，同时对争议做出决定，并将决定书面通知建设单位和施工单位。如果监理工程师发出通知后，建设单位或施工单位未在规定的期限内要求仲裁，则其决定为最终决定，争议事宜处理完毕。只要合同未被放弃或终止，监理工程师就应要求施工单位继续精心组织施工。

当调解不成时，双方可以在合同专用条款内约定下面的任何一种方式解决争议。

(1) 双方达成仲裁协议，向约定的仲裁委员会申请仲裁。

(2) 向有管辖权的人民法院起诉。

在总监理工程师签发合同争议处理意见后，建设单位或施工单位在施工合同规定的期限内未对合同争议处理决定提出异议，在符合施工合同的前提下，此意见应成为最后的决定，双方必须执行。

在合同争议的仲裁或诉讼过程中，项目监理机构接到仲裁机关或法院要求提供有关证据的通知后，应公正地向仲裁机关或法院提供与争议有关的证据。

3.5 工期管理文件

工期管理文件包括工程临时延期报审表、工程最终延期报审表等，《建设工程监理规范》(GB/T 50319—2013)将上述表格综合成工程临时/最终延期报审表。

3.5.1 工程临时延期报审表

当工程暂停是由非施工单位的原因造成时，施工单位可向监理单位提出临时延期报审。

(1) "根据合同条款_____条的规定"，填写提出工期索赔所依据的施工合同条款。"由于_____原因"，填写导致工期拖延的事件。

(2) "工期延期依据及工期计算"，填写索赔所依据的施工合同条款，导致工程延期事件的事实，工程拖延的计算方式及过程。

(3) 合同竣工日期是指建设单位与施工单位签订的施工合同中确定的竣工日期或已最终批准的竣工日期。申请延长竣工日期是指合同竣工日期加上本次申请延长工期后的竣工日期。

(4) 证明材料是指所有能证明本期申请延长的工期是由非施工单位原因导致的资料(包括施工日志与监理工作日志一致的内容)。

> **特别提示**
>
> 　　工程临时延期报审是发生了施工合同中约定由建设单位承担的延长工期事件后,施工单位提出的工期索赔,报项目监理机构审核、确认的过程。
> 　　(1) 总监理工程师在签认工程延期前应与建设单位、施工单位协商,宜与费用索赔一并考虑处理。
> 　　(2) 总监理工程师应在施工合同约定的期限内签发工程临时延期报审表,或发出要求施工单位提交有关延期的进一步详细资料的通知。
> 　　(3) 临时延期批准时间不能长于工程最终延期批准时间。

(5) 专业监理工程师针对施工单位提出的工程临时延期报审表,首先审核在延期事件发生后,施工单位在合同规定的有效期内是否以书面形式向专业监理工程师提出延期意向通知;其次审查施工单位在合同规定的有效期内向专业监理工程师提交的延期依据及工期计算;最后,专业监理工程师对提交的延期报告应及时进行调查核实,与监理同期记录进行核对、计算,并将审查情况报告给总监理工程师。总监理工程师同意临时延期时,在同意工程临时/最终延期前"□"内画"√",延期天数以核实天数为准。否则,在不同意延期前"□"内画"√"。

工程临时延期报审表(范例)见表 3-24。

表 3-24　工程临时延期报审表(范例)

工程名称:××学院实验实训楼 A 区　　　　　　　　　　　　　编号:B14-001

致:_____ (项目监理机构)
　　根据施工合同 13.1、13.2 条款,由于非施工方停水、停电原因,我方申请工程临时/最终延期 2 天(日历天),请予批准。
　　附件:1. 工程延期依据及工期计算:
　　(每天按 8 小时工作时间计算)
　　16÷8=2(天)
　　合同竣工日期:××××年 12 月 31 日
　　申请延长竣工日期:××××年 1 月 2 日
　　2. 证明材料:
　　(1) 停水通知/公告。
　　(2) 停电通知/公告。
　　　　　　　　　　　　　　　　　　　施工项目经理部(盖章):××建筑工程有限责任公司
　　　　　　　　　　　　　　　　　　　项目经理(签字):×××
　　　　　　　　　　　　　　　　　　　　　　　　　　××××年 11 月 2 日

续表

审核意见：
施工方提供的证明材料情况属实，依据充分，工期计算合理，同意工程延期2天。 ☑同意工程临时/最终延期2天(日历天)。工程竣工日期从施工合同约定的××××年12月31日延迟到××××年1月2日。 □不同意延期，请按约定竣工日期组织施工。 <div align="right">项目监理机构(盖章)：××监协建设监理中心 总监理工程师(签字、加盖执业印章)：××× ××××年11月2日</div>
审批意见： 同意工程临时延期2天，工程竣工日期从施工合同约定的××××年12月31日延迟至××××年1月2日。 <div align="right">建 设 单 位 (盖 章)：××学院 建设单位代表(签字)：××× ××××年11月2日</div>

注：本表一式三份，项目监理机构、建设单位、施工单位各一份。

3.5.2 工程最终延期报审表

工程最终延期报审是在影响工期事件结束，施工单位提出最后一个工程临时延期报审表，经项目监理机构详细的研究、评审影响工期的全部事件对工程总工期的影响后，批准施工单位有效延期时间的过程。

(1) "根据施工合同_____条款，由于____原因，我方申请工程临时/最终延期___天(日历天)，请予批准"，分别填写本次延长工期所依据的施工合同条款和施工单位申请延长工期的原因及相应延期时间。

(2) 在影响工期事件结束，施工单位提出最后一个工程临时延期报审表后，总监理工程师应指定专业监理工程师复查工程延期及临时延期审批的全部情况，详细地研究、评审影响工期的全部事件对工程总工期的影响程度，确定应由建设单位承担的责任和评价施工单位采取减小延期事件影响的措施等。根据复查结果，专业监理工程师提出同意工期延长的日历天数，或不同意延长工期的意见，报总监理工程师最终审批，若不符合施工合同约定的工程延期条款或经计算不影响最终工期，总监理工程师在不同意工期延长前"□"内画"√"，需延长工期时在同意工期延长前"□"内画"√"。

(3) 同意工期延长的日历天数为，因影响工期事件使最终工期延长的总天数。

(4) 合同竣工日期是指施工合同签订的工程竣工日期或已批准的竣工日期。申请延长竣工日期是指合同竣工日期加上同意工期延长的日历天数后的日期。

(5) 应详细说明本次影响工期事件和工期拖延的事实和程度，处理本次工期延长所依据的施工合同条款，工期延长计算所采用的方法及计算过程等。

工程最终延期报审表(范例)见表3-25。

表3-25　工程最终延期报审表(范例)

工程名称：××学院实验实训楼A区　　　　　　　　　　　　　编号：B5-1-007

致：_____(项目监理机构) 　　根据施工合同13.1、13.2条款，由于非施工方停水、停电以及设计变更原因，我方申请工程临时/最终延期15天(日历天)，请予批准。 　　附件：1. 工程延期依据及工期计算： 　　　　　(每天按8小时工作时间计算) 　　　　　120÷8＝15(天) 　　　　　合同竣工日期：××××年12月31日 　　　　　申请延长竣工日期：××××年1月15日 　　2. 证明材料： 　　(1) 停水通知/公告。 　　(2) 停电通知/公告。 　　(3) 变更通知单。 　　　　　　　　　　　　　　　施工项目经理部(盖章)：××建筑工程有限责任公司 　　　　　　　　　　　　　　　项目经理(签字)：××× 　　　　　　　　　　　　　　　　　　　　　　　　　　××××年12月2日
审核意见： 施工方提供的证明材料情况属实，依据充分，工期计算合理，同意工期延长15天。   ☑最终同意工期延长15天。使竣工日期(包括已指令延长的工期)从原来的××××年12月31日延迟到××××年1月15日。请你方执行。 □不同意工期延长，请按约定的竣工日期组织施工。 　　　　　　　　　　　　　　　项目监理机构(盖章)：××监协建设监理中心 　　　　　　　　　　　　　　　总监理工程师(签字、加盖执业印章)：××× 　　　　　　　　　　　　　　　　　　　　　　　　　　××××年12月2日
审批意见： 最终同意工期延长15天。使竣工日期(包括已指令延长的工期)从原来的××××年12月31日延迟到××××年1月15日。 　　　　　　　　　　　　　　　建设单位(盖章)：××学院 　　　　　　　　　　　　　　　建设单位代表(签字)：××× 　　　　　　　　　　　　　　　　　　　　　　　　　　××××年12月2日

　　注：本表一式三份，项目监理机构、建设单位、施工单位各一份。

3.6 监理验收文件

3.6.1 监理工作总结

在工程结束后,监理工程师应提交监理工作总结,即监理单位对履行委托监理合同情况及监理工作的综合性总结,其主要内容是总结项目监理机构及监理单位在该工程工作中的经验和教训。该总结由总监理工程师组织项目监理机构有关人员编写,报业主和上级主管部门。

1. 监理工作总结内容

监理工作总结应包括以下内容。

(1) 工程概况,主要包括工程名称(填写全称)、工程地址(填写详址)、工程项目的单位工程数量、不同单位工程结构类型、不同单位工程的建筑层数、不同单位工程的建筑面积、开工时间、竣工时间、施工总天数、工程质量、进度、投资的总体情况等。

(2) 项目监理机构、监理人员和投入的监理设施。

(3) 委托监理合同履行情况。

(4) 监理工作情况,包括工作制度化、标准化、规范化的建立情况,监理工作是如何开展的,如何取得业主的信任,如何提高人员素质。

(5) 监理工作成效。

(6) 施工过程中出现的问题及其处理情况和建议。

(7) 工程照片(有必要时)。

2. 单位工程竣工总结

监理工作总结再附单位工程竣工总结将进一步佐证监理工作,也利于提升监理工作质量。

单位工程竣工总结可包含下列内容。

(1) 工程概况,主要包括工程名称、设计单位、总施工单位、监理单位、施工单位、工程规模等。

(2) 管理方法、项目管理目标情况,如对新技术的应用、安全和文明施工管理方法等。

(3) 工程质量控制,如竣工工程质量验收,事前、事中、事后的质量控制手段,采用新技术、新材料的情况,发生质量通病和质量事故的情况,消除质量通病的情况,执行 ISO 9001 质量保证体系情况等。

(4) 工程进度控制,如工程进度的规划,工程进度的检查,工程进度的协调,组织措施上由项目经理亲自负责项目分解、进度协调,合同措施上实行工期奖罚制度等。

(5) 工程投资控制,如遵循"投入少,见效高"的原则等。

(6) 合同管理和组织协调。

(7) 工作体会。

3.6.2 质量评价意见

质量评价意见用于质监机构对监理单位的工作质量进行评价,常用监理工作质量评价表来表示。监理工作质量评价表中每个评价项目分为三级评价(优良、一般、差),分数常采用五分制。总体评价得分由五分制换算成百分制。在评价前,监理单位须提报监理单位工程质量评价报告。

(1) 监理单位工程质量评价报告见表 3-26。

表 3-26 监理单位工程质量评价报告

工程名称			施工单位		
建筑面积		层数/总高度		最大跨度	
结构类型			基础类型		
地基持力层		设防烈度		设计合理使用年限	
施工工程监理情况简述	填写说明: 　　各项原材料报验资料、隐蔽报验资料、施工程序报验资料、现场质量管理资料,以及分部分项、施工放样等报验资料完整、真实且全数合格,能反映工程的质量及施工过程					
合同履约情况	填写说明: 　　已按与建设单位签订的委托监理合同约定内容,认真履行了工程监理职责					
监理资料情况	填写说明: 　　由现场监理提供的本工程的监理资料记录完整且与工程同步进行,能够反映工程实体。各个施工环节的监控程序严密合理,能够全面、细致、合理地反映出工程各个施工程序的施工质量					
工程质量资料与验收结论	填写说明: 　　资料填写认真,内容完整、签章齐全,与施工同步进行可正确地指导施工,能客观公正地反映实体。本工程符合要求同意验收					
	监理单位:(公章) 总监理工程师:(签字) 单位负责人:(签字) 年　月　日					

(2) 监理工作质量评价表(质监机构用表)见表 3-27。

表 3-27 监理工作质量评价表(质监机构用表)

评价机构			
监理企业			
	评价项目	评价	得分
(一) 项目监理机构人员组成、设备投入情况	专业人员及检验检测器材配备齐全、合理，监理手段先进	优良 4～5 分	
	专业人员配备基本合理，主要检验检测器材有配备	一般 3～4 分	
	专业人员配备不合理，所配器材不能满足检验需要	差 0～3 分	
(二) 监理人员能力、态度	监理人员的业务、协调能力较强，工作态度积极、责任心强	优良 4～5 分	
	监理人员的业务、协调能力能满足需要，监理人员普遍有责任心	一般 3～4 分	
	监理人员的业务、协调能力普遍差，或监理人员责任心不强	差 0～3 分	
(三) 总监的到位情况	公司总监常驻工地或每天到现场巡视，开会及重要情况均在现场	优良 4～5 分	
	总监经常到现场巡视，了解工地情况，重要情况常在现场	一般 3～4 分	
	总监经常不在现场，对工地情况不了解	差 0～3 分	
(四) 监理资料	监理资料整理规范、齐全，监理规划、实施细则有针对性	优良 4～5 分	
	监理资料基本齐全，监理规划、实施细则基本可以指导工作	一般 3～4 分	
	监理资料零乱、不齐全，监理规划、实施细则无针对性，不能指导工作	差 0～3 分	
(五) 监理机构现场监督情况	监理人员独立进行检查、定期或不定期巡视现场，及时解决问题	优良 4～5 分	
	监理人员基本能独立进行检查、经常巡视现场	一般 3～4 分	
	监理人员经常坐在办公室，很少到现场检查、巡视	差 0～3 分	
(六) 监理员旁站情况	任何时间、任何关键部位、工序施工，均有监理员旁站监督	优良 4～5 分	
	关键部位、工序施工，一般都有监理员旁站监督	一般 3～4 分	
	一些关键部位、工序施工，无监理员旁站监督，或有问题不指出	差 0～3 分	
(七) 对原材料检验情况	能按规定对原材料、主要安装设备进行检验	优良 4～5 分	
	基本能按规定对原材料、主要安装设备进行进场检验	一般 3～4 分	
	工地材料经常未经检验，或检验不合格即同意使用	差 0～3 分	
(八) 隐蔽工程验收情况	能及时对隐蔽工程及结构进行验收	优良 4～5 分	
	基本能及时对隐蔽工程及结构进行验收	一般 3～4 分	
	不能及时对隐蔽工程及结构进行验收，或资料后补	差 0～3 分	
(九) 安全监理情况	对安全施工控制紧，对安全隐患不整改的行为及时上报质监机构	优良 4～5 分	
	所监工地对安全隐患有指出，但跟进落实不足	一般 3～4 分	
	所监工地经常因安全隐患被责令整改，经常对安全隐患不采取措施	差 0～3 分	
(十) 各方反馈情况	经常有建设单位对监理工作表示满意	优良 4～5 分	
	未听闻建设单位、承包商对监理工作发表意见，或意见中性	一般 3～4 分	
	建设单位不满意监理工作，承包商经常提出合理投诉	差 0～3 分	
	各项评分合计		
总体评价得分(各项评分合计得分除以评价项数，再乘以 20)			
质监机构(公章)：	质监机构负责人：		
		年 月 日	

3.6.3 监理资料移交书

监理工作完成的一个重要标志是将相应的监理资料移交,并以监理资料移交书(表3-28)和监理档案移交目录(表3-29)为证。

表3-28 监理资料移交书

××市城市建设工程竣工档案移交书

工程项目名称:

单位工程名称:

移交文字材料　　　张,蓝图　　　张,照片　　　张。

移交单位(盖章):　　　　　　　　　　接收单位(盖章):

移交人:　　　　　　　　　　　　　　接收人:

移交日期:　　年　月　日　　　　　　接收日期:　　年　月　日

注:监理资料移交书一式三份,一份交监理单位,一份交建设单位,一份交城建档案馆。

表3-29 监理档案移交目录

归档编号	归档文件	张数	备注
1	委托监理合同	29	
2	监理规划	30	
3	监理实施细则	60	
4	监理月报	40	
5	监理会议纪要	30	
6	开工/复工报审表、工程暂停令	8	
7	见证记录及见证取样送检	169	
8	质量事故报告及处理意见	10	
9	监理旁站记录	102	
10	合同与其他事项管理(工程延期报告及审批、合同变更材料、合同争议违约报告及处理意见)	12	

续表

归档编号	归档文件	张数	备注
11	阶段质量评估报告(地基、基础、主体、安装、竣工)	70	
12	监理工作总结	36	
13	监理报告	38	

小 结

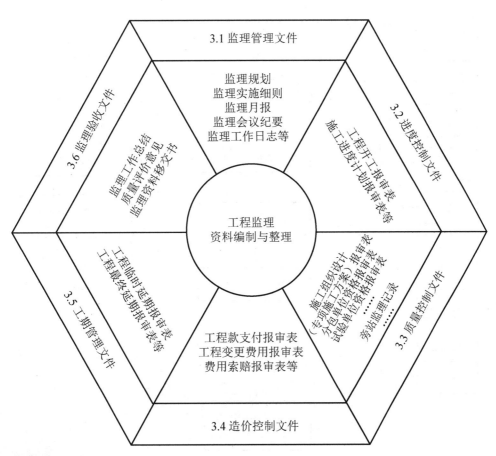

能力拓展

1. 画出监理资料的组成结构图。

2. 依据资料员的岗位职责要求，进行监理资料收集、整理、分类存放，并模拟监理工程资料移交程序，有可以展示的资料卷宗。

3. 依据下列监理工作程序图(图3.2~图3.9)，复制并添画出监理过程形成的监理资料名称，要求分类编号，便于分析归档到相应卷宗。

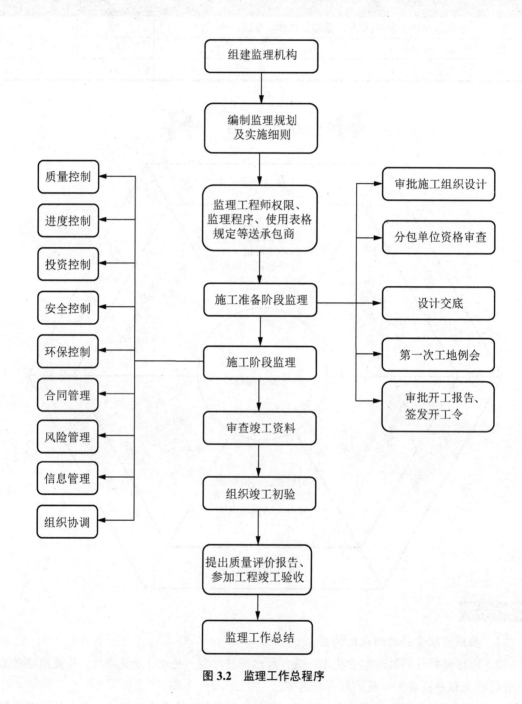

图 3.2 监理工作总程序

第3章 工程监理资料编制与整理

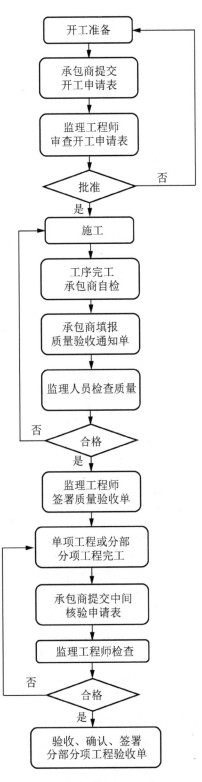

图 3.3 工程质量控制程序

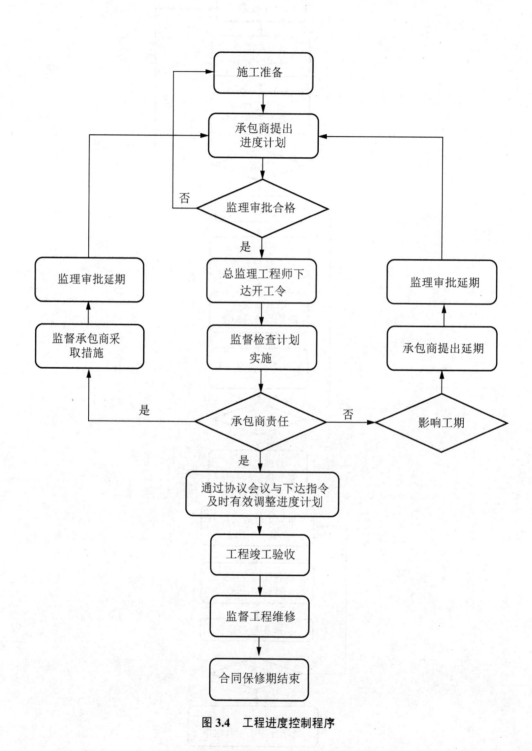

图 3.4 工程进度控制程序

第3章 工程监理资料编制与整理

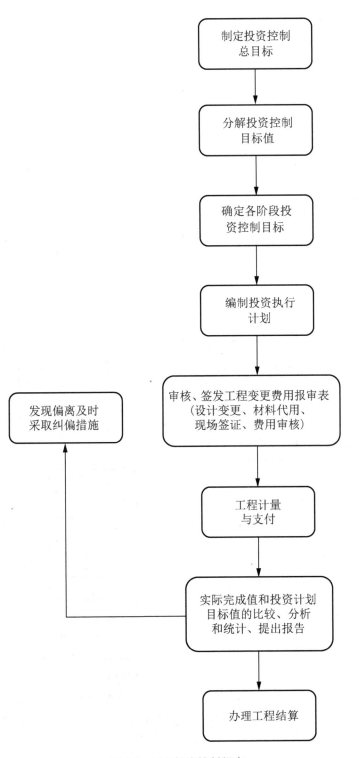

图 3.5 工程投资控制程序

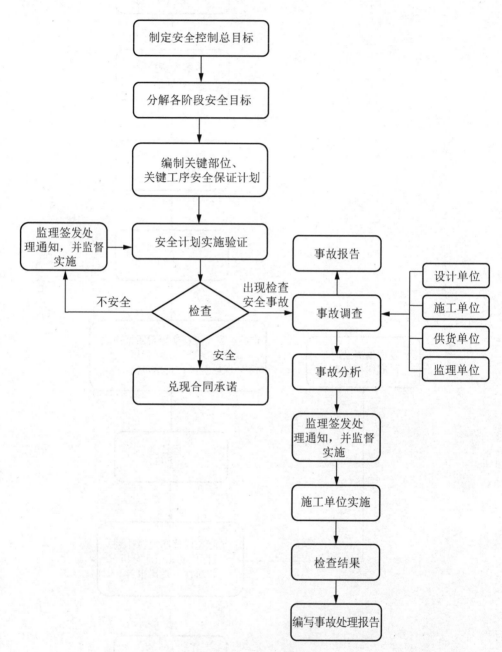

图 3.6 安全控制程序

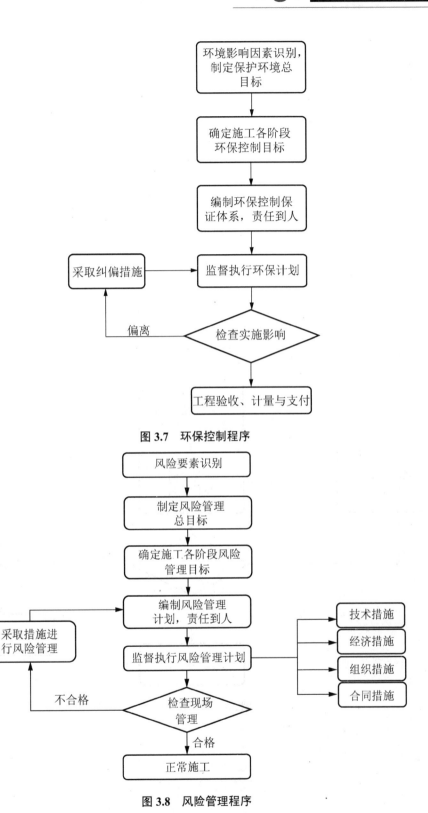

图 3.7 环保控制程序

图 3.8 风险管理程序

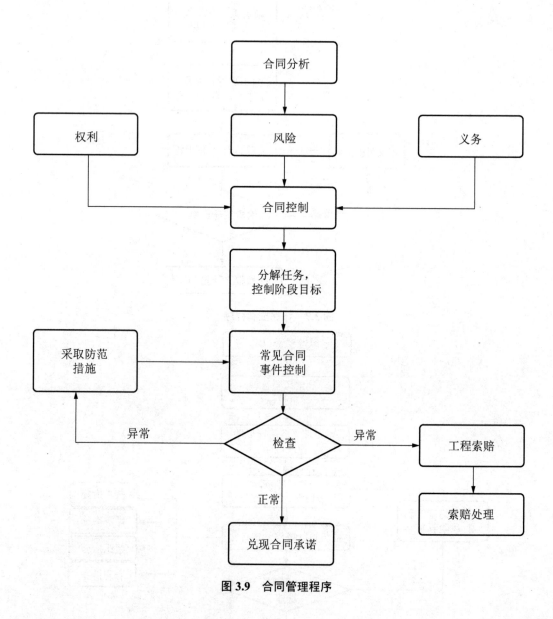

图 3.9 合同管理程序

4. 对应本章内容,填写学习效果自我检测记录表。

学习效果自我检测记录表

领域	层次		
	初级	中级	高级
理论认知	了解	运用	综合
岗位技能	模仿	应用	创造
职业情感	激情	心境	热情

5. 在学习过程中,不仅要注重沟通能力的训练,团队合作学习,更要加强个人工程实践经验的积累。伴随着理论知识的学习,自觉及时记录课后实践将促进职业能力的提升。

课后实践记录表

实 践 分 项	时 间 段	实 践 要 点	见证人及联络方式
工地考察		工程名称、工程所在地	
沟通能力训练		沟通对象、沟通内容、沟通效果	
内业资料管理		收集、分类、整理、组卷、归档	
小组合作学习		分工负责情况及合作成效	
实践中遭遇的问题		视具体情况填写,着眼于发现问题、分析问题及解决问题	
其他		其他	

6. 依据监理工作过程中信息管理程序和组织协调系统图(图 3.10 和图 3.11),画出监理资料员的工作内容图。

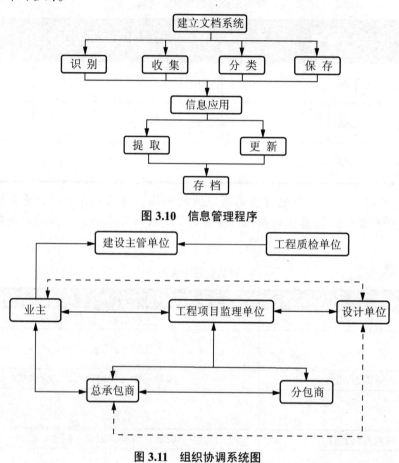

图 3.10　信息管理程序

图 3.11　组织协调系统图

第4章 施工资料编制与整理

思维导图

```
                              ┌─ 施工资料形成流程
                              ├─ 施工资料基本内容
                              ├─ 施工资料分类、编号、归档
                    资料员应知 ┤
                              ├─ 施工资料管理基本要求
                              ├─ 施工资料编制要求
                              └─ 施工资料验收和移交

                              ┌─ 会进行施工资料分类、归档保存
                              ├─ 及时收集施工质量、控制等资料
                              ├─ 能够检查单位工程安全和功能检验表等资料正误
施工资料编制与整理 ─ 资料员应会 ┤
                              ├─ 依据事实,规范填写施工过程中产生的施工资料
                              ├─ 及时收发、传阅、登记、保存施工资料
                              └─ 规范办理施工资料移交

                              ┌─ 提高对工程资料管理问题的分析、概括与总结能力
                    职业素养   ├─ 不断增强查阅工程规范、标准等信息应用的能力
                              └─ 加强团队协作,有效交流,提高沟通能力
```

学习性工作任务

工程背景

2010年上海世博会中国馆分为国家馆和地区馆两部分。国家馆居中升起,层叠出挑,采用极富中国建筑文化元素的红色"斗冠"造型,建筑面积为46 457m², 高69m, 由地下一层、地上六层组成。地区馆建筑高13m左右,总建筑面积为$1.6 \times 10^5 m^2$,地下室高8m。

作为世博主办国建筑水平的代表,中国馆的建设充分利用新技术、新材料、新工艺来展示中国文化和现代技术,特别是太阳能利用、雨水回收、循环水降温及建筑构件节能处理都是中国建筑水平的体现。

中国馆是永久性建筑,为游客和工作人员提供理想的空间,是设计者和施工者共同努力的目标,中国馆也是当前中国智能建筑系统完善的典型建筑。

工作准备

1. 每组档案盒8套,A4纸、口取纸及其他零星资料、装订工具若干。
2. 各类施工资料空白表格齐全。
3. 每组工程图纸1套。
4. 工程档案示范1套。
5. 工程资料管理软件1~3套。

工作任务

选择一个单位工程,依据现行的工程资料管理规程,模拟施工单位,完成施工资料编制任务。
(1) 以小组为单位,制订施工资料管理计划。
(2) 分工协作完成资料收集、整理、使用、归档、移交任务。
(3) 及时建立施工资料收集台账。
(4) 规范进行施工资料交底。
(5) 建立资料传递、追溯、使用制度和具有安全防护资料。
(6) 应用专业软件进行工程资料的处理。

教学建议

教师在进行本章教学时,可参考引例安排学习任务,也可根据本地工程实际,灵活布置训练任务。建议每一节学习都采用任务驱动方式,学习以分组协作为宜。分组合作学习不仅能分工协作完成分项工程或分部工程的资料整理,更有助于学生沟通表达能力、合作解决问题等核心职业能力的训练。

组织教学实施过程中注重分组任务的一致性和不雷同原则,充分实践"在做中学"的职业教育教学理念。
在本章结束后,每个学习小组须完成单位工程施工资料的归档。

4.1 施工管理资料

引例

本例侧重讨论施工管理资料的内容及验收、归档。

第4章 施工资料编制与整理

日照职业技术学院讲堂群(命名为地滋楼),总面积47 570m², 分为A、B、C三个区:A区面积19 257m², 由山东锦华建设集团有限公司承建;B区面积11 029m², 由日照市东港西湖建筑工程有限公司承建;C区面积17 284m², 由山东日建建设集团有限公司承建。A、B、C三区的工程监理单位都是山东监协建设监理中心。

思考

1. 施工管理资料形成的流程是什么?
2. 施工管理资料包括哪些内容?
3. 企业资质证书及相关专业人员岗位证书检查是否属于施工管理内容?
4. 施工管理资料与工程监理资料有何联系?
5. 项目经理、施工员、质量员、资料员在工程资料管理中的职责有哪些?
6. 工程施工过程中见证取样的项目有哪些?

知识链接

图4.1是施工资料管理网络图——施工管理资料。

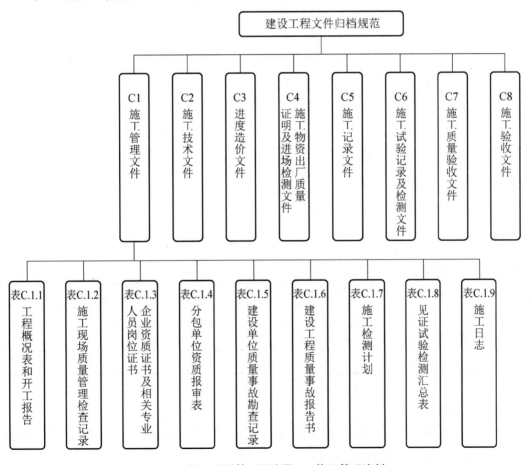

图4.1 施工资料管理网络图——施工管理资料

4.1.1 工程概况表和开工报告

1. 工程概况表

工程概况表是对工程基本情况的描述,应包括单位工程的一般情况、构造特征等,见表4-1。

表 4-1 工程概况表

工程名称			编号	
一般情况	建设单位			
	建设用途		设计单位	
	建设地点		勘察单位	
	建筑面积		监理单位	
	工 期		施工单位	
	计划开工日期		计划竣工日期	
	结构类型		基础类型	
	层 次		建筑檐高	
	地上面积		地下面积	
	人防等级		抗震等级	
构造特征	地基与基础			
	柱、内外墙			
	梁、板、楼盖			
	外墙装饰			
	内墙装饰			
	楼地面装饰			
	屋面构造			
	防火设备			
机电系统名称				
其 他				

2. 开工报告

开工报告是建设单位与施工单位共同履行基本建设程序的证明文件,是施工单位承建单位工程施工工期的证明文件,见表4-2。

表 4-2 开工报告

施工许可证号：　　　　　　　　　　　　　　　　　　　　　　　　　编号：

工程名称		结构类型				建设单位	
工程地点		建筑面积		层数		施工单位	
工程批准文号		开工条件说明	施工图纸交审情况				
预算造价			材料设备准备情况				
计划开工日期			施工现场质量管理检查情况				
计划竣工日期			七通一平情况				
实际开工日期			工程预算编审情况				
合同工期			施工队伍进场情况				
合同编号			施工机械进场情况				
审核意见	建设单位(公章) 项目负责人：(签字) 　　年　月　日		监理单位(公章) 总监理工程师：(签字) 　　年　月　日			施工单位(公章) 项目负责人：(签字) 　　年　月　日	

知识链接

(1) 开工报告一般由施工总承包单位填写，分包单位只填写工程开工报审表，并报监理单位审批。

(2) 开工前应具备如下条件。

① 建设单位应使施工现场具备"七通一平"条件，即土地(生地)在通过一级开发后，其应具备通给水、通排水、通电、通路、通信、通暖气、通天然气或煤气，以及场地平整的条件，使二级开发商进场后可以迅速开发建设。

② 总监理工程师应对施工单位的资质，现场项目经理、技术负责人、质量负责人等管理人员的资质进行审查；对现场管理制度、质量责任制、工程质量检验制度、主要专业工种操作人员上岗证和合格证、施工图审查情况、地质勘察资料、施工组织设计(方案)审批、施工技术标准引用，以及搅拌站设备、计量设备、现场材料设备的存放与管理等，进行认真核查，填写施工现场质量管理检查记录并签字认可。

③ 施工单位应完成施工图纸预审和参与会审；编制施工组织设计，履行审批手续；编制工程预算；按施工材料需用量计划，准备钢材、水泥等主要材料设备；按施工机具需用量计划，备好机械及工具；按劳动力需用量计划，组织施工队伍进场，并进行入场教育。

(3) 开工程序：在具备了开工条件后，由施工单位生产部门填写开工报告，经施工单位(法人单位)的工程管理部门审核通过，法人代表或其委托人签字加盖法人单位公章后，报请监理、建设单位审批，由监理单位总监理工程师、建设单位项目负责人签字加盖公章，即可开工。

4.1.2 施工现场质量管理检查记录

施工现场质量管理检查记录是健全的质量管理体系的具体体现,见表 4-3。

表 4-3 施工现场质量管理检查记录

开工日期:

工程名称		施工许可证号	
建设单位		项目负责人	
设计单位		项目负责人	
监理单位		总监理工程师	
施工单位		项目负责人	
序号	项 目	主要内容	
1	项目部质量管理体系		
2	现场质量责任制		
3	主要专业工种操作岗位证书		
4	分包单位管理制度		
5	图纸会审记录		
6	地质勘察资料		
7	施工技术标准		
8	施工组织设计、施工方案编制及审批		
9	物资采购管理制度		
10	施工设施和机械设备管理制度		
11	计量设备配备		
12	检测试验管理制度		
13	工程质量检查验收制度		
14			
自检结果:		检查结论:	

施工单位项目负责人:　　　　　年　月　日　总监理工程师:　　　　　年　月　日

特别提示

(1) 直接将有关资料的名称写上,资料较多时,也可将有关资料进行编号,将编号填写上,注明份数。

(2) 在开工之前,监理单位的总监理工程师(建设单位项目负责人)应对施工现场进行检查,这是保证开工后施工顺利进行和工程质量的基础,目的是做好施工前的准备。

(3) 表 4-3 由施工单位项目负责人填写,填写之后,将有关文件的原件或复印件附在后边,请总监理工程师(建设单位项目负责人)验收核查。验收核查不合格的,施工单位必须限期改正。验收核查后该表应返还施工单位,并签字认可。

(4) 通常情况下,一个工程的一个标段或一个单位工程只检查一次,若分段施工、人员更换,或管理工作不到位时,可再次检查。

(5) "项目部质量管理体系"就是指实施质量管理的组织机构、职责、程序、过程和资源的一种特定体系。质量管理体系所包含的内容仅需要满足实现质量目标的要求。

(6) "现场质量责任制"是指检查质量负责人的分工,各项质量责任的落实规定,定期检查及有关人员奖罚制度等。

(7) "主要专业工种操作岗位证书"是指检查测量工,塔式起重机等垂直运输司机,钢筋工、混凝土工、机械工、焊接工、瓦工、防水工等建筑结构工种工人的岗位证书。电工、管道工等安装工种工人的岗位证书,以当地建设行政主管部门的规定为准。

(8) "分包单位管理制度"是指在有分包的情况下,总承包单位应有管理分包单位的制度,主要是质量、技术的管理制度等。

(9) "图纸会审记录"是指工程各参建单位(建设单位、监理单位、施工单位、各种设备厂家)在收到设计院施工图设计文件后,对图纸进行全面细致的熟悉,审查施工图中存在的问题及不合理情况并提交给设计院进行处理的一项重要活动。图纸会审由建设单位负责组织并记录(也可请监理单位代为组织)。

(10) "地质勘察资料"是指有勘察资质的单位出具的正式地质勘察报告。

(11) "施工技术标准"是施工操作的依据和保证工程质量的基础,承建企业应编制不低于国家质量验收规范的操作规程、施工作业指导书等规格的企业标准。该标准要有批准程序,由企业的总工程师、技术委员会负责人审查批准,要有批准日期、执行日期、企业标准编号及标准名称。企业应建立技术标准档案,施工现场应备全应有的技术标准。施工技术标准可作为培训工人、技术交底和施工操作的主要依据,是质量检查评定的标准之一。

(12) "施工组织设计、施工方案编制及审批"是指检查编写的施工组织设计的内容及施工方案的具体措施情况,该过程要有编制单位、审核单位、批准单位和贯彻执行的措施。

(13) "物资采购管理制度"是指加强内部管理和控制的制度,以规范采购行为,保障生产经营活动的正常进行,最大限度地降低采购成本。

(14) "施工设施和机械设备管理制度"的设立是为了进一步加强施工现场机械设备的管理,提高设备的三率(利用率、完好率、机械效率),确保设备安全,满足施工生产的需要。

(15) "计量设备配备"是指专业工程及其项目在具体实施过程中,作业组织品质、效率的标识性度量与审计等要求的设备配备情况说明。

(16) "检测试验管理制度"的设立是为了规范检验、试验秩序和行为,确保生产分析检验和试验活动的有效性和时效性,准确提供质量数据以满足质量管理体系符合性要求。

(17) "工程质量检查验收制度"包括 3 个方面的检查:一是原材料、设备进场检验制度;二是施工过程的试验报告;三是竣工后的抽查检测,应专门制订抽测项目、抽测时间、抽测单位等计划。

4.1.3 工程质量事故处理

工程质量事故是指在工程建设中或交付使用后，因勘察、设计、施工等过失造成工程质量不符合强制性标准、设计文件以及施工合同规定的要求，须加固工程或返工、报废，以及造成人身伤亡或者重大经济损失的事故。对其发生情况及处理的记录应形成建设工程质量事故报告书和工程质量事故处理记录，分别见表4-4和表4-5。

表4-4 建设工程质量事故报告书

编号：

工程名称		施工单位	(公章)
建设单位		设计单位	
结构类型		建筑面积、工程造价	_____ m², _____ 万元
事故部位		报告日期	
事故发生日期		事故等级	
事故责任单位		事故性质	
直接责任者		职务	预计损失
事故经过和原因分析：			
事故初步处理意见：			
单位技术负责人：	专业技术负责人：		项目经理：

表4-5 工程质量事故处理记录

年　　月　　日　　　　　　　　编号：

	工程名称		事故部位	
	事故简况			
	预计损失	建筑：	材料设备：	人工伤亡：
事故处理经过：				
事故处理结果：				
验收意见栏	建设单位	监理单位	设计单位	施工单位
	项目负责人： (公章) 年　月　日	总监理工程师： (公章) 年　月　日	项目负责人： (公章) 年　月　日	项目经理： (公章) 年　月　日

知识链接

(1) 工程质量事故按其严重程度，分为重大质量事故和一般质量事故。

(2) 发生工程质量事故后，工程负责人应组织填写建设工程质量事故报告书和工程质量事故处理记录。重大质量事故应在事故发生24小时内写出建设工程质量事故报告书，逐级上报；一般质量事故可按各单位的规定每月汇总上报。

(3) "事故经过和原因分析"要填写事故发生经过及事故发生的主要原因。事故原因包括设计原因(计算错误、构造不合理等)、施工原因(施工粗制滥造)、质量原因(材料、构配件质量低劣等)、设计与施工的共同问题、不可抗力等。

(4) "预计损失"是指因工程质量事故导致的材料设备、建筑和人员伤亡等预计损失费用。

(5) "事故初步处理意见"填写事故发生后采取的紧急防护措施，以及制定的事故处理方案，对责任单位、责任人的处理意见。

(6) "事故处理结果"要填写工程质量事故经处理后，工程实体质量是否符合事故处理方案的要求，是否满足工程原来对结构安全和使用功能的要求。

4.1.4 施工日志

施工日志是施工过程中由项目经理部的有关人员，对有关技术和质量等管理活动及其达到的效果，逐日做出的连续完整的记录，范例见表4-6。

表4-6 施工日志(范例)

编号：

工程名称			日期	
施工单位				
天气状况		风力		最高/最低温度
施工情况记录：(施工部位、施工内容、机械使用情况、劳动力情况、施工中存在的问题等)				
技术质量安全工作记录：(技术质量安全活动、检查验收、安全问题等)				
记录人（签字）				

知识链接

施工日志的内容

施工日志应包括以下内容。

(1) 工程的开、竣工日期，主要分部分项工程的施工起止日期，以及技术资料的提供情况。工程准备工作的记录应包括现场准备，施工组织设计学习，各级技术交底要求，图纸中的重要问题、关键部位和应抓好的措施，交底日期、人员及主要内容。

(2) 进入施工以后班组抽检活动的开展情况及效果，组织互检和交接检的情况及效果，对施工组织设计及技术交底的执行情况的记录和分析。

(3) 分项工程质量评定、质量检查结果；隐蔽工程验收、上级组织的各项检查等技术活动的日期、结果、存在问题及处理情况记录；有关领导或部门对工程所做的生产、技术方面的决定或建议；新工艺、新材料的推广使用情况。

(4) 原材料检验结果、施工检验结果的记录，包括日期、内容、达到的效果及未达到的要求等问题，处理情况及结论；混凝土试块、砂浆试块的留置组数、时间，以及 28 天的强度试验报告结果。

(5) 质量、安全、机械事故的记录，包括原因、调查分析、责任人、研究情况、处理结论等，对人员伤亡、经济损失等的记录。

(6) 有关洽商、变更情况，交代的方法、对象、结果的记录；有关归档资料的转交时间、对象及主要内容的记录。

(7) 气候、气温、地质以及其他特殊情况(如停电、停水、停工待料)的记录。

推荐阅读资料

1. 《中华人民共和国建筑法》。
2. 《建筑工程资料管理规程》(JGJ/T 185—2009)。
3. 《房屋建筑和市政基础设施工程竣工验收规定》。
4. 《建筑工程施工现场安全资料管理规程》(DB11/T 383—2023)。
5. 《建设工程施工现场环境与卫生标准》(JGJ 146—2013)。

任务训练

1. 考察施工现场，据实填写工程概况表。
2. 依据引例工程介绍情况，分别填写 A、B、C 三个区开工报告。
3. 收集施工现场质量管理与职业健康有关的资料。
4. 收集重大质量事故和一般质量事故案例，分析工程资料管理所起的作用。
5. 判断是否在施工日志中记录施工过程中发生的一切与工程有关的项目。

4.2 施工技术资料

引例

本例侧重分析讨论施工技术资料的内容、分类及验收。

广州新白云机场是国家"十五"期间重点工程项目之一,是我国第一个导入中枢机场理念而设计的机场,也是我国第一个同期建设两条跑道的机场。新白云机场的智能化程度高,拥有国际上先进的行李处理系统,且网络无通信死角,第一期工程建设总投资约200亿元,工程于2000年8月正式开工,历经4年建设,于2004年8月5日正式通航,其中航站楼的主要施工单位和工作范围见表4-7。

表4-7 航站楼的主要施工单位和工作范围

序号	施工单位	工作范围
1	中国建筑工程总公司	旅客航站楼总承包管理及主楼和南、北出港高架桥上部土建工程
2	中国建筑第八工程局	旅客航站楼东、西高架连廊和连接楼及指廊上部土建工程
3	中国建筑第八工程局、上海市安装工程有限公司	旅客航站楼安装工程
4	深圳三鑫特种玻璃技术股份有限公司	旅客航站楼主楼幕墙制作与安装工程
5	中山市盛兴幕墙有限公司	旅客航站楼东、西连接楼幕墙制作与安装工程
6	陕西艺林实业有限责任公司	旅客航站楼东、西指廊幕墙制作与安装工程
7	中国海外建筑有限公司	旅客航站楼公共区、办公区装修工程(标段一)
8	深圳华丽装修家私企业公司、深圳市深装总装饰工程工业有限公司	旅客航站楼公共区、办公区装修工程(标段二)
9	广东省建筑装饰工程公司	旅客航站楼公共区、办公区装修工程(标段三)
10	中国建筑第三工程局、江南造船(集团)有限责任公司、上海中远川崎重工钢结构有限公司联合体	旅客航站楼钢结构工程(公共区)
11	广州市建筑集团有限公司、上海市机械施工公司、浙江东南网架集团有限公司联合体	旅客航站楼钢结构工程(办公区)
12	广州市电力工程公司	航站楼10kV变电站安装工程
13	广州市杰赛科技发展有限公司	航站楼控制中心与弱电机房工程
14	广州工程总承包集团有限公司、杭州大地网架制造有限公司联合体	登机桥固定廊道工程
15	企荣公司、霍高文公司、中国建筑第二工程局联合体	金属屋面工程
16	SKYSPAN(欧洲)公司	索膜结构屋面体系
17	通力公司、日立公司、奥的斯公司	垂直电梯、自动扶梯、自动人行道

思考

1. 施工技术资料形成的流程是什么？
2. 施工技术资料包括哪些内容？
3. 大型工程和小型工程施工技术资料有何区别？
4. 施工组织设计包括哪些内容？
5. 技术交底参与人员有哪些？交底程序是什么？
6. 图纸会审的主要内容有哪些？
7. 设计变更的权利人是谁？
8. 填写工程洽商记录时应注意哪些事项？

知识链接

图4.2是施工资料管理网络图——施工技术资料。

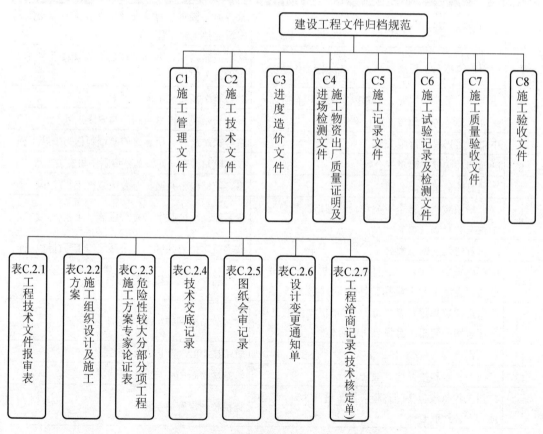

图4.2 施工资料管理网络图——施工技术资料

4.2.1 施工组织设计

施工组织设计是指承包单位开工前为工程所做的施工组织、施工工艺、施工计划等方面的设计,是指导拟建工程施工过程中各项活动的技术、经济和管理的综合性文件。

1. 资料要求

(1) 施工组织设计内容要齐全、步骤清楚、层次分明、反映工程特点,有保证工程质量的技术措施,必须在开工前编制并报审。

(2) 按要求及时编制单位工程施工组织设计,且先有施工组织设计后施工。

(3) 参与编制的人员应在会签表上签字,项目经理经审核签署意见后也应在会签表上签字,经报审同意后执行并进行下发交底。

2. 施工组织设计的内容

(1) 工程概况:包括工程特点、建设地点、环境特征、施工条件、项目管理特点等内容。

(2) 施工部署:包括项目的质量、进度、成本及安全目标,拟投入的最高人数和平均人数,分包计划,劳动力使用计划,材料供应计划,机械设备供应计划,施工程序,项目管理总体安排。

(3) 施工方案:单位工程应按照《建筑工程施工质量验收统一标准》(GB 50300—2013)中分部分项工程的划分原则,对主要分部分项工程制定施工方案;对脚手架工程、起重吊装工程、临时用水用电工程、季节性施工等专项工程所采用的施工方案应进行必要的验算和说明,包括施工阶段划分、施工顺序、施工工艺,施工方法和机械的选择,安全施工、环境保护的内容。

(4) 施工进度计划:包括施工总进度计划、单位工程施工进度计划。施工进度计划可采用网络图或横道图表示,并附必要说明;对于工程规模较复杂的工程,宜采用网络图表示。

(5) 资源需求计划:包括劳动力需求计划,主要材料和周转材料需求计划,机械设备需求计划,预制品订货和需求计划,大型工具、器具需求计划。

(6) 施工准备工作计划:包括施工准备工作组织及时间安排,施工现场准备,管理人员和作业队伍的准备,物资、资金的准备。

(7) 施工现场平面布置:包括施工现场平面布置图及说明。施工现场平面布置图应包括:工程施工场地状况;拟建建(构)筑物的位置、轮廓尺寸、层数等;工程施工现场的加工设施、存储设施、办公和生活用房等的位置和面积;布置在工程施工现场的垂直运输设施、供电设施、供水供热设施、排水排污设施和临时施工道路等;施工现场必备的安全、消防、保卫和环境保护等设施;相邻的地上、地下既有建(构)筑物及相关环境。

(8) 施工技术组织措施:包括保证进度目标的措施,保证质量目标的措施,保证安全目标的措施,保证成本目标的措施,保证季节施工的措施,保护环境、文明施工的措施。

(9) 项目风险管理计划:包括风险因素识别,风险可能出现的概率及损失值估计,风险管理重点,风险防范对策,风险管理责任。

(10) 项目信息计划:包括与项目组织相适应的信息流通系统的建立,以及项目管理软件的应用。

(11) 职业健康安全与环境管理计划。
(12) 技术经济指标：包括指标水平高低的分析和评价，以及实施难点和对策。

施工单位编制完成施工组织设计后，填报的工程技术文件报审表应一式两份，并应由监理单位、施工单位各保存一份。工程技术文件报审表见表4-8。

表4-8 工程技术文件报审表

工程名称		施工编号	
		监理编号	
		日 期	

致：_____(监理单位)

我方已编制完成了_____技术文件，并经相关技术负责人审查批准，请予以审定。

附：技术文件___页___册

施工总承包单位：_____ 项目经理/责任人：_____
专业承包单位：_____ 项目经理/责任人：_____

专业监理工程师审查意见：

　　　　　　　　　　　　　　　　　　　专业监理工程师：_____
　　　　　　　　　　　　　　　　　　　日　　　　　　期：_____

总监理工程师审批意见：

审定结论： □同意　　　□修改后再报　　　□重新编制

　　　　　　　　　　　　　　　　　　　监　理　单　位：_____
　　　　　　　　　　　　　　　　　　　总监理工程师：_____
　　　　　　　　　　　　　　　　　　　日　　　　期：_____

4.2.2 危险性较大分部分项工程施工方案专家论证表

当工程中存在危险性较大分部分项工程时，为确保工程质量安全，应组织相关专家充分论证其施工方案。施工单位填报的危险性较大分部分项工程施工方案专家论证表应一式两份，并应由监理单位、施工单位各保存一份。危险性较大分部分项工程施工方案专家论证表见表4-9。

表 4-9 危险性较大分部分项工程施工方案专家论证表

工程名称		编　　号	
施工总承包单位		项目负责人	
专业承包单位		项目负责人	
分项工程名称			
专家一览表			
姓名	性别	年龄	工作单位	职务	职称	专业
专家论证意见： 　　　　　　　　　　　　　　　　　　　　　　　　　　　　年　月　日						
签字栏	组长： 专家：					

4.2.3 技术交底记录

技术交底是施工企业管理的一项重要环节和制度，是把设计要求、施工措施、安全技术措施贯彻到基层实际操作人员的一项技术管理方法。技术交底记录见表 4-10。

表 4-10 技术交底记录

施工单位：　　　　　　　　　　年　月　日　　　　　　　　　编号：

工程名称				
参加单位及人员				
交底人		记录人		交底日期
交底内容： 				
技术负责人			作业负责人	

注：参加人员均应由本人签字。

> 知识链接

技术交底的具体内容

(1) 图纸技术交底的主要内容如下。

① 工程的设计要求，地基基础、主要结构和建筑上的特点、构造做法与要求，抗震处理，图纸的轴线、标高、尺寸、预留孔洞、预埋件等具体细节，以及砂浆、混凝土、砖等材料的强度要求、使用功能等。做到掌握设计关键，认真按图施工。

② 暖、卫安装分项工程技术交底包括施工前的准备、施工工艺要求、质量验收标准、成品保护要求，注意可能出现的问题。

③ 电气安装分项工程技术交底包括施工前的准备、操作工艺要求、质量验收标准、成品保护要求，应注意的质量问题。

④ 通风空调分项工程技术交底包括施工前的准备，系统的技术要求，图纸关键部位的尺寸、位置、标高，质量要求、施工顺序、施工方法、工种之间的交叉配合，设备安装的注意事项，成品保护要求及可能出现的问题。

(2) 施工组织设计技术交底要将施工组织设计的全部内容向施工人员交代，主要包括工程特点、施工部署、施工方法、操作规程、施工顺序及进度、任务划分、劳动力安排、平面布置、施工工期、各项管理措施等。

(3) 设计变更和洽商技术交底应将设计变更的结果向施工人员和管理人员做统一说明，避免差错。

(4) 分项工程技术交底是各级技术交底的关键，应在各分项工程开始之前进行。其主要包括施工准备，操作工艺要求，技术安全措施，劳动定额，材料消耗定额，机(器)具使用，质量验收标准，成品保护要求，消灭和预防质量通病措施，新工艺、新材料、新技术的特殊要求以及应注意的质量问题。

(5) 安全技术交底包括工程项目的施工特点和危险点，针对危险点的具体预防措施，应注意的安全事项，相应的安全操作规程和标准，发生事故后及时采取的避难和急救措施等。必须实行逐级安全技术交底，纵向延伸到班组全体作业人员。

4.2.4 图纸会审记录

正式施工前，建设单位应组织设计单位、监理单位、施工单位进行图纸会审，将施工过程中将要遇到的问题提前予以解决。

图纸会审记录是对已正式签署的设计文件进行交底、审查和会审，对提出的问题予以记录的技术文件。图纸会审记录(范例)见表4-11。

表 4-11　图纸会审记录(范例)

编号：C2-5-008

工程名称	山东智慧建筑中心大厦			共　　页　　第　　页	
地　　点	山东智慧建筑中心大厦项目部办公室	记录整理人	×××	日期	××××
参加人员	×××　×××　×××……				
序号	图号	图纸问题		图纸问题交底	
1	结施 36(2-44)	结施 36(2-44)/(2-Y)～(2-V)轴的梁没有梁号		结施 36(2-44)/(2-Y)～(2-V)轴的梁号为 L80(1)	
2	结施 36(2-42)～(2-48)	结施 36(2-42)～(2-48)/(2-Y)轴处框线怎么做？其他类似框线怎么做		按 2-28 层做空调板，其他类似框线同上	
3	建施 11	建施 11 中 D1、4 号节点与阳台封口梁为 L5(1)200×300ϕ8@150(2)，2ϕ14，2ϕ14(−0.050)尺寸不一致		按结施 21 的阳台梁图	
4	结施 12	结施 12 在结构平面图上没有索引号		与建施 16 的索引位置一致	
5		YA29 与结构图不一致		YA29 改为 YA29a，YA29a 承台面至一层板面为 14ϕ20，ϕ12@150	
6					
7					
8					
技术负责人： 建设单位(公章)		技术负责人： 设计单位(公章)		技术负责人： 监理单位(公章)	技术负责人： 施工单位(公章)

知识链接

1. 图纸会审过程

各单位各专业先进行内部预审，熟悉图纸和设计说明书，了解设计意图、工程质量标准，以及新结构、新技术、新材料、新工艺的技术要求；然后提出问题并记录，会审时逐一解决；会审时一般问题经设计单位同意的，可在会审记录中注释进行修改，并办理手续，较大的问题必须由建设或监理、设计和施工单位洽商的，由设计单位修改，经监理单位同意后向施工单位签发设计变更图或设计变更通知单方为有效，如果设计变更影响了建设规模和投资方向，要报请原批准初步设计的单位同意后方准修改。

2. 图纸会审的主要内容

(1) 设计图纸、设计说明、做法说明是否齐全、清楚、明确；总图的建筑坐标位置与单位工程建筑平面图是否一致；建筑物的设计标高是否可行。

(2) 建筑、结构、安装、装饰和节点大样图之间有无矛盾，设计图纸之间相互配合的尺寸是否相符，各专业图纸之间相互配合的尺寸是否一致，预留孔洞、预埋件及标准构配件的尺寸有无矛盾和错误。

(3) 地基基础在承载力、刚度、稳定性方面的设计是否合理，能否保证工程质量和安全施工。设计图纸的结构方案及新技术、新工艺能否保证落实。

(4) 水电及设备安装专业施工图纸与土建专业是否协调一致、切实可行。

4.2.5 设计变更通知单

设计变更通知单是施工过程中，由于设计图纸本身差错，设计图纸与实际情况不符，施工条件变化，原材料的规格、品种、质量不符合设计要求等原因，需要对设计图纸部分内容进行修改的变更设计文件，见表4-12。

表4-12 设计变更通知单

工程名称： 编号：

致：	
由于_____原因，兹提出_____ _____工程变更，请予以审批。	
附件： □变更内容 □变更设计图 □相关会议纪要 □其他	 变更提出单位： 负 责 人： 年 月 日
工程量增/减	
费用增/减	
工期变化	
施工项目经理部(盖章) 项目经理(签字)	设计单位(盖章) 设计负责人(签字)
项目监理机构(盖章) 总监理工程师(签字)	建设单位(盖章) 负责人(签字)

注：本表一式四份，建设单位、项目监理机构、设计单位、施工单位各一份。

> **特别提示**
>
> (1) 设计变更是施工图的补充和修改的记载,应及时办理,内容要求明确具体,必要时附图,不得任意涂改和后补。设计变更按签订日期先后顺序编号,要求责任明确,签章齐全。
>
> (2) 工程设计变更若由设计单位提出,如计算错误、做法改变、尺寸矛盾、结构变更等问题,则必须由设计单位提出设计变更通知单或设计变更图,由施工单位根据施工准备和工程进展情况,做出能否变更的决定。
>
> (3) 工程设计变更若由施工单位提出,如钢筋代换、细部尺寸修改等重大技术问题,则必须取得设计单位和建设、监理单位的同意。
>
> (4) 遇到下列情况之一时,必须由设计单位签发设计变更通知单或设计变更图。
> ① 当决定对图纸进行较大修改时。
> ② 施工前及施工过程中发现图纸有差错,做法或尺寸有矛盾,结构变更或与实际情况不符时。
> ③ 由建设单位对建筑构造、细部做法、使用功能等方面提出的修改意见,必须经过设计单位同意。
>
> 由设计单位或建设单位提出的设计图纸修改,应由设计部门提出设计变更通知单;由施工单位提出的属于设计错误时,应由设计部门提出设计变更通知单;由施工单位的技术、材料等原因造成的设计变更,由施工单位提出洽商,请求设计变更,并经设计部门同意,以工程洽商记录作为设计变更的依据。

4.2.6 工程洽商记录

工程洽商记录是施工过程中,由于设计图纸本身差错,设计图纸与实际情况不符,施工条件变化,原材料的规格、品种、质量不符合设计要求,以及员工提出合理化建议等原因,需要对设计图纸部分内容进行修改而办理的记录文件,见表4-13。

表4-13 工程洽商记录

工程名称			编 号	
			日 期	
提出单位			专业名称	
洽商摘要			页 数	共 页,第 页
序 号	图 号	洽商内容		
签字栏	建设单位	设计单位	监理单位	施工单位

推荐阅读资料

1. 《建筑工程施工质量验收统一标准》(GB 50300—2013)。
2. 《建筑施工组织设计规范》(GB/T 50502—2009)。
3. 《建设工程项目管理规范》(GB/T 50326—2017)。

任务训练

1. 分析归纳智能建筑工程洽商会涉及哪些部门和人员,如何规范填写文字。
2. 收集建筑工程环境保护管理中关于危险源的识别与规避知识。
3. 填写技术交底系列表。
4. 列出危险性较大的分部分项工程。

4.3 施工测量资料

引例

本例侧重讨论施工测量资料的内容。

上海金茂大厦采用了新的结构技术,整幢大楼垂直偏差仅 2cm,楼顶部的晃动连半米都不到,可以保证 12 级大风不倒,同时能抗 7 级地震。上海金茂大厦裙房与自动扶梯配置见表 4-14。

表 4-14 上海金茂大厦裙房与自动扶梯配置

电梯编号	数量/台	电梯类型	载重量/kg	速度/(m/s)	服务楼层	备注
e1~e18	18	自动扶梯	/	0.50	b1~6	
p56~p57	2	观光客梯	1 600	1.75	b1、1、2m~6	可观赏到浦东景色
sf58~sf59	2	消防梯	2 000	1.75	b1~6	
s60	1	服务梯	3 000	0.50	b1~2	大厦内最大货梯
s62	1	服务梯	2 000	1.00	b1、1	

金茂大厦裙房 6 层,长 150m,宽 46m,主要功能为会展和购物

上海金茂大厦地下 b1~b3 层主要是停车场与后勤服务设施,设置了 3 台电梯和 1 台残疾人专用电梯。上海金茂大厦地下停车场电梯配置见表 4-15。

表 4-15 上海金茂大厦地下停车场电梯配置

电梯编号	数量/台	电梯类型	载重量/kg	速度/(m/s)	服务楼层
p35~p37	3	客梯	1 350	1.75	b3~2
w1	1	残疾人专用电梯	341		b3

上海金茂大厦在88层设有观光厅，高340m，面积1 520m²，其88层观光厅电梯配置见表4-16。

表4-16　上海金茂大厦88层观光厅电梯配置

电梯编号	数量/台	电梯类型	载重量/kg	速度/(m/s)	服务楼层
p33～p34	2	客梯	2 500	9.00	b1、88

上海金茂大厦3～50层是可容纳1万多人同时办公的空间，办公区电梯共有28台，分成6组，服务于不同的区域，满足不同的需求，其办公区电梯配置见表4-17。

表4-17　上海金茂大厦办公区电梯配置

电梯编号	数量/台	电梯类型	载重量/kg	速度/(m/s)	服务楼层
p1～p3	3	客梯	1 350	1.75	1、3～6
p4～p9	6	客梯	1 600	3.50	1、7～17
p10～p15	6	客梯	1 600	4.00	1、18～29
p16～p21	6	客梯	1 600	4.00	1、30～40
p22～p26	5	客梯	1 600	6.00	1、41～50
sf39～sf40	2	消防梯	2 200	3.50	b2～1、3～51

金茂凯悦大酒店是五星级超豪华大酒店，位于上海金茂大厦53～87层，其电梯配置见表4-18。

表4-18　金茂凯悦大酒店电梯配置

电梯编号	数量/台	电梯类型	载重量/kg	速度/(m/s)	服务楼层
p27～p32	6	客梯	1 600	6.00	1、2、54
s41	1	服务梯	2 200	3.50	b1～2、53
s42	1	服务梯	2 200	3.50	b1～2m、53
p43～p48	6	客梯	1 600	5.00	54～85
s49	1	服务梯	1 600	4.00	53～88
sf50～sf51	2	消防梯	1 600	4.00	51～88
p52～p53	2	客梯	1 600	1.00	53～56
p54～p55	2	客梯	1 600	1.00	85～87

思考

1. 施工测量资料形成的流程是什么？
2. 施工测量资料包括哪些内容？
3. 为保障电梯安全运行，须测量哪些数据？
4. 楼层平面放线及标高抄测时如何控制电梯位置？
5. 电梯井的垂直度、标高测量有何要求？
6. 电梯井与建筑物的分隔与联系部件有哪些？

知识链接

图 4.3 是施工资料管理网络图——施工测量资料。

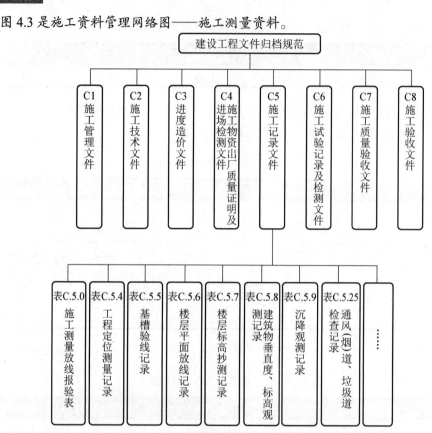

图 4.3　施工资料管理网络图——施工测量资料

特别提示

图 4.4 是分项工程质量验收流程图。

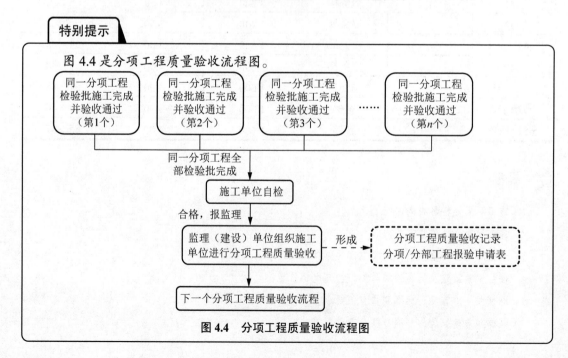

图 4.4　分项工程质量验收流程图

4.3.1 施工测量放线报验表

施工单位应在完成施工测量方案、红线桩的校核成果、水准点的引测成果,以及施工过程中各种测量记录后,填写施工测量放线报验表,其中"专职测量员"一栏必须由具有相应资格的技术人员签字,并填写岗位证书编号。

施工测量放线报验表(范例)见表4-19。

表4-19　施工测量放线报验表(范例)

工程名称：　　　　　　　　　　　　　　　　　　　　　　　编号：

致：＿＿＿＿＿＿＿(项目监理机构)

　　我单位已完成了××工程施工测量放线工作,现报上该工程施工测量放线报验表,请予以审查和验收。

附件：

(1) 测量放线的部位及内容。

序号	工程部位名称	测量放线内容	专职测量员(岗位证书编号)	备注
1	四层②~⑦/④~⑨轴	轴控制线、墙柱轴线及边线、门窗洞口位置线		30m钢尺、DS_3水准仪
2	四层⑥~⑨/⑥~⑩轴	柱轴线控制线、柱边线等		

(2) 放线的依据材料1页。

(3) 放线成果表5页。

　　　　　　　　　　　　　　　　　　　　承包单位(公章)：××××建筑工程公司
　　　　　　　　　　　　　　　　　　　　项目技术负责人：×××
　　　　　　　　　　　　　　　　　　　　日期：××年×月×日

审查意见：

　　经检查,施工测量放线符合工程施工图的设计要求,达到了规范规定的精度要求。

　　　　　　　　　　　　　　　　　　　　项目监理机构：××监理公司××项目监理部
　　　　　　　　　　　　　　　　　　　　专业监理工程师：×××
　　　　　　　　　　　　　　　　　　　　日期：××年×月×日

注：本表由施工单位填报,建设单位、监理单位、施工单位各存一份。

4.3.2 工程定位测量记录

工程定位测量是施工单位根据测绘部门提供的放线成果、红线桩及场地控制网或建筑物控制网,测定建筑物的位置、主控轴线、建筑物±0.000 处绝对高程等,标明现场标准水准点、坐标点位置的工作。

工程定位测量记录填写说明如下:
(1) 工程名称要与图标栏内名称相一致。
(2) "委托单位"填写建设单位或总承包单位。
(3) "图纸编号"应填写施工蓝图编号。
(4) "平面坐标依据、高程依据"由测绘部门或建设单位提供,应以市规划委员会钉桩坐标为准,在填写时应注明点位编号,且与交桩资料中的点位编号相一致。
(5) 定位抄测示意图要标注准确、具体。
(6) "复测结果"一栏必须填写具体数字,不能只填写"合格"或"不合格",应由施工单位填写。

工程定位测量记录(范例)见表 4-20。

表 4-20 工程定位测量记录(范例)

编号:

工程名称	××大学综合楼	委托单位	××公司
图纸编号	×××	施测日期	××年×月×日
平面坐标依据	测 2005-036A、方 1、D	复测日期	××年×月×日
高程依据	测 2003-036BMG	使用仪器	DSl 96007
允许误差	±13mm	仪器校验日期	××年×月×日
定位抄测示意图:			

续表

复测结果: $h_{往}=\sum_{后}-\sum_{前}=+0.273m$ $h_{返}=\sum_{后}-\sum_{前}=-0.281m$ $f_{测}=\sum_{后}+\sum_{前}=-8mm$ $f_{h允}=\pm13mm>f_{测}$ 精度合格 高差 $h=+0.277m$					
签字栏	建设(监理)单位	施工单位	××建筑工程公司	测量人员岗位证书编号	
		专业技术负责人	测量负责人	复测人	施测人

注：本表由建设单位、监理单位、施工单位、城建档案馆各保存一份。

4.3.3 基槽验线记录

施工单位应根据主控轴线和基底平面图，检验建筑物基底外轮廓线，集水坑、电梯井坑、垫层底标高(高程)，基槽断面尺寸和边坡坡度等，填写基槽验线记录，并报监理单位审核。

重点工程或大型工业厂房应有测量原始记录，还应收集普通测量成果——基础平面图等相应附件。

1. 基槽验线记录填写说明

(1) "验线依据及内容"一栏填写由建设单位或测绘部门提供的坐标、高程控制点或工程测量定位控制桩等，内容要描述清楚。

(2) "基槽平面、剖面简图"一栏要画出基槽平面、剖面简图轮廓线，应标注主控轴线尺寸，标注断面尺寸、高程。

(3) "检查意见"一栏将检查意见表达清楚，不得用"符合要求"一词代替检查意见(应有测量的具体数据误差)。

2. 基槽验线记录填写式样

基槽验线记录(范例)见表4-21。

表4-21 基槽验线记录(范例)

编号：

工程名称	××大学综合楼	日期	××年×月×日
验线依据及内容: 依据：(1) 施工图纸(图号××)，设计变更/洽商(编号××)。 (2) 本工程施工测量方案。 (3) 定位轴线控制网。 内容：根据主控轴线和基底平面图，检验建筑物基底外轮廓线、集水坑、电梯井坑、垫层底标高，基槽 断面尺寸及边坡坡度(1∶0.5)等。			

续表

基槽平面、剖面简图：			
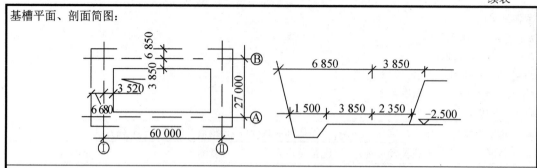			
检查意见： 　　经检查，①～⑪/Ⓐ～Ⓑ轴为基底控制轴线，垫层底标高(误差为－1mm)，基槽开挖的断面尺寸(误差为＋2mm)，边坡坡度等各项指标符合设计要求及本工程施工测量方案规定，可进行下道工序施工。			
签字栏	建设(监理)单位	施工单位	××建筑工程公司
签字栏	建设(监理)单位	专业技术负责人	专业质量员	施测人
签字栏				

注：本表由建设单位、施工单位、城建档案馆各保存一份。

4.3.4　楼层平面放线记录

楼层平面放线是指每个施工部位完成到一个水平面时，如底板、顶板，要在这个平面板(顶板)上投测向上一层的平面位置线的工作。

1. 楼层平面放线记录填写说明

(1)"放线部位"一栏一定应注明楼层(分层、分轴线或施工流水段)。若是建筑面积小，没有划分施工流水段，就按轴线填写。

(2)"放线内容"一栏填写轴线竖向投测控制线、各层墙柱轴线、墙柱边线、门窗洞口位置线、垂直度偏差等。

(3)"放线依据"可填写如下内容。

① 定位控制桩。

② 测绘部门提供的水准点BM1、BM2。

③ 地下/地上××层平面图(图号××)。

(4)"放线简图"一栏若是平面放线要标注轴线尺寸、放线尺寸，若是外墙、门窗洞口放线要画剖面简图，注明放线的标高尺寸。

(5)"检查意见"一栏应由监理人员填写，要表达清楚，不得用"符合要求"一词代替检查意见。

2. 楼层平面放线记录填写式样

楼层平面放线记录(范例)见表4-22。

第4章 施工资料编制与整理

表 4-22 楼层平面放线记录(范例)

编号：

工程名称	××大学综合楼		日　　期	××年×月×日	
放线部位	地下1层①~⑦/Ⓐ~Ⓙ轴顶板		放线内容		
放线依据：					
放线简图：					
检查意见： (1) ①~⑦/Ⓐ~Ⓙ轴为地下1层外廊纵横轴线。 (2) 括号内数据为复测数据(或结果)。 (3) 各细部轴线间几何尺寸相对精度最大偏差±2mm，90°角中误差10″，精度合格。 (4) 放线内容均已完成，位置准确，垂直度偏差在允许范围内，符合设计及施工测量方案要求，可以进行下道工序施工。					
签字栏	建设(监理)单位	施工单位		××建筑工程公司	
		专业技术负责人	专业质量员		施测人

注：本表由施工单位填写并保存。

4.3.5　楼层标高抄测记录

楼层标高抄测内容包括+0.5m(或+1.0m)水平控制线、皮数杆等，施工单位填写的楼层标高抄测记录，应报监理单位审核。

1. 楼层标高抄测记录填写说明

(1) "抄测部位"一栏应根据施工方案分层、分轴线或施工流水段填写明确。

(2)"测量内容"一栏应写明是+0.5m水平控制线还是+1.0m水平控制线、标志点位置、测量工具等,涉及数据的应注明具体数据。

(3)"抄测依据"一栏要根据测绘部门给出的高程点、施工图等填写。

(4)"检查说明"一栏可画简图予以说明,标明所在楼层+0.5m(或+1.0m)水平控制线、标志点位置、相对标高、重要控制轴线、指北针方向、分楼层段的具体图名等。

(5)"检查意见"一栏由监理人员签署,要将检查意见表达清楚,不得用"符合要求"一词代替检查意见。

2. 楼层标高抄测记录填写式样

楼层标高抄测记录(范例)见表4-23。

表4-23 楼层标高抄测记录(范例)

编号:

工程名称	××大学综合楼	日期	××年×月×日
抄测部位	地上8层㊳~㊷/ⓖ~Ⓑ轴墙柱	测量内容	
抄测依据: (1) 施工图纸(图号××),设计变更/洽商(编号××)。 (2) 本工程施工测量方案。 (3) 地上7层已放好的控制桩点。			
检查说明: 地上8层㊳~㊷/ⓖ~Ⓑ轴墙柱+0.5m水平控制线,标高为23.3m,标志点的位置设在墙柱上。依据施工测量方案,在墙柱上设置固定的3个点,作为引测需要。 根据需要可画墙柱剖面简图予以说明,标明重要控制轴线尺寸及指北针方向。采用自动安平水准仪,型号为DZS3-1。			
检查意见: 经检验,地上8层㊳~㊷/ⓖ~Ⓑ轴墙柱+0.5m水平控制线已按施工图纸、施工测量方案引测完毕,引测方法正确,标高传递准确,误差值为-2mm,符合设计、规范要求。			
签字栏	建设(监理)单位	施工单位	××建筑工程公司
:::		专业技术负责人	专业质量员	施测人
:::				

注:本表由施工单位填写并保存。

4.3.6 建筑物垂直度、标高观测记录

施工单位应在结构工程完成和工程竣工时,对建筑物进行垂直度观测和对标高(全高)进行实测,填写建筑物垂直度、标高观测记录报监理单位审核。超过允许偏差且影响结构性能的部位,应由施工单位提出技术处理方案,并经建设(监理)单位认可后进行处理。

1. 建筑物垂直度、标高观测记录填写说明

(1)"施工阶段"一栏应填写清楚,如"结构工程"。

(2)"测量说明"一栏填写采用的仪器类型、观测点位布置、观测时间的确定等。

(3) "观测示意图"应按实际建筑物轮廓画示意图,标注观测点位置。
(4) "实测偏差"一栏将观测的数值填上。
(5) "结论"一栏根据观测的数值下结论。

2. 建筑物垂直度、标高观测记录填写式样

建筑物垂直度、标高观测记录(范例)见表4-24。

表4-24 建筑物垂直度、标高观测记录(范例)

编号:

工程名称	××大学综合楼		
施工阶段	结构工程	观测日期	××年×月×日

测量说明(附观测示意图): (略)			
垂直度测量(全高)		标高测量(全高)	
观测部位	实测偏差/mm	观测部位	实测偏差/mm
一层	西1、东3、北2、南1	一层	3
二层	东2、西1、东北−2、南1	二层	−4
三层	西1、东2、北1、南1	三层	−3

结论: 工程垂直度、标高测量结果符合设计及规范规定。			
签字栏	建设(监理)单位	施工单位	×××建筑工程公司
		专业技术负责人	专业质量员	施测人

注:本表由建设单位、施工单位各保存一份。

4.3.7 沉降观测记录

为保证建筑物质量满足建筑使用年限的要求,在施工过程中及竣工后必须控制建筑物的沉降量,设计中必须标注工程设计允许沉降量。无论何种结构类型的工程,施工单位都要对建筑物进行沉降观测。沉降观测记录、沉降量汇总表分别见表4-25和表4-26。

表 4-25　沉降观测记录

工程名称													
						施工单位							
观测点编号	第 1 次			第 2 次			第 3 次			第 4 次			
	年　月　日			年　月　日			年　月　日			年　月　日			
	标高/m	沉降量/mm		标高/m	沉降量/mm		标高/m	沉降量/mm		标高/m	沉降量/mm		
		本次	累计		本次	累计		本次	累计		本次	累计	
工程部位													
观测人员													
监测人员													
施工单位项目负责人													
监理工程师													

表 4-26　沉降量汇总表

工程名称		设计允许沉降量/mm	
观测点编号	总沉降量/mm		备注
1			
2			
3			
4			
沉降观测点布置示意图：			

知识链接

为防止地基不均匀沉降引起结构破坏，按设计要求及有关规范规定，对新建工程以及受其影响的邻近建筑均要进行沉降观测，并做好沉降观测记录。

(1) 沉降观测的次数和时间，应符合设计要求。当设计无明确规定时，一般建筑可在基础完成后开始观测；大型、高层建筑，可在基础垫层或基础底部完成后开始观测。

民用建筑可每加高 1~2 层观测一次，工业建筑可按不同施工阶段(如回填基坑、安装柱子和屋架、砌筑墙体、设备安装等)分别进行观测，如建筑物均匀增高，应至少在增加荷载的 25%、50%、75%和 100%时各测一次，整个施工期间的观测不得少于 5 次。雨期和冬期过后应补充观测。施工过程中如暂时停工，在停工及复工时应各测一次。停工期间，可每隔 2~3 个月观测一次。建(构)筑物竣工后，一般情况，第一年观测 3~4 次，第二年观测 2~3 次，第三年后每年观测 1 次，直至稳定。

(2) 沉降观测资料应及时整理和妥善保存，并应附有下列各项资料。

① 根据水准点测量得出的每个观测点高程和其逐次沉降量。

② 根据建(构)筑物的平面图绘制的观测点位置图，根据沉降观测结果绘制的沉降量、地基荷载与连续时间三者的关系曲线图及沉降量分布曲线图。

③ 计算出的建(构)筑物的平均沉降量、相对弯曲和相对倾斜值。

④ 水准点的平面布置图和构造图，测量沉降的全部原始资料。

推荐阅读资料

1.《混凝土结构工程施工质量验收规范》(GB 50204—2015)。
2.《建筑地基基础工程施工质量验收标准》(GB 50202—2018)。
3.《屋面工程质量验收规范》(GB 50207—2012)。
4.《建筑地面工程施工质量验收规范》(GB 50209—2010)。

任务训练

1. 收集著名建筑物沉降观测数值，分析观测技术的发展进程。
2. 整理一个小型建筑工程施工测量资料。
3. 收集目前先进测量仪器的资料并备档。
4. 考察周边建筑物的观测点。

4.4 施工物资资料

引例

本例侧重讨论施工过程中施工物资资料的分类、整理、使用和归档。

日照职业技术学院泽厚园 12 栋住宅楼全部采用地板采暖方式，配合分户计量改革和建筑物保温技术应用，整个小区达到环保节能效果。

思考

1. 施工物资资料形成的流程是什么？

2. 施工物资资料包括哪些内容？
3. 哪些施工物资需要进行材料试验？
4. 哪些属于施工物资？
5. 设备开箱检验的检查单位和验收单位相同吗？
6. 材料、构配件进场检验的项目有哪些？
7. 给排水和采暖工程常用物资所需的质量证明文件有哪些？

知识链接

图 4.5 是施工资料管理网络图——施工物资资料。

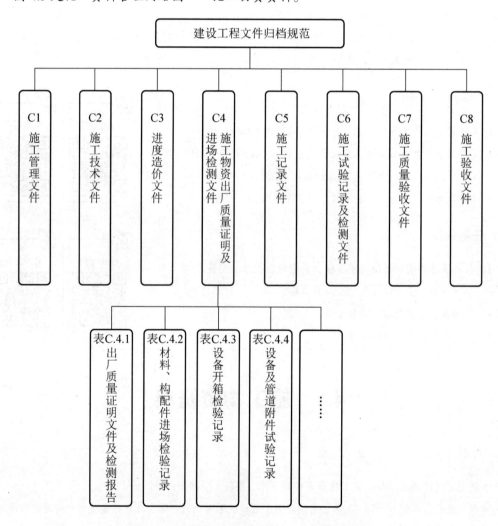

图 4.5　施工资料管理网络图——施工物资资料

第4章 施工资料编制与整理

特别提示

图 4.6 是工程物资管理流程图。

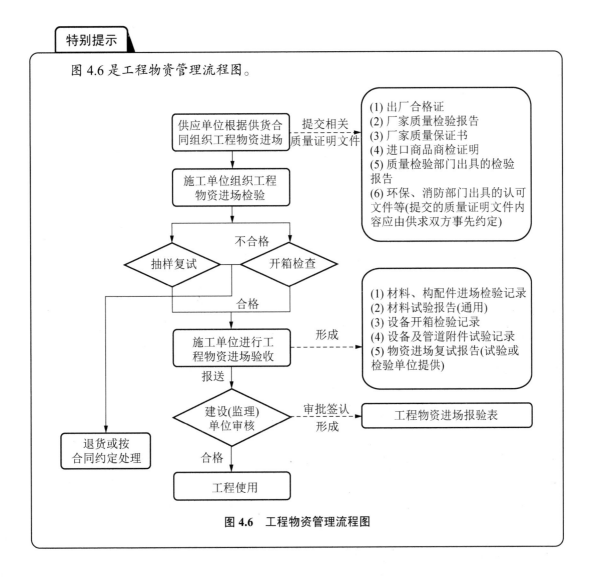

图 4.6 工程物资管理流程图

4.4.1 常用物资所需质量证明文件

建筑给排水及采暖工程常用物资所需质量证明文件及要求(范例)见表 4-27。

表 4-27 建筑给排水及采暖工程常用物资所需质量证明文件及要求(范例)

序号	物资名称	供应单位提供的质量证明文件	检验报告应含基本检测项目
1	镀锌钢管	质量证明书	
2	无缝钢管	质量证明书	
3	焊接钢管	质量证明书	
4	二次镀锌管道及附件	质量证明书、检验报告	镀锌层厚度、附着强度、外观

续表

序号	物资名称	供应单位提供的质量证明文件	检验报告应含基本检测项目
5	建筑给水塑料管道	质量证明书、检验报告、备案证明	生活饮用给水管道的卫生性能、纵向回缩率、维卡软化温度等
6	建筑排水塑料管道	质量证明书、检验报告、备案证明	纵向回缩率、维卡软化温度等,螺旋消音管材要有消声检测证明
7	铜管道及配件	质量证明书、检验报告	生活饮用给水管道的卫生性能
8	柔性接口排水铸铁管	质量证明书、产品合格证、备案证明	
9	不锈钢管	质量证明书、检验报告	生活饮用给水管道的卫生性能
10	钢管外涂塑管道(室外景观)	质量证明书	涂覆材料、涂层颜色、外观质量、涂层厚度、针孔检测、附着力
11	法兰	产品合格证或质量证明书、检验报告	
12	沟槽连接件	质量证明书、检验报告	用于生活饮用水系统应有胶圈卫生性能
13	快速接头(园林绿化)	产品合格证、检验报告	壳体试验、密封试验、上密封试验、连接尺寸、标志包装、铸件质量、表面质量、装配质量、阀体壁厚
14	刚性密闭套管	质量证明书(外购)	
15	柔性防水套管	质量证明书(外购)	
16	人防密闭套管	质量证明书(外购)	
17	型钢(角钢、槽钢、扁钢、工字钢)	质量证明书	
18	电焊条	产品合格证、质量证明书	
19	水表、热量表	产品合格证、计量检定证书	
20	压力表、温度计	产品合格证	
21	各种阀类(截止阀、闸阀、蝶阀、球阀等)	产品合格证、检验报告	强度、严密度
22	安全阀、减压阀	产品合格证、调试报告及定压合格证书	
23	消防供水设备、消火栓箱	产品合格证、检验报告	强制检验
24	消火栓、灭火器、消防接口、消防枪炮、防火阻燃材料	产品合格证、检验报告	型式认可
25	洒水喷头、湿式报警阀、水流指示器、消防用压力开关、消防水带	产品合格证、检验报告	强制认证
26	散热器	质量证明书、检验报告	耐压强度、热工性能
27	整体或拼装水箱	质量证明书、检验报告	卫生性能

续表

序号	物资名称	供应单位提供的质量证明文件	检验报告应含基本检测项目
28	卫生洁具	质量证明书、检验报告、备案证明	冲击功能、吸水率、抗龟裂试验、水封试验、污水排放试验、环保检测
29	疏水器、过滤器、除污器	质量证明书	
30	地漏、清扫口	产品合格证	
31	金属波纹补偿器	产品合格证、检验报告、成品补偿器预拉伸证明书	外观、尺寸偏差、形位偏差、补偿量、刚度检测、应变、耐压力、气密性、稳定性
32	绝热材料	产品合格证、检验报告	容重、导热性能、燃烧性能
33	布基胶带	产品合格证、检验报告	总厚度、初粘、持粘、剥离力、抗拉强度
34	锅炉、压力容器	质量证明书、检验报告、安装使用说明书	焊缝无损探伤
35	热交换器	质量证明书、安装使用说明书	
36	水泵、变频供水设备	产品合格证、质量证明书、安装使用说明书	

> **特别提示**
>
> (1) 各类管材应有产品质量证明文件。
>
> (2) 阀门、调压装置、消防设备、卫生洁具、给水设备、中水设备、排水设备、采暖设备、热水设备、散热器、锅炉及附属设备、各类开(闭)式水箱(罐)、分(集)水器、安全阀、水位计、减压阀、热交换器、补偿器、疏水器、除污器、过滤器、游泳池水系统设备等应有产品合格证及相关检验报告。
>
> (3) 对于国家有规定的特定设备及材料,如消防、卫生用的压力容器等,应附有相应资质检验单位提供的检验报告。如安全阀、减压阀的调试报告,锅炉(承压设备)焊缝无损探伤检测报告,给水管道材料卫生检验报告,卫生洁具环保检测报告,水表和热量表计量检定证书等。
>
> (4) 绝热材料应有产品合格证和材质检验报告。
>
> (5) 主要设备、器具应有安装使用说明书。
>
> (6) 对涉及建筑工程质量、安全、节能、环保的建筑材料,实行供应备案管理。
>
> (7) 实施产品强制认证制度的消防产品包括:点型感烟火灾探测器、点型感温火灾探测器、火灾报警控制器、洒水喷头、湿式报警阀、水流指示器、消防用压力开关、消防水带、手动火灾报警按钮、消防联动控制设备。实施型式认可制度的消防产品包括:灭火剂、防火门、消火栓、灭火器、消防接口、消防枪炮、消防应急灯具、火灾报警设备(可燃气体报警控制器、可燃气体探测器、家用可燃气体报警器)、防火阻燃

材料(无机防火堵料、有机防火堵料、阻火包)。实施强制检验制度的消防产品包括：防火卷帘门、防排烟风机、防火阀、排烟防火阀、消防供水设备、消火栓箱等。

(8) 境内制造、使用的锅炉、压力容器，制造企业必须取得中华人民共和国锅炉压力容器制造许可证。

(9) 安装于建筑工程中用于贸易结算的电度表、水表、煤气表、热量表等计量仪表的生产厂家必须提供产品合格证和法定计量检测单位出具的计量检定证书。

(10) 国家实施生产许可证产品目录包括：电焊条，空气压缩机，家用燃气快速热水器，泵，燃气调压器(箱)，铜及铜合金管材，耐火材料，锅炉及压力容器用钢管(管坯)，锅炉、压力容器用钢板，制冷设备等。

4.4.2 工程材料/构配件/设备报审表

工程物资进场后，施工单位应对拟采用的工程材料、构配件和设备进行检测、测试，合格后填写工程材料/构配件/设备报审表，附齐主要原材料复试结果、备案资料、出厂质量证明文件等，报项目监理部，监理工程师签署审查结论。

1. 相关规定及填写说明

(1) 工程材料/构配件/设备报审是指承包单位对拟进场的主要工程材料、构配件、设备，在自检合格后报项目监理机构进行进场验收的过程。

(2) 对未经监理人员验收或验收不合格的工程材料、构配件、设备，监理人员应拒绝签认，承包单位不得在工程上使用，并应限期将不合格的工程材料、构配件、设备撤出现场。

(3) 表中拟用于部位是指工程材料、构配件、设备拟用于工程的具体部位。

(4) "数量清单"按表列括号内容(见附件)用表格形式填报。

(5) "质量证明"，填写生产单位提供的工程材料、构配件、设备质量合格的证明资料，如出厂合格证、性能检测报告等。凡无国家或省正式标准的新材料、新产品、新设备应有省级及以上有关部门鉴定文件。凡进口的材料、产品、设备应有商检的证明文件。如无出厂合格证原件，有抄件亦可，但抄件上要注明原件存放单位，抄件人和抄件单位应签名并盖公章。

(6) "自检结果"，填写承包单位对所购工程材料、构配件、设备，按有关规定进行自检及复试的结果。对建设单位采购的主要设备进行开箱检查，监理人员应进行见证，并在开箱检查记录上签字。复试报告一般应提供原件。

(7) 专业监理工程师对报审表所附的数量清单、质量证明及自检结果进行认真核对，在符合要求的基础上对所进场工程材料、构配件、设备进行实物核对及观感质量验收，查验是否与清单、质量证明文件及自检结果相符、有无质量缺陷等情况，并将检查情况记录在监理工作日志中。根据检查结果，如符合要求，将"不符合""不准许"及"不同意"用横线划掉；反之，将"符合""准许"及"同意"划掉，并指出不符合要求之处。

2. 工程材料/构配件/设备报审表填写式样

工程材料/构配件/设备报审表(范例)见表 4-28。

表 4-28　工程材料/构配件/设备报审表(范例)

工程名称：××工程　　　　　　　　　　　　　　　　　　　　　编号：B6-006

致：＿＿＿＿＿＿＿＿(项目监理机构)
我方于××年×月×日进场的工程材料/构配件/设备数量如下(见附件)。现将质量证明文件及自检结果报上，拟用于下述部位：＿＿＿二层给排水管道及部件安装＿＿＿，请予以审核。 附件： 1. 数量清单 | 工程材料/构配件/设备名称	主要规格	单位	数量	取样报审表编号
---	---	---	---	---
镀锌钢管	DN200	m	××	××××
PVC 塑料管	DN200	m	××	××××
				| 2. 质量证明 　　(1) 出厂合格证 5 页(如出厂合格证无原件，有抄件亦可，但抄件上要注明原件存放单位，抄件人和抄件单位应签名并盖公章)。 　　(2) 厂家质量检验报告 5 页。 　　(3) 进场复试报告 5 页(复试报告一般应提供原件)。 3. 自检结果 　　工程材料质量证明资料齐全。观感质量及进场复试检验结果合格。 　　　　　　　　　　　　　　　　　　　承包单位(章)：××建筑工程公司 　　　　　　　　　　　　　　　　　　　项 目 经 理：××× 　　　　　　　　　　　　　　　　　　　日　　　　期：××年×月×日
审查意见： 　　经检查上述工程材料/构配件/设备，符合/不符合设计文件和规范的要求，准许/不准许进场，同意/不同意使用于拟定部位。 　　　　　　　　　　　　　　　　　　　项目监理机构：××监理公司××项目监理部 　　　　　　　　　　　　　　　　　　　总/专业监理工程师：××× 　　　　　　　　　　　　　　　　　　　日　　　　期：××年××月×日

4.4.3　材料、构配件进场检验记录

材料、构配件进场后，应由建设、监理单位会同施工单位共同对进场物资进行检查验收，填写材料、构配件进场检验记录。

1. 进场检验规定及要求

对进场物资进行检查验收，主要检验项目包括如下内容。

(1) 物资出厂质量证明文件及检测报告是否齐全。
(2) 实际进场物资数量、规格和型号等是否满足设计和施工计划要求。
(3) 物资外观质量是否满足设计要求或规范规定。
(4) 按规定须抽检的材料、构配件是否及时抽检。
工程采用施工总承包管理模式的，签字人员应为施工总承包单位的相关人员。

2. 材料、构配件进场检验记录填写说明

(1) 按规定应进场复试的工程物资，必须在进场检查验收合格后取样复试。
(2) 表格内检验项目应按《建筑给水排水及采暖工程施工质量验收规范》(GB 50242—2002)第3.2.1条、第3.2.2条填写，为"品种、规格、外观、质量合格证明文件"。
(3) 抽检比例也要符合《建筑给水排水及采暖工程施工质量验收规范》(GB 50242—2002)相关条目的规定。

3. 材料、构配件进场检验记录填写式样

材料、构配件进场检验记录见表4-29。

表4-29 材料、构配件进场检验记录

编号：C4-31-007

工程名称		××工程			检验日期	××年×月×日	
序号	名称	规格、型号	进场数量	生产厂家合格证号	检验项目	检验结果	备注
1	铜三通	80×40	5		品种、规格、外观、质量合格证明文件	合格	
2	铜套法兰	50	20		品种、规格、外观、质量合格证明文件	合格	
3	铜大小头	50×40	5		品种、规格、外观、质量合格证明文件	合格	
4							
5							
检验结论： 品种、规格、外观、质量合格证明文件符合设计及施工质量验收规范要求。							
签字栏	建设(监理)单位		施工单位				
			专业质量员		专业工长		检验员

注：本表由施工单位填写并保存。

4.4.4 设备开箱检验记录

建筑给排水及采暖工程所使用的设备进场后，应由施工单位、建设(监理)单位、供货单位共同开箱检查，并进行记录。施工单位应出示前期填写的工程物资进场报验单报请监理单位核查确认后，再填写设备开箱检验记录。

1. 设备的种类

设备主要包括各类消防设备、给水设备、中水设备、排水设备、采暖设备、热水设备、游泳池水系统设备、锅炉及辅助设备、卫生洁具、散热器、各类开(闭)式水箱(罐)、分(集)水器、压力容器及其他设备。

2. 设备开箱检查的主要内容

设备开箱检查的主要内容包括：设备的产地、品种、规格、外观、数量、附件情况、标识和质量证明文件、相关技术文件等。

3. 相关规定及要求

(1) 设备必须具有中文质量证明文件，规格、型号及性能检测报告应符合国家技术标准或设计要求，进场时应做检查验收。

(2) 主要器具和设备必须有完整的安装使用说明书。

(3) 在运输、保管和施工过程中，应采取有效措施防止设备损坏或腐蚀。

4. 设备开箱检验注意事项

(1) 对于检验中出现的缺损附件、备件要列出明细，待供应单位更换后重新验收。

(2) 测试情况应依据专项施工及验收规范相关条目填写，如表格中的"离心水泵"可参照《风机、压缩机、泵安装工程施工及验收规范》(GB 50275—2010)填写。

5. 设备开箱检验记录填写说明

(1) 凡有数据要求的项目必须填写实际测量的数据。

(2) "检验记录"栏需进行详细记录，对于包装、文件、部件的缺损情况应做出准确的文字描述。没有数据要求的项目可填写"符合规范要求"的字样。

(3) 在实际检查中未涉及表格所列项目时，可在"检验记录"栏中用"/"将此项目划除。

(4) 发现的问题必须由建设(监理)单位、供应单位和安装单位形成共同的处理意见，将形成的处理意见填写在表格的"结论"栏中，各单位保存一份，以备对处理意见解决情况进行核实检查。

6. 设备开箱检验记录填写式样

设备开箱检验记录(范例)见表 4-30。

表 4-30 设备开箱检验记录(范例)

编号：C4-26-006

设备名称		离心水泵	检查日期	××年×月×日
规格、型号		×××	总数量	×××台
装箱单号		×××	检验数量	×××台
检验记录	包装情况	包装完整良好，无损坏，标识明确		
	随机文件	设备装箱单1份，中文质量合格证明1份，安装使用说明书1份		
	备件与附件	配套法兰、螺栓、螺母等齐全		
	外观情况	外观良好，无损坏、锈蚀现象		
	测试情况	良好		

续表

检验结果	缺损附件、备件明细表					
	序号	名称	规格	单位	数量	备注
结论：	设备包装、外观状况、测试情况良好。随机文件、备件与附件齐全，符合设计及施工质量验收规范要求。					
签字栏	建设(监理)单位		施工单位		供应单位	

4.4.5 设备及管道附件试验记录

设备、阀门、密封水箱(罐)、成组散热器及其他散热设备于安装前均应按规定进行强度试验并做记录，填写设备及管道附件试验记录。

设备及管道附件的试验应符合设计要求，以及施工质量验收规范或产品说明书的规定。设备及管道附件试验记录(范例)见表4-31。

表4-31 设备及管道附件试验记录(范例)

设备及管道附件试验记录			资料编号	C6-21-007
工程名称		山东建筑中心大厦	系统名称	给水系统
设备/管道 附件名称		铜阀门	试验日期	××年×月×日

试验要求：
阀门公称压力为1.6MPa，非金属密封；强度试验压力为公称压力的1.5倍，严密性试验压力为公称压力的1.1倍；强度试验时间为60s，严密性试验时间为15s；试验压力在试验时间内应保持不变，且壳体填料及阀瓣密封面无渗漏。

	型号、材质	铜闸阀	铜球阀		
	规格	DN25	DN15		
	总数量	300	1 450		
	试验数量	30	145		
	公称或工作压力/MPa	1.6	1.6		
强度试验	试验压力降/MPa	0	0		
	渗漏情况	无渗漏	无渗漏		
	试验结论	合格	合格		
严密性试验	试验压力/MPa	1.8	1.8		
	试验持续时间/s	15	15		
	试验压力降/MPa	0	0		
	渗漏情况	无渗漏	无渗漏		
	试验结论	合格	合格		

签字栏	施工单位	山东智慧建筑公司	专业技术负责人 ××	专业质量员 ××	专业工长 ××
	建设(监理)单位	山东智慧监理公司	专业工程师	××	

注：本表由施工单位填写，建设单位、施工单位各保存一份。

推荐阅读资料

1. 《电梯工程施工质量验收规范》(GB 50310—2002)。
2. 《建筑节能工程施工质量验收标准》(GB 50411—2019)。
3. 《建设项目环境保护管理条例》。

任务训练

1. 收集并填写室内给水管道及配件安装质量验收表。
2. 参与排水设备安装质量验收。
3. 根据实际工程填写室外供热管道及配件安装质量验收表。
4. 列出进场物资合格证明资料汇总表。
5. 收集工程质量事故中涉及施工物资的案例。

4.5 施工记录

引例

本例侧重讨论施工记录资料的分类、整理、归档与使用。

"南京新世纪广场"位于南京市中心的黄金地段——太平南路东侧，中山东路南侧，东面为"人寿保险大厦"，南侧科巷路，基地面积11 250m²，整个建筑为地下2层，地上52层(A座)、26层(B座)。建筑面积129 269m²，建筑主体总高198.8m(A座)、118.6m(B座)。

建筑物场地土类别为Ⅱ类，抗震设防烈度为7度。

此工程是一座集商场、办公、餐饮、酒店式公寓于一体的现代化综合性大楼。地下一、二层为人防地下室，平时为汽车库，设置通风换气系统和防排烟系统。裙房为大型商场和餐饮区。建筑大楼采用智能化中央控制系统，为办公区配备的PAC2照明主机与12键可编程智能面板的控制方式，能够实现对区域内所有荧光灯光源进行调光和开关控制。这种智能化控制包括照明、空调、窗帘插座及所有用电设备。

思考

1. 施工记录资料形成的流程是什么？
2. 施工记录资料包括哪些内容？

3. 电气分部工程包括哪些子分部工程？
4. 电气照明安装工程的施工记录有哪些？
5. 隐蔽工程验收与施工检查有何联系与区别？
6. 交接检查记录的责任方涉及哪几个？
7. 系统试运行记录属于施工记录吗？

知识链接

图 4.7 是施工资料管理网络图——施工记录。

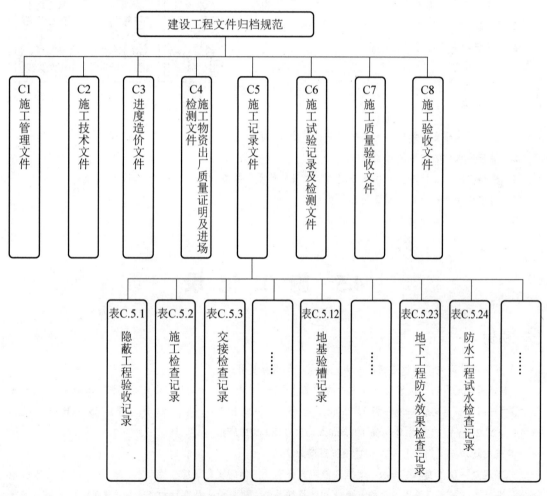

图 4.7 施工资料管理网络图——施工记录

4.5.1 隐蔽工程验收记录

隐蔽工程验收是保障工程质量的重要措施，每一个涉及建筑工程质量与安全的分项(子分项)工作皆应实行隐蔽工程验收。

1. 隐蔽工程验收记录填写说明

(1) 隐蔽工程项目施工完毕后，施工单位应进行自检，自检合格后，申报建设(监理)单位会同施工单位共同对隐蔽工程项目进行检查验收并填报隐蔽工程验收记录。

(2) 应根据隐蔽工程的检查项目和内容认真进行验收检查，不得落项，隐蔽内容应根据规范要求填写齐全、明了，检查结果和结论齐全。

(3) 隐蔽工程检查应及时，自检合格后向监理单位报验。签验的时限不应与土建进度相矛盾。

(4) 当检查无问题时，复查结论栏不应填写。

(5) 编号栏的填写应参照材料、构配件进场检验记录中编号栏的填写说明进行填写，但顺序号填写时应注意，由于隐蔽工程涉及多个分项工程，因此顺序号应根据分项工程的不同，按各检查项目分别从001开始连续编号。

(6) 要求无未了事项。

① 表格中凡需填空的地方，实际已发生的，如实填写；未发生的，则在空白处画"/"。

② 对于选择框，有此项内容，在选择框处画"√"，若无此项内容，可空着，不必画"×"。

(7) 不适合填写隐蔽工程验收记录的其他重要工序，应按照现行规范要求进行施工质量检查，并填写施工检查记录(通用)。

2. 隐蔽工程验收记录填写式样

隐蔽工程(随工检查)验收记录见表4-32。

表4-32　隐蔽工程(随工检查)验收记录

系统名称：综合布线系统　　　　　　　　　　　　　　　　　　　　　　　编号：C5-1-002

隐蔽工程(随工检查)内容与结果	检查内容	检查结果			
		安装质量	楼层(部位)	图号	取样报审表编号
	暗配管	√	三层	弱电7	××××

验收意见： 符合相关验收规范及图纸要求。			
建设单位/总包单位	施工单位	监理单位	
验收人：	验收人：	验收人：	
日期：　　年　月　日 盖章：	日期：　　年　月　日 盖章：	日期：　　年　月　日 盖章：	

注：
(1) 检查内容包括：①管道排列、走向、弯曲处理、固定方式；②管道连接、接地；③管口安放护圈标识；④接线盒及桥架加盖；⑤线缆对管道及线间绝缘电阻；⑥线缆接头处理。
(2) 检查结果的安装质量栏内，按检查内容，合格的打"√"，不合格的打"×"，并注明对应的楼层(部位)、图号。
(3) 综合安装质量的检查结果，在验收意见栏内填写并简明扼要地说明情况。

隐蔽工程检查验收记录见表4-33。

表4-33　隐蔽工程检查验收记录

工程名称		施工单位	
隐蔽项目部位		分包单位	
图号		检查日期	
隐蔽内容			
施工单位检查结果： 专业负责人： 　　　　　　　　　年　月　日		建设(监理)单位检查结论： 建设单位项目专业技术负责人： (监理工程师) 　　　　　　　　　年　月　日	

钢筋隐蔽工程检查验收记录见表4-34。

表4-34　钢筋隐蔽工程检查验收记录

单位(子单位)工程名称		分部(子分部)工程名称			
总承包施工单位		项目负责人		验收部位	
专业承包施工单位		项目负责人		施工图名称及图号	
检查项目	施工单位自检记录		建设(监理)单位验收意见	备注	
1．材料使用申报及检验情况	符合设计及规范要求				
2．检验批的划分及检查情况	符合设计及规范要求				
3．设计变更	无				
4．受力钢筋的品种、级别、规格和数量	符合设计及规范要求				
5．接头形式及检验报告	符合要求				
6．接头位置和数量	符合要求				
7．保护层厚度及控制措施	符合设计及规范要求				
8．抗震构造措施	符合设计及规范要求				
专业承包施工单位检查评定结果	专业工长(签名)		施工班组长(签名)		建设(监理)单位验收结论
	主控项目全部符合要求，一般项目满足规范要求，本检验符合要求。 项目专业质量员(签名)： 项目负责人(签名)： 　　　　　　　　年　月　日				总监理工程师(签名)： 专业监理工程师(签名)： (建设单位项目专业技术负责人签名)： 　　　　　　　　年　月　日

隐蔽工程验收记录见表 4-35。

表 4-35 隐蔽工程验收记录

编号：

工程名称	××大厦		
隐检项目	避雷引线	隐蔽日期	××年×月×日
隐检部位	地上三层⑤～⑪/ⓒ～ⓗ轴线		＋8.900m 标高

隐检依据：施工图图号＿＿＿＿＿＿电-8＿＿＿＿＿＿＿，设计变更/洽商(编号 ＿＿＿/＿＿＿)及有关国家现行标准等。

主要材料名称及规格/型号＿＿＿＿＿＿硬质PVC管,(取样报审表编号××××)

隐检内容：

(1) 避雷引线共26处，分别利用轴Ⓐ～①、轴Ⓐ～③……处两根25mm柱主筋上下对应引上，位置符合电气施工图纸的要求。

(2) 柱主筋采用搭接焊接。焊接长度大于钢筋直径的 6 倍，且两面施焊；药皮已清除，无夹渣咬肉现象(柱主筋连接采用压力埋弧焊等做法时，可按实填写)。

以上隐检内容已做完。请予以检查。

申报人：

检查意见：

经检查，避雷引线位置、施工做法、柱主筋搭接符合设计要求及《建筑电气工程施工质量验收规范》(GB 50303—2015)的要求。

检查结论：☑同意隐蔽　　　　　　　　　　　　□不同意，修改后进行复查

复查结论：

复查人：
复查日期：

签字栏	建设(监理)单位	施工单位	××建筑工程公司	
		专业技术负责人	专业质量员	专业工长

知识链接

主要隐检项目及内容如下。

(1) 各种桩基工程桩头处理补救措施等。
(2) 砌体工程中的特殊防裂措施，现场预制混凝土小构件钢筋隐蔽检查验收。
(3) 框架结构中填充墙与框架中的拉结筋留置情况检查。
(4) 混凝土工程后浇带、施工缝留置方法、位置和接槎的处理等。
(5) 阳台栏板焊接或二次浇筑混凝土：焊口质量外观检查、混凝土接槎处理。大楼板

的连接筋焊接、预制阳台和楼梯尾筋焊接检查。

(6) 钢结构工程中地脚螺栓、预埋件位置、数量、标高。焊接焊缝的外观质量检查等。

(7) 地下防水工程变形缝、施工缝、后浇带接槎情况，穿墙管道，预埋设置，转角的做法等。

(8) 屋面工程找平层、保温层、防水层做法及细部检查等。

(9) 有防水要求地面的基层处理，垫层、找平层铺设厚度、方式、标高、密封处理、黏结情况，防水材料的品种、规格。

(10) 工程质量问题处理、结构补强等。

(11) 装饰装修工程。

① 具有加强措施的抹灰工程应检查加强构造材料的规格、铺设、固定、搭接情况等。

② 门窗工程检查预埋件和锚固件、螺栓等规格、数量、位置、间距、预埋方式、与框的连接方式、防腐处理、缝隙填嵌、密封材料的黏结等。

③ 吊顶工程检查吊顶龙骨及吊件材质、规格、间距、连接方式、固定、表面防火、防腐处理、外观情况、接缝和边缝情况，填充和吸声材料的品种、规格、铺设、固定情况等。

④ 轻质隔墙工程检查预埋件、连接件、拉结筋的规格、位置、数量、连接方式、与周边墙体及顶棚的连接、龙骨连接、间距、防火、防腐处理、填充材料的设置等。

⑤ 饰面板(砖)工程检查预埋件、后置埋件、连接件的规格、数量、位置、连接方式、防腐处理等。有防水构造的部位应检查找平层、防水层的构造做法，材料的品种、规格、表面情况、密封处理、黏结情况等。

⑥ 幕墙工程检查幕墙与主体结构连接的各种预埋件、连接件、紧固件的规格、数量、位置、连接方式、防腐处理等；构件之间以及构件与主体结构的连接点的安装及防水处理；幕墙四周、幕墙与主体结构之间间隙节点的处理、封口的安装；幕墙伸缩缝、沉降缝、防震缝及墙面转角节点的安装；幕墙防火、隔烟、防雷接地节点的安装等。

⑦ 细部工程检查预埋件、后置埋件和连接件的规格、数量、位置、连接方式、防腐处理等。

⑧ 居住和民用建筑节能(屋面、外墙、外门窗及玻璃、地面、非采暖公共间等)工程的隐蔽验收应依据发生的项目按规定的要求进行记录。

特别提示

(1) "隐检内容"应将隐检的项目、具体内容描述清楚，包括主要原材料名称、规格、型号及试(检)验报告编号，主要连接件的复试报告编号，主要施工方法。若文字不能表述清楚，可用示意简图或照片进行说明。

(2) 混凝土结构分项工程隐蔽检查。

① 浇筑混凝土之前，应按检验批进行钢筋隐蔽检查，每楼层应按验收时间分别做记录(每楼层至少分两次记录)，由施工单位、建设(监理)单位对隐蔽工程进行验收签字确认。

② "受力钢筋品种、规格、数量、位置等"栏中纵向受力钢筋、箍筋、横向钢筋的品种、规格标注齐全不应遗漏；位置应标注柱、梁、墙、板、阳台、楼梯等；数量应标注间距及范围。

③ "钢筋连接方式、接头位置数量、接头面积百分率"栏中，钢筋连接方式应标注机械连接或焊接、绑扎搭接连接；接头数量应与试验报告内容一致，接头位置相互错开；接头面积百分率应标注明确，符合施工现场执行规范和设计的具体要求。

④ "预埋件规格、数量、位置"栏中，应标注预埋件在阳台、楼梯和外檐中的位置、数量、规格等具体情况，构造筋(胡子筋)的位置、数量、钢筋类型等。

⑤ "除锈和油污钢筋代用、其他"栏中，应按规范要求进行检查和记录，其他项应注明保护层及特殊应说明的内容。

知识链接

建筑电气工程隐检内容

(1) 埋于结构内的各种电线导管：检查导管的品种、规格、位置、弯扁度、弯曲半径、连接、跨接地线、防腐、管盒固定、管口处理、敷设情况、保护层、需焊接部位的焊接质量等。

(2) 利用结构钢筋做的避雷引下线：检查轴线位置，钢筋数量、规格、搭接长度、焊接质量，接地极、避雷网、均压环等连接点的焊接情况。

(3) 等电位及均压环暗埋：检查使用材料的品种、规格、安装位置、连接方法、连接质量、保护层厚度等。

(4) 接地极装置埋设：检查接地极的位置、间距、数量、材质、埋深、连接方法、连接质量、防腐情况等。

(5) 金属门窗、幕墙及避雷引下线的连接：检查连接材料的品种、规格、连接位置和数量、连接方法和质量等。

(6) 不进人吊顶内的电线导管：检查导管的品种、规格、位置、弯扁度、弯曲半径、连接、跨接地线、防腐、需焊接部位的焊接质量、管盒固定、管口处理、固定方法、固定间距等。

(7) 不进人吊顶内的线槽：检查材料的品种、规格、位置、连接、接地、防腐、固定方法、固定间距及与其他管线的位置关系等。

(8) 直埋电缆：检查电缆的品种、规格、埋设方法、埋深、弯曲半径、标桩埋设情况等。

(9) 不进人的电缆沟内敷设电缆：检查电缆的品种、规格、弯曲半径、固定方法、固定间距、标识情况等。

3. 预检记录

电气工程预检记录是施工重要工序进行的预先质量控制检查记录。预检工程项目施工完毕后，应由专业技术负责人、工长、质检员共同进行检查。

(1) 电气工程预检记录内容如下。

① 电气明配管(包括进人吊顶内)：检查导管的品种、规格、位置、连接、弯扁度、弯曲半径、跨接地线、焊接质量、固定、防腐、外观处理等。

② 明装线槽、桥架、母线(包括能进人吊顶内)：检查材料的品种、规格、位置、连接、接地、防腐、固定方法、固定间距等。

③ 明装等电位连接：检查连接导线的品种、规格、连接配件、连接方法等。

④ 屋顶明装避雷带：检查材料的品种、规格、连接、焊接质量、固定、防腐情况等。

⑤ 变配电装置：检查配电箱、柜基础槽钢的规格、安装位置、接地的连接质量；配电箱、柜的水平与垂直度；高低压电源进出口方向、电缆位置等。

⑥ 机电表面器具(包括开关、插座、灯具、风口、卫生器具等)：检查安装位置、标高、规格、型号、外观效果等。

(2) 电气工程预检记录填写说明如下。

① 应根据预检工程的检查项目和内容认真进行检查，不得漏项，预检内容应根据规范要求填写齐全、明了，检查结果和结论齐全。

② 预检工程检查应及时；设备、机电表面器具的安装位置、标高的检查应在抹灰前进行；吊顶或轻钢龙骨墙部位的配管及线槽的检查应在封板前进行。

③ 当检查无问题时，复查意见栏不应填写。

④ 编号栏的填写应参照隐蔽工程验收记录的编号编写，但表示不同时顺序号应重新编号。

⑤ 要求无未了事项：表格中凡需填空的地方，实际已发生的，如实填写；未发生的，则在空白处画"/"。

⑥ 预检内容栏应说明的内容：如门口的翘板开关因构造柱钢筋密而无法安装开关盒，其开关要移位，而移位又不符合《建筑电气工程施工质量验收规范》(GB 50303—2015)的规定，在不影响操作方便和电气安全的情况下，可做洽商移位处理，这样的问题应在预

检内容中说明；暖气炉片进出支管间有电源插座时，插座距暖气管的距离不符合《建筑电气通用图集》(92DQ8)中要求的上 200mm、下 300mm 的规定，应采取技术处理并办理洽商，同时应在预检内容中说明；照明配电箱应按《建筑电气工程施工质量验收规范》(GB 50303—2015)中的要求，底边距地 1.5m，而有的箱子比较高，超过 1m，按此标高要求则影响箱子的开启，这种情况下要降低安装高度，并办理洽商，同时应在预检内容中说明。

⑦ 依据现行施工规范，对于涉及工程实体质量、观感及人身安全的重要工序，应做预检。

⑧ 对于电气工程预检记录不适用的其他重要工序，应按照现行规范要求进行施工质量检查，并填写施工检查记录(通用)。

(3) 电气工程预检记录(范例)见表 4-36。

表 4-36　电气工程预检记录(范例)

编号：C8-1-001

工程名称	××大厦	预检项目	避雷带敷设
预检部位	屋顶	检查日期	××年×月×日

依据：
　　施工图纸(图号＿＿＿＿＿＿＿电施27＿＿＿＿＿＿＿)、
　　设计变更/洽商(编号＿＿＿＿＿／＿＿＿＿＿)和有关规范、规程。
　　主要材料或设备：＿＿＿镀锌圆钢＿＿＿
　　规格/型号：

预检内容：
(1) 屋面避雷带采用××(规格)镀锌圆钢，符合设计及规范要求。
(2) 搭接长度大于圆钢直径的6倍，且两面施焊。
(3) 焊接处药皮已清除，涂刷防腐漆。
(4) 避雷带平正顺直，固定点支持件间距均匀、固定可靠。

检查意见：
　　符合设计及规范要求。

复查意见：

　　　　　　　　　　　　　　　　　　　　　　　　　复 查 人：
　　　　　　　　　　　　　　　　　　　　　　　　　复查日期：

施工单位	××建筑工程公司		
专业技术负责人		专业质量员	专业工长

4.5.2　施工检查记录

　　按照现行规范要求应进行施工检查的重要工序皆应填写相应施工检查记录。无相应施工检查记录表格的应填写施工检查记录(通用)。

　　施工检查记录(通用)(范例)见表 4-37。

表 4-37　施工检查记录(通用)(范例)

编号：C8-1-002

工程名称	××大厦	预检项目	避雷带敷设
检查部位	三层①～⑩/④～⑩轴墙体	检查日期	××年×月×日

检查依据：
(1) 施工图纸。
(2) 《建筑电气工程施工质量验收规范》(GB 50303—2015)。

检查内容：
(1) 电工 13 人进行管路敷设。
(2) 质检员检查时发现镀锌钢管(SC)有 2 处漏做跨接地线。

检查结论：
基本符合施工图纸及《建筑电气工程施工质量验收规范》(GB 50303—2015)的规定。2 处漏做跨接地线的应进行整改。

复查意见：
经检查整改已完成。

复　查　人：
复查日期：

施工单位	××建筑工程公司		
专业技术负责人		专业质量员	专业工长

现场混凝土施工、养护检查记录见表 4-38。

表 4-38　现场混凝土施工、养护检查记录

工程名称		施工单位			
设计混凝土等级		施工混凝土等级			
浇筑部位		浇筑日期			
平均气温		养护方法			
浇筑工程量		要求坍落度			
商品混凝土供应单位		商品混凝土质量证书编号			
配合比	水泥/kg	细骨料/kg	粗骨料/kg	掺合料/kg	外加剂/kg	水/kg
每 m³(每盘)用量						

续表

混凝土试块留置组数		取样人		见证人	
坍落度抽查情况					
混凝土施工情况					
楼板厚度控制方法					
养护日期	检查情况		养护日期	检查情况	
施工工长		备注			

> **特别提示**
>
> (1) 表 4-38 是现场混凝土施工过程、混凝土施工完进行养护的检查记录。
> (2) "施工混凝土等级"栏应和设计混凝土等级相同，特殊时可高于设计混凝土等级。
> (3) "浇筑部位"栏应注明浇筑混凝土的具体部位。
> (4) "浇筑工程量"栏应注明浇筑混凝土的实际工程量。
> (5) "要求坍落度"栏应按施工方案注明。
> (6) "配合比"栏应按配合比通知单和实际使用情况注明。
> (7) "混凝土试块留置组数"栏应注明标养、同条件养护组数。
> (8) "坍落度抽查情况"栏应注明检查几次、最大值和最小值。
> (9) "混凝土施工情况"栏应注明运输、浇筑顺序、高度、振捣情况等。
> (10) "楼板厚度控制方法"栏应按施工方案填写。
> 在混凝土浇筑完毕后，应按施工方案及时采取有效养护措施，进行检查记录。

4.5.3 交接检查记录

分部(分项)工程完成，在不同专业施工单位之间进行移交时，应由移交单位、接收单位和见证单位共同对移交工程进行验收。

(1) 应根据专业交接检查的检查项目和内容认真进行检查，交接内容应根据规范要求填写齐全、明了，检查结果和结论齐全。

(2) 当检查无问题时，复查意见栏不应填写。

(3) 编号栏的填写应参照隐蔽工程验收记录的编号编写,但表示不同时顺序号应重新编号。

(4) 见证单位应根据实际检查情况,并汇总移交和接收单位意见形成见证单位意见。

(5) 见证单位的确定内容如下。

① 当在总包管理范围内的分包单位之间移交时,见证单位为总包单位。

② 当在总包单位和其他专业分包单位之间移交时,见证单位应为建设(监理)单位。

交接检查记录(范例)见表4-39。

表4-39 交接检查记录(范例)

编号:C5-3-007

工程名称		××大厦	
移交单位名称	××机电安装工程公司	接收单位名称	××消防公司
交接部位	整个工程消防系统配管	检查日期	××年×月×日
交接内容: (1) 该工程消防系统配管使用管材的规格、型号。 (2) 管路敷设质量情况。 (3) 成品保护情况			
检查结果: (1) 该工程消防系统配管使用××(型号)、××(规格)钢管,符合施工图纸要求。 (2) 管路敷设的位置、敷设的质量符合设计及施工规范要求。 (3) 该工程消防系统配管已全部施工完毕。带线已穿完,管口已进行封堵,无堵塞现象			
复查意见: 复查人: 复查日期:			
见证单位意见: 同意交接 见证单位名称:			
签字栏	移交单位	接收单位	见证单位

4.5.4 地基验槽记录

基坑(槽)工程施工挖至设计标高后要进行验槽,结果需建设单位、勘察单位、设计单位、施工单位、监理单位共同验收并签字确认。

地基验槽记录(范例)见表 4-40。

表 4-40　地基验槽记录(范例)

工程名称			施工单位	
部　　位			项目经理	
放坡比例			验收时间	
序号	检查内容		检验结果	
1	位置及几何尺寸			
2	基底标高			
3	土质情况			
4	地下水情况			
5	槽底是否有异物			
6	排降水方式			
7	支护位移情况			

附基坑(槽)平面、剖面示意图:

建设单位验收结论	设计单位验收结论	勘察单位验收结论	施工单位验收结论	监理单位验收结论
项目专业负责人: 年　月　日	设计专业负责人: 年　月　日	项目专业负责人: 年　月　日	项目负责人: 年　月　日	监理工程师: 年　月　日

特别提示

(1)"位置及几何尺寸"栏说明实际尺寸或注明见附图,在平面图中反映尺寸。
(2)"基底标高"栏填写由±0.000反映的实际基底高度。
(3)"土质情况"栏注明土质是否均匀,是否与设计图纸要求一致。
(4)"地下水情况"栏注明槽底表层是否有明水淤泥。
(5)"槽底是否有异物"栏注明槽底异物检查情况,如发现异常,需要进行地基处理的应及时进行处理,填写处理方法,并应经过建设、勘察、设计、监理单位的同意。地基处理工程验收记录见表4-41。

表4-41 地基处理工程验收记录

编号:

工程名称			处理部位		
处理依据					
施工图号			验收日期		
地基处理方法、处理部位及深度(或用简图表示):					
处理记录及结果:					
验收意见:					
验收单位签章	建设单位	监理单位	勘察单位	设计单位	施工单位
	项目负责人:	总监理工程师:	项目负责人:	项目负责人:	项目经理:
	年 月 日	年 月 日	年 月 日	年 月 日	年 月 日

施工专业技术负责人:　　　　　　质检员:　　　　　　专业工长:

(6)"排降水方式"栏注明采用排降水的详细做法。
(7)"支护位移情况"栏注明基坑(槽)支护是否位移,特别是深基坑还应单独进行位移观测。

第4章 施工资料编制与整理

> **特别提示**
>
> (1) 地基经过验槽、钎探后发现问题，应进行地基处理，并由勘察、设计单位复查，处理结果必须得到建设、设计、勘察单位同意，并与施工、监理单位共同验收签字确认。
>
> (2) 地基处理一般包括编制地基处理方案、填写地基验槽记录和地基处理工程验收记录。处理结果应符合加固的原理、技术要求、质量标准等。
>
> (3) 地基处理附图中的各种平面、剖面尺寸应记录详细。

4.5.5 地下工程防水效果检查记录

地下防水工程质量验收的程序和组织，应符合现行国家标准《建筑工程施工质量验收统一标准》(GB 50300—2013)的有关规定。地下防水工程质量验收的合格要求见表4-42。

表4-42 地下防水工程质量验收的合格要求

分项	合格要求
检验批	(1) 主控项目的质量经抽样检验全部合格。 (2) 一般项目的质量经抽样检验80%以上检测点合格，其余不得有影响使用功能的缺陷。对有允许偏差的检验项目，其最大偏差不得超过规定允许偏差的1.5倍。 (3) 施工具有明确的操作依据和完整的质量检查记录
分项工程	(1) 分项工程所含检验批的质量均应验收合格。 (2) 分项工程所含检验批的质量验收记录应完整
子分部工程	(1) 子分部工程所含分项工程的质量均应验收合格。 (2) 质量控制资料应完整。 (3) 地下工程渗漏水检测应符合设计的防水等级标准要求。 (4) 观感质量检查应符合要求

> **知识链接**
>
> 地下防水工程是一个子分部工程，其分项工程的划分应符合表4-43的要求。

表4-43 地下防水工程分项工程的划分

子分部工程		分项工程
地下防水工程	主体结构防水	防水混凝土、水泥砂浆防水层、卷材防水层、涂料防水层、塑料防水板防水层、金属板防水层、膨润土防水材料防水层
	细部构造防水	施工缝、变形缝、后浇带、穿墙管、埋设件、预留通道接头、桩头、孔口、坑、池
	特殊施工法结构防水	锚喷支护、地下连续墙、盾构隧道、沉井、逆筑结构
	排水	渗排水、盲沟排水、隧道排水、坑道排水、塑料排水板排水
	注浆	预注浆、后注浆、结构裂缝注浆

1. 地下防水工程竣工和记录资料

地下防水工程竣工和记录资料应符合表 4-44 的规定。

表 4-44 地下防水工程竣工和记录资料

序号	项 目	竣工和记录资料
1	防水设计	设计图、设计交底记录、图纸会审记录、设计变更通知单和材料代用核定单
2	资质、资格证明	施工单位资质及施工人员上岗证复印证件
3	施工方案	施工方法、技术措施、质量保证措施
4	技术交底	施工操作要求及安全等注意事项
5	材料质量证明	产品合格证、产品性能检测报告、材料进场检验报告
6	混凝土、砂浆质量证明	试配及施工配合比、混凝土抗压强度、抗渗性能检验报告、砂浆黏结强度、抗渗性能检验报告
7	中间检查记录	施工质量验收记录、隐蔽工程验收记录、施工检查记录
8	检验记录	渗漏水检测记录、观感质量检查记录
9	施工日志	逐日施工情况
10	其他资料	事故处理报告、技术总结

2. 地下防水工程隐蔽工程的验收记录

地下防水工程应对下列部位做好隐蔽工程验收记录。

(1) 防水层的基层。
(2) 防水混凝土结构和防水层被掩盖的部位。
(3) 变形缝、施工缝、后浇带等防水构造做法。
(4) 管道穿过防水层的封固部位。
(5) 渗排水层、盲沟和坑槽。
(6) 结构裂缝注浆处理部位。
(7) 衬砌前围岩渗漏水处理部位。
(8) 基坑的超挖和回填。

3. 地下防水工程的观感质量检查应符合的规定

(1) 防水混凝土应密实，表面应平整，不得有露筋、蜂窝等缺陷；裂缝宽度不得大于 0.2mm，并不得贯通。
(2) 水泥砂浆防水层应密实、平整、黏结牢固，不得有空鼓、裂纹、起砂、麻面等缺陷。
(3) 卷材防水层接缝应黏结牢固、封闭严密，防水层不得有损伤、空鼓、折皱等缺陷。
(4) 涂料防水层应与基层黏结牢固，不得有脱皮、流淌、鼓泡、露槎、折皱等缺陷。
(5) 塑料防水板防水层应铺设牢固、平整，搭接焊缝严密，不得有下垂、绷紧、破损现象。
(6) 金属板防水层焊缝不得有裂纹、未熔合、夹渣、焊瘤、咬边、烧穿、弧坑、针状气孔等缺陷。
(7) 施工缝、变形缝、后浇带、穿墙管、埋设件、预留通道接头、桩头、孔口、坑、池等防水构造应符合设计要求。
(8) 锚喷支护、地下连续墙、盾构隧道、沉井、逆筑结构等防水构造应符合设计要求。

(9) 排水系统不淤积、不堵塞,确保排水畅通。
(10) 结构裂缝的注浆效果应符合设计要求。

4. 地下工程出现渗漏水的处理

地下工程出现渗漏水时,应及时进行治理,符合设计的防水等级标准要求后方可验收,地下工程防水等级标准见表4-45。

表4-45 地下工程防水等级标准

防水等级	防 水 标 准
一级	不允许渗水,结构表面无湿渍
二级	不允许漏水,结构表面可有少量湿渍。 工业与民用建筑:湿渍总面积不大于总防水面积的1‰,单个湿渍面积不大于0.1m^2,任意100m^2防水面积上的湿渍不超过2处。 其他地下工程:湿渍总面积不大于总防水面积的2‰,单个湿渍面积不大于0.2m^2,任意100m^2防水面积上的湿渍不超过3处。
三级	有少量漏水点,不得有线流和漏泥砂。 单个湿渍面积不大于0.3m^2,单个漏水点的漏水量不大于2.5L/d,任意100m^2防水面积上的漏水和湿渍点数不超过7处
四级	有漏水点,不得有线流和漏泥砂。 整个工程平均漏水量不大于2L/(m^2·d),任意100m^2防水面积上的平均漏水量不大于4L/(m^2·d)

5. 地下工程渗漏水调查

(1) 明挖法地下工程应在混凝土结构和防水层验收合格以及回填土完成后,即可停止降水;待地下水位恢复至自然水位且趋向稳定时,方可进行地下工程渗漏水调查。

(2) 地下防水工程质量验收时,施工单位必须提供"结构内表面的渗漏水展开图"。

(3) 房屋建筑地下工程应调查混凝土结构内表面的侧墙和底板。地下商场、地铁车站、军事地下库等单建式地下工程,应调查混凝土结构内表面的侧墙、底板和顶板。

(4) 施工单位应在"结构内表面的渗漏水展开图"上标示下列内容。
① 发现的裂缝位置、宽度、长度和渗漏水现象。
② 经堵漏及补强的原渗漏水部位。
③ 符合防水等级标准的渗漏水位置。

> 知识链接

渗漏水现象的定义和标识符号,可按表4-46选用。

表4-46 渗漏水现象的定义和标识符号

渗漏水现象	定 义	标识符号
湿渍	地下混凝土结构背水面,呈现明显色泽变化的潮湿斑	#
渗水	地下混凝土结构背水面有水渗出,墙壁上可观察到明显的流挂水迹	○
水珠	地下混凝土结构背水面的顶板或拱顶,可观察到悬垂的水珠,其滴落间隔时间超过1min	◇
滴漏	地下混凝土结构背水面的顶板或拱顶,渗漏水的滴落速度至少为1滴/min	▽
线漏	地下混凝土结构背水面,呈渗漏成线或喷水状态	↓

6. 地下工程渗漏水检测

(1) 当被验收的地下工程有结露现象时，不宜进行渗漏水检测。

(2) 渗漏水检测工具宜按表 4-47 使用。

表 4-47　渗漏水检测工具

名　　称	用　　途
钢直尺	量测混凝土湿渍、渗水范围
精度为 0.1mm 的钢尺	量测混凝土裂缝宽度
放大镜	观测混凝土裂缝
有刻度的塑料量筒	量测滴水量
秒表	量测渗漏水滴落速度
吸墨纸或报纸	检验湿渍与渗水
粉笔	在混凝土上用粉笔勾画湿渍、渗水范围
工作登高扶梯	顶板渗漏水，混凝土裂缝检查
带有密封缘口的规定尺寸方框	量测明显滴漏和连续渗流，根据工程需要可自行设计

房屋建筑地下工程渗漏水检测应符合下列规定。

(1) 湿渍检测时，检查人员用干手触摸湿斑，无水分浸润感觉。用吸墨纸或报纸贴附，纸不变颜色。要用粉笔勾画出湿渍范围，然后用钢尺测量并计算面积，标示在"结构内表面的渗漏水展开图"上。

(2) 渗水检测时，检查人员用干手触摸可感觉到水分浸润，手上会沾有水分。用吸墨纸或报纸贴附，纸会浸润变颜色。要用粉笔勾画出渗水范围，然后用钢尺测量并计算面积，标示在"结构内表面的渗漏水展开图"上。

(3) 通过集水井积水，检测在设定时间内的水位上升数值，计算渗漏水量。

7. 地下工程防水效果检查记录填写式样

(1) 地下工程渗漏水调查与检测，应由施工单位项目技术负责人组织质量员、施工员实施。施工单位应填写地下工程防水效果检查记录，并签字盖章；监理单位和建设单位应在记录上填写处理意见与结论，并签字盖章。

(2) 地下工程防水效果检查记录应按表 4-48 填写。

表 4-48　地下工程防水效果检查记录

工程名称		结构类型	
防水等级		检测部位	
渗漏水量检测	1. 单个湿渍的最大面积＿＿＿ m^2；总湿渍面积＿＿ m^2		
	2. 每 $100m^2$ 的渗水量＿＿＿ $L/(m^2·d)$；整个工程平均渗水量＿＿＿ $L/(m^2·d)$		
	3. 单个漏水点的最大漏水量＿＿＿ L/d；整个工程平均漏水量＿＿＿ L/d		
结构内表面的渗漏水展开图	(渗漏水现象用标识符号描述)		
处理意见与结论	(按地下工程防水等级标准)		

续表

会签栏	监理单位 (签章) 年 月 日	建设单位 (签章) 年 月 日	施工单位(签章) 项目技术负责人(签字) 质量员(签字) 施工员(签字) 年 月 日

知识链接

(1) 现行建筑防水工程材料标准应按表 4-49 的规定选用。

表 4-49 现行建筑防水工程材料标准

类别	标 准 名 称	标准号
防水卷材	(1) 聚氯乙烯(PVC)防水卷材	GB 12952—2011
	(2) 高分子防水材料 第1部分：片材	GB/T 18173.1—2012
	(3) 改性沥青聚乙烯胎防水卷材	GB 18967—2009
	(4) 弹性体改性沥青防水卷材	GB 18242—2008
	(5) 带自粘层的防水卷材	GB/T 23260—2009
	(6) 自粘聚合物改性沥青防水卷材	GB 23441—2009
	(7) 预铺防水卷材	GB/T 23457—2017
防水涂料	(1) 聚氨酯防水涂料	GB/T 19250—2013
	(2) 建筑防水材料用聚合物乳液	JC/T 1017—2020
	(3) 聚合物乳液建筑防水涂料	JC/T 864—2023
密封材料	(1) 聚氨酯建筑密封胶	JC/T 482—2022
	(2) 聚硫建筑密封胶	JC/T 483—2022
	(3) 混凝土接缝用建筑密封胶	JC/T 881—2017
	(4) 丁基橡胶防水密封胶粘带	JC/T 942—2022
其他防水材料	(1) 高分子防水材料 第2部分：止水带	GB/T 18173.2—2014
	(2) 高分子防水材料 第3部分：遇水膨胀橡胶	GB/T 18173.3—2014
	(3) 高分子防水卷材胶粘剂	JC/T 863—2011
	(4) 沥青基防水卷材用基层处理剂	JC/T 1069—2008
	(5) 遇水膨胀止水胶	JG/T 312—2011
	(6) 钠基膨润土防水毯	JG/T 193—2006
刚性防水材料	(1) 砂浆、混凝土防水剂	JC/T 474—2008
	(2) 混凝土膨胀剂	GB/T 23439—2017
	(3) 水泥基渗透结晶型防水材料	GB 18445—2012
	(4) 聚合物水泥防水砂浆	JC/T 984—2011
防水材料试验方法	(1) 建筑防水卷材试验方法	GB/T 328.1～27—2007
	(2) 建筑胶粘剂试验方法 第1部分：陶瓷砖胶粘剂试验方法	GB/T 12954.1—2008
	(3) 建筑防水涂料试验方法	GB/T 16777—2008
	(4) 建筑防水材料老化试验方法	GB/T 18244—2022

(2) 建筑防水工程材料现场抽样复验应符合表 4-50 的规定。

表 4-50　建筑防水工程材料现场抽样复验

序号	材料名称	抽样数量	外观质量检验	物理性能检验
1	高聚物改性沥青类防水卷材	大于 1 000 卷抽 5 卷，每 500～1 000 卷抽 4 卷，100～499 卷抽 3 卷，100 卷以下抽 2 卷，进行规格尺寸和外观质量检验。在外观质量检验合格的卷材中，任取一卷做物理性能检验	断裂、折皱、孔洞、剥离、边缘不整齐、胎体露白、未浸透、撒布材料粒度、颜色、每卷卷材的接头	拉力、最大拉力时延伸率，低温柔度，不透水性
2	合成高分子类防水卷材	大于 1 000 卷抽 5 卷，每 500～1 000 卷抽 4 卷，100～499 卷抽 3 卷，100 卷以下抽 2 卷，进行规格尺寸和外观质量检验。在外观质量检验合格的卷材中，任取一卷做物理性能检验	折痕、杂质、胶块、凹痕，每卷卷材的接头	断裂拉伸强度，断裂伸长率，低温弯折性，不透水性
3	有机防水涂料	每 5t 为一批，不足 5t 按一批抽样	均匀黏稠体，无凝胶，无结块	潮湿基面黏结强度，涂膜抗渗性，浸水 168h 后拉伸强度，浸水 168h 后断裂伸长率，耐水性
4	无机防水涂料	每 10t 为一批，不足 10t 按一批抽样	液体组分：无杂质、凝胶的均匀乳液　固体组分：无杂质、结块的粉末	抗折强度，黏结强度，抗渗性
5	膨润土防水材料	每 100 卷为一批，不足 100 卷按一批抽样；100 卷以下抽 5 卷，进行尺寸偏差和外观质量检验。在外观质量检验合格的卷材中，任取一卷做物理性能检验	表面平整，厚度均匀，无破洞、破边，无残留断针，针刺均匀	单位面积质量，膨润土膨胀指数，渗透系数，滤失量
6	混凝土建筑接缝用密封胶	每 2t 为一批，不足 2t 按一批抽样	细腻，均匀膏状物或黏稠液体，无气泡、结皮和凝胶现象	流动性、挤出性、定伸黏结性
7	橡胶止水带	每月同标记的止水带产量为一批抽样	尺寸公差；开裂，缺胶，海绵状，中心孔偏心，凹痕，气泡，杂质，明疤	拉伸强度，扯断伸长率，撕裂强度
8	腻子型遇水膨胀止水条	每 5 000m 为一批，不足 5 000m 按一批抽样	尺寸公差；柔软、弹性匀质，色泽均匀，无明显凹凸	硬度，7d 膨胀率，最终膨胀率，耐水性

续表

序号	材料名称	抽样数量	外观质量检验	物理性能检验
9	遇水膨胀止水胶	每5t为一批，不足5t按一批抽样	细腻，黏稠、均匀膏状物，无气泡，结皮和凝胶	表干时间，拉伸强度，体积膨胀倍率
10	弹性橡胶密封垫材料	每月同标记的密封垫材料产量为一批抽样	尺寸公差；开裂，缺胶，凹痕，气泡，杂质，明疤	硬度、伸长率，拉伸强度，压缩永久变形
11	遇水膨胀橡胶密封垫胶料	每月同标记的膨胀橡胶产量为一批抽样	尺寸公差；开裂，缺胶，凹痕，气泡，杂质，明疤	硬度、扯断伸长率，拉伸强度，体积膨胀倍率、低温弯折
12	聚合物水泥防水砂浆	每10t为一批，不足10t按一批抽样	干粉类：均匀，无结块；乳胶类：液体经搅拌后均匀无沉淀，粉料均匀，无结块	7d黏结强度,7d抗渗性，耐水性

4.5.6 防水工程试水检查记录

防水工程试水检查记录(范例)见表4-51。

表4-51 防水工程试水检查记录(范例)

工程名称			
施工单位		分包单位	
防水种类		防水等级	
试水部位		试水日期	
试水方法			
检查结果			

建设单位验收结论： 项目专业负责人： 　　年　月　日	施工单位检查结果： 项目专业负责人： 　　年　月　日	分包单位检查结果： 项目专业负责人： 　　年　月　日	监理单位验收结论： 监理工程师： 　　年　月　日

> **特别提示**
>
> （1）屋面防水工程验收时，应检查屋面有无渗漏、给水和排水系统是否通畅，可在雨后或持续淋水 2h 后进行。设计有要求做蓄水检验的屋面，其蓄水时间不应少于 24h；有防水要求的建筑地面，在防水材料铺设后，必须做蓄水检验。蓄水深度应为 20～30mm，24h 内无渗漏为合格。
>
> （2）根据实际蓄水检验情况进行全数检查，可分别按楼栋门或楼层填写。
>
> （3）"试水方法"栏：应注意特殊部位蓄水检查方法，如厕浴间管根处、地漏、屋面细部构造等。

推荐阅读资料

1. 《建设工程施工现场安全资料管理规程》(CECS 266—2009)。
2. 《地下防水工程质量验收规范》(GB 50208—2011)。
3. 《建筑地基基础工程施工质量验收标准》(GB 50202—2018)。
4. 《混凝土强度检验评定标准》(GB/T 50107—2010)。

任务训练

1. 工程质量事故处理过程应提供哪些工程资料？
2. 画出电气安装工艺流程图并添画应收集的施工记录名称。
3. 收集电气分项工程调试方案及相关施工记录。
4. 收集电气安装与土建配合的施工记录。
5. 列出地面防水及节能的施工记录。

4.6 施工试验记录及检验报告

引例

本例侧重讨论施工试验记录及检验报告的分类、整理、使用与归档。

某工程建筑面积为 40 000m²，地下 3 层，地上 26 层。其中控制中心部分机房增设机房专用空调机组。5 层中央控制室采用屋顶式空调机组配低速定风量单风道空调系统。其余房间均采用风冷热泵机组配风机盘管加新风空调系统。根据使用性质将其水系统分为高、低区两部分，1～6 层为低区系统、7～26 层为高区系统，水系统采用二管制，定压罐定压。水泵房、变压器室、配电室、地下 3 层库房、储藏间、走廊及电源电池室设置了机械进、排风系统。3 层的 AFC 主机房设置机械排风系统，5 层的中央控制室和信号设备室也利用机械排风系统进行排风。

本建筑的消防电梯前室和防烟楼梯间设置了机械加压防烟系统。

空调房间室内设计参数见表 4-52。

第4章 施工资料编制与整理

表4-52 空调房间室内设计参数

序号	房间名称	夏季		冬季		新风量 /[m³/(h·p)]
		温度/℃	相对湿度/%	温度/℃	相对湿度/%	
1	中央控制室	25	≤65	20	≥35	40
2	主机房	24	≤65	20	≥35	30
3	信号设备室	24	≤65	20	≥35	30
4	门厅	27	≤65	18	≥35	10
5	办公室	26	≤65	20	≥35	25
6	餐厅	26	≤65	20	≥35	25
7	展厅	26	≤65	20	≥35	15

思考

1. 施工试验记录形成的流程是什么？
2. 工程施工试验记录包括哪些内容？
3. 土建工程施工试验记录包括哪些内容？
4. 建筑给水排水及供暖工程施工试验记录包括哪些内容？
5. 建筑电气工程施工试验记录包括哪些内容？
6. 电梯工程施工试验记录包括哪些内容？
7. 通风与空调工程施工试验记录与土建工程施工试验记录有何联系？

知识链接

图4.8是施工资料管理网络图——施工试验及检测报告。

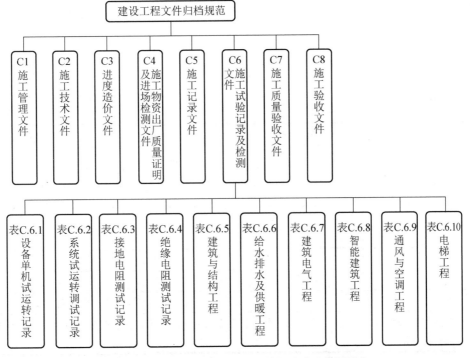

图4.8 施工资料管理网络图——施工试验及检测报告

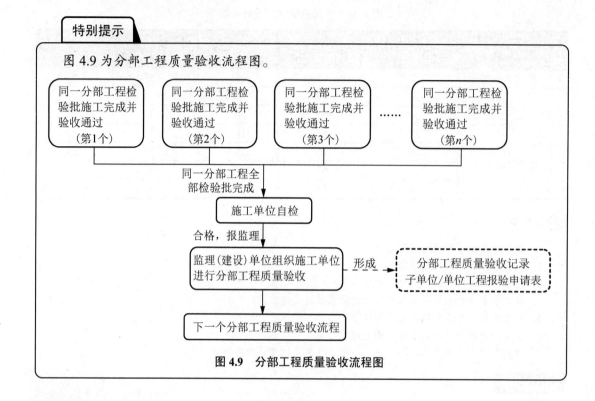

图 4.9 分部工程质量验收流程图

4.6.1 系统试运行记录

表 4-53 是系统试运行记录。

表 4-53 系统试运行记录

系统名称：建筑设备监控系统　　　　　　　　　建设(使用)单位：
施工单位：　　　　　　　　　　　　　　　　　编号：

日期/时间	系统运行情况	备注	值班人
××××年6月6日～××××年7月6日	正常		
值班长签名：		建设单位代表签名：	

注：系统运行情况栏中，注明正常/不正常，并每班至少填写一次；不正常的在备注栏内简明扼要说明情况(包括修复日期)。

4.6.2 施工试验记录

以钢筋连接试验为例,其报告见表 4-54。

表 4-54 钢筋连接试验报告

编号:C6-6-016

工程名称及部位	××大学综合楼地下室框架梁			试件编号			007
委托单位	××建筑工程公司			试验委托人			×××
接头类型	滚轧直螺纹连接			检验形式			—
设计要求接头性能等级	A 级			代表数量			300 个
连接钢筋种类及牌号	HRB400	公称直径		20(mm)	原材试验编号		
操作	×××	来样日期		××年×月×日	试验日期		××年×月×日
接头试件			母材试件		弯曲试件		备注
公称面积 /mm²	抗拉强度 /MPa	断裂特征及位置	实测面积 /mm²	抗拉强度 /MPa	弯心直径	角度	结果	
314.2	595	母材拉断	314.2	600				
314.2	600	母材拉断	314.2	595				
314.2	605	母材拉断	—	—				
结论: 根据 JGJ 107—2016 标准,该接头符合滚轧直螺纹 A 级接头性能。								
批准		审核			试验			
试验单位	××建筑工程公司试验室							
报告日期	××年×月×日							

注:本表建设单位、施工单位、城建档案馆各保存一份。

4.6.3 砌筑砂浆试块强度统计、评定记录

砌筑砂浆试块强度统计、评定记录(范例)见表 4-55。

表 4-55 砌筑砂浆试块强度统计、评定记录(范例)

编号：

工程名称					强度等级			M7.5
施工单位					养护方法			标准养护
统计期					结构部位			主体围护墙
试块组数 n	强度标准值 f_2/MPa		平均值 $f_{2,m}$/MPa		最小值 $f_{2,\min}$/MPa			$0.75 f_2$
8	7.5		11.46		9.1			5.63
每组强度值 /MPa	12.6	10.6	9.8	10.6	14.6	11	9.1	13.4
判定式	$f_{2,m} \geqslant f_2$				$f_{2,\min} \geqslant 0.75 f_2$			
结果	11.46＞7.5				9.1＞5.63			
结论：依据 GB 50203—2011 第 4.0.12 条标准，该砌筑砂浆试块评定为合格。								
批准		审核				统计		
报告日期								

注：本表建设单位、施工单位、城建档案馆各保存一份。

标准规范

4.6.4 混凝土试块强度统计、评定记录

混凝土试块强度统计、评定记录(范例)见表 4-56。

表 4-56 混凝土试块强度统计、评定记录(范例)

编号：C6-13-013

工程名称	×× 干休所				强度等级			C30	
施工单位	×× 工程公司				养护方法			标准养护	
统计期	××年×月×日至××年×月×日				结构部位			主体1～5层墙、柱	
试块组数 n	强度标准值 $f_{cu,k}$/MPa		平均值 $m_{f_{cu,k}}$/MPa		标准值 $s_{f_{cu}}$/MPa		最小值 $f_{cu,min}$/MPa	合格判定系数	
								λ_1	λ_2
13	30		46.52		8.84		36.1	1.7	0.9
每组强度值/MPa	50.4	36.1	40.8	39.4	58	37.7	36.8	57.3	56.7	51.6
	57.5	42.5	39.9							

评定界限	☑统计方法			□非统计方法	
	$1.0 f_{cu,k}$	$m_{f_{cu,k}} - \lambda_1 s_{f_{cu}}$	$\lambda_2 f_{cu,k}$	$1.15 f_{cu,k}$	$0.95 f_{cu,k}$
	30	31.49	27		
判定式	$m_{f_{cu,k}} - \lambda_1 s_{f_{cu}} \geq 1.0 f_{cu,k}$		$f_{cu,min} \geq \lambda_2 f_{cu,k}$	$m_{f_{cu,k}} \geq 1.15 f_{cu,k}$	$f_{cu,min} \geq 0.95 f_{cu,k}$
结果	31.49>30		36.1>27		
结论：该批混凝土符合 GB/T 50107—2010 验评标准，评定为合格。					
批准		审核		统计	
报告日期		××年×月×日			

注：本表建设单位、施工单位、城建档案馆各保存一份。

特别提示

《混凝土强度检验评定标准》(GB/T 50107—2010)中混凝土强度的合格评定系数见表 4-57。

表 4-57 混凝土强度的合格评定系数

试件组数	10~14	15~19	≥20
λ_1	1.15	1.05	0.95
λ_2	0.90	0.85	

4.6.5 结构实体混凝土强度检验记录

以取芯法强度检验为例,结构实体混凝土回弹记录(范例)见表 4-58。

表 4-58 结构实体混凝土回弹记录(范例)

回弹构件抽取最小数量		同一强度等级的混凝土结构实体合格
构件总数量	最小抽样数量	
20 以下	全数	(1) 每个构件应选取不少于 5 个测区进行回弹检测及回弹值计算;
20~150	20	(2) 对同一强度等级的混凝土,应将每个构件 5 个测区中的最小测区平均回弹值进行排序,并在其最小的 3 个测区各钻取 1 个芯样;
151~280	26	
281~500	40	(3) 3 个芯样抗压强度的算术平均值不小于设计要求的混凝土强度等级值的 88%;
501~1 200	64	
1 201~3 200	100	(4) 3 个芯样抗压强度的最小值不小于设计要求的混凝土强度等级值的 80%

特别提示

(1) 同一混凝土强度等级的柱、梁、墙、板,抽取构件最小数量应符合《混凝土强度检验评定标准》(GB/T 50107—2010)中的规定,并应均匀分布。
(2) 不宜抽取截面高度小于 300mm 的梁和边长小于 300mm 的柱。
(3) 楼板构件的回弹检测宜在板底进行。
(4) 芯样应采用带水冷却装置的薄壁空心钻钻取,其直径宜为 100mm,且不宜小于混凝土骨料最大粒径的 3 倍。
(5) 芯样试件的端部宜采用环氧胶泥或聚合物水泥砂浆补平,也可采用硫磺胶泥修补。
(6) 应采用游标卡尺在芯样试件中部互相垂直的两个位置测量直径,取其算术平均值作为芯样试件的直径,精确到 0.1mm。

(7) 应采用钢板尺测量芯样试件的高度,精确至1mm。

(8) 垂直度应采用游标量角器测量芯样试件两个端线与轴线的夹角,精确到0.1°。

(9) 平整度应采用钢板尺或角尺紧靠在芯样试件两个端线与轴线的夹角端面上,一面转动钢板尺或角尺,一面用塞尺测量钢板尺与芯样试件端面之间的缝隙;也可采用其他专用设备测量。

(10) 芯样试件应按现行国家标准《混凝土物理力学性能试验方法标准》(GB/T 50081—2019)中圆柱体试件的规定进行抗压强度试验。

标准规范

4.6.6 风管漏风检测记录

风管漏风检测记录(范例)见表 4-59。

表 4-59 风管漏风检测记录(范例)

编号:C6-56-002

工程名称	××工程	试验日期	××年×月×日
系统名称	送风系统	工作压力/Pa	中压
系统总面积/m²	200	试验压力/Pa	800
试验总面积/m²	200	系统检测分段数	1 段

	分段实测数值			
	序号	分段表面积/m²	试验压力/Pa	实际漏风量/(m³/h)
(示意图:1200×500,800×700,软管,检测设备)	1	200	800	250
	2			
	3			
	4			
	5			

系统允许漏风量/[m³/(m²·h)]	2.71	实测系统漏风量/[m³/(m²·h)]	1.25

检测结论:
检测结果符合设计要求和《通风与空调工程施工质量验收规范》(GB 50243—2016)的规定。

标准规范

签字栏	建设(监理)单位	施工单位		
		专业技术负责人	专业质量员	专业工长

注:本表由施工单位填写并保存。

4.6.7 现场组装除尘器、空调机漏风检测记录

现场组装的除尘器壳体、组合式空调机组应做漏风量的检测,并填写现场组装除尘器、空调机漏风检测记录。

1. 除尘器的安装规定

(1) 型号、规格、进出口方向必须符合设计要求。

(2) 现场组装的除尘器壳体应做漏风量检测,在设计工作压力下允许漏风率为5%,其中离心式除尘器漏风率为3%。

检查方法:按图核对,检查测试记录和观察检查。

(3) 布袋除尘器、电除尘器的壳体及辅助设备接地应可靠。

2. 空调机组的安装规定

(1) 型号、规格、安装方向和技术参数应符合设计要求。

(2) 现场组装的组合式空调机组应做漏风量的检测,其漏风量必须符合现行国家标准《组合式空调机组》(GB/T 14294—2008)的规定。

检查方法:依据设计图核对,检查测试记录。

3. 现场组装除尘器、空调机漏风检测记录填写要点

(1) 工程名称与施工文件一致,且各专业应统一。

(2) 应根据试验的情况如实填写。内容要齐全,不得漏项。应以规程规范为依据,结论要准确。

(3) 签字栏必须本人手签,不得打印或他人代签。

4. 现场组装除尘器、空调机漏风检测记录填写式样

现场组装除尘器、空调机漏风检测记录(范例)见表 4-60。

表 4-60 现场组装除尘器、空调机漏风检测记录(范例)

编号:C6-57-003

工程名称	××工程	分部工程	通风空调
分项工程	除尘	检测日期	××年×月×日
设备名称	××除尘器	型号、规格	×××
总风量/(m³/h)	6 000	允许漏风率/%	6
工作压力/Pa	800	测试压力/Pa	1 000
允许漏风量/(m³/h)	400	实测漏风量/(m³/h)	230
检测记录: 除尘器组装后,漏风检测设备测试打压至工作压力。漏风量在设计允许范围内,证明安装严密。			
检测结论: 检测结果符合设计要求及《通风与空调工程施工质量验收规范》(GB 50243—2016)有关规定。			
签字栏	建设(监理)单位	施工单位		
^	^	专业技术负责人	专业质量员	专业工长

注:本表由施工单位填写并保存。

知识链接

管网风量平衡记录

通风与空调工程无生产负荷联合试运转时,应分系统将同一系统内的各测点的风压、风速、风量进行测试和调整,并填写管网风量平衡记录。

1. 相关规定及要求

(1) 系统各测点的实际与设计风量的相对偏差不应大于10%。

(2) 空调系统各测点调测的单线平面图或透视图,图中应标明系统名称、测点编号、测点位置、风口位置,并注明送风、回风、新风管。

(3) 系统风量调整采用"流量等比分配法"或"基准风口法",从系统最不利环路的末端开始,最后进行总风量的调整。

(4) 系统风量调整平衡后,应能从表中的数据反映出如下内容。

① 风口的风量、新风量、排风量、回风量的实测值与设计值的相对偏差不大于10%。

② 新风量与回风量之和应近似等于总的送风量或各送风量之和。

③ 总的送风量应略大于回风量与排风量之和。

2. 管网风量平衡记录填写说明

(1) 记录内容包括:工程名称、测试日期、系统名称、系统位置、测点编号、风管规格、断面积、平均风压、风速、设计风量($Q_设$)、实际风量($Q_实$)、相对偏差、使用仪器编号等。

(2) 工程名称与施工文件一致,且各专业应统一。

(3) 应根据试验的情况如实填写;内容要齐全,不得漏项;应以规程规范为依据,结论要准确。

(4) 签字栏必须本人手签,不得打印或他人代签。

(5) 管网风量平衡记录的最终目的是比较出实测值与设计值之差。因此,采用风速-风量法测量风压值是必需的。随着科技不断进步,测量仪器不断更新,各种风量测试仪逐渐应用到工程中。若风量测试仪能够直接、有效、准确地测试出风口风量,则风压值一栏可空白不填。

3. 管网风量平衡记录填写式样

管网风量平衡记录(范例)见表4-61。

表4-61 管网风量平衡记录(范例)

编号:C6-76-006

工程名称	××工程				测试日期			××年×月×日	
系统名称	送风系统				系统位置			地下一层	
测点编号	风管规格/(mm×mm)	断面积/m²	平均风压/Pa			风速/(m/s)	风量/(m³/h)		相对偏差	使用仪器编号
			动压	静压	全压		实际风量($Q_实$)	设计风量($Q_设$)		
1	1 000×600	0.6				5	10 800	10 000	8.0%	QY01
2	800×400	0.32				4	4 608	4 377	5.3%	QY01
3	500×320	0.16				3	1 728	1 615	7.0%	QY01

续表

工程名称	××工程			测试日期		××年×月×日			
系统名称	送风系统			系统位置		地下一层			
测点编号	风管规格/(mm×mm)	断面积/m²	平均风压/Pa			风速/(m/s)	风量/(m³/h)		相对偏差	使用仪器编号
			动压	静压	全压		实际风量($Q_实$)	设计风量($Q_设$)		
4										
施工单位										
	审核人			测定人			记录人			

注：本表由施工单位填写并保存。

4.6.8 室内风量温度测量记录

通风与空调工程无生产负荷联合试运转时,应分系统将同一系统内的各房间室内风量、室内房间温度进行测量调整,并填写室内风量温度测量记录。

1. 相关规定

各房间内的风量可在风管内或风口处测量。实测风量与设计风量的相对偏差不应大于10%,"所在房间室内温度"应填写风口所在房间室内温度。房间室内温度应符合设计要求及规范规定。

2. 室内风量温度测量记录填写要点

(1) 记录内容包括：工程名称、测量日期、系统名称、房间(测点)编号、设计风量($Q_设$)、实际风量($Q_实$)、相对偏差、所在房间室内温度等。

(2) 工程名称与施工文件一致,且各专业应统一。

(3) 应根据试验的情况如实填写。内容要齐全,不得漏项。应以规程规范为依据,结论要准确。

(4) 相对偏差计算公式：$\delta = (Q_实 - Q_设)/Q_设 \times 100\%$。

(5) 签字栏必须本人手签,不得打印或他人代签。

3. 室内风量温度测量记录填写式样

室内风量温度测量记录(范例)见表4-62。

表4-62 室内风量温度测量记录(范例)

编号：C6-77-007

工程名称	××工程		测量日期	××年×月×日
系统名称	送风系统		系统位置	地下一层
房间(测点)编号	风量/(m³/h)		相对偏差 $\delta=(Q_实-Q_设)/Q_设 \times 100\%$	所在房间室内温度/℃
	设计风量($Q_设$)	实际风量($Q_实$)		
1	660	720	9.1%	25
2	680	740	8.8%	24

续表

工程名称	××工程		测量日期	××年×月×日
系统名称	送风系统		系统位置	地下一层
房间(测点)编号	风量/(m³/h)		相对偏差 $\delta=(Q_{实}-Q_{设})/Q_{设}\times100\%$	所在房间室内温度/℃
	设计风量 ($Q_{设}$)	实际风量 ($Q_{实}$)		
3	120	135	12.5%	24
4	200	225	12.5%	26
5	750	790	5.3%	24
6	110	100	-9.1%	24
7	100	105	5%	25
施工单位				
测量人		记录人		审核人

注：本表由施工单位填写并保存。

4.6.9 防排烟系统联合试运行记录

在防排烟系统联合试运行和调试过程中，应对测试楼层及其上下两层的防排烟系统中的排烟风口、正压送风系统的送风口进行联动调试，并对各风口的风速、风量和正压送风口的风压进行测量调整，做好记录。

1. 相关规定及要求

防排烟系统联合试运行与调试的结果(风量及风压)，必须符合设计与消防的规定。应按总数抽查10%，且不得少于2个楼层。

2. 防排烟系统联合试运行记录填写说明

(1) 因防排烟系统联合试运行时，只检测风速及风量，故表中"风压"栏可不填。
(2) 表中"电源型式"是指电源是否为末端双路互投电源。

3. 防排烟系统联合试运行记录填写式样

防排烟系统联合试运行记录(范例)见表4-63。

表4-63 防排烟系统联合试运行记录(范例)

编号：C6-76-006

工程名称	××工程		试运行时间		××年×月×日	
试运行项目	防排烟(正压送风)系统		试运行楼层		二、三层楼梯间	
风道类别	结构风道		风机类别型号		×××	
电源型式	220V 消防电源		防火(风)阀类别		自垂百叶	
序号	风口尺寸/mm	风速/(m/s)	风量/(m³/h)		相对偏差	风压/Pa
			设计风量($Q_{设}$)	实际风量($Q_{实}$)		
1	400×200	6.53	1 800	1 881	4.5%	42
2	400×200	6.55	1 800	1 886	4.8%	43

续表

工程名称	××工程		试运行时间	××年×月×日
试运行项目	防排烟(正压送风)系统		试运行楼层	二、三层楼梯间
风道类别	结构风道		风机类别型号	×××
电源型式	220V 消防电源		防火(风)阀类别	自垂百叶
序号	风口尺寸/mm	风速/(m/s)	风量/(m³/h) 设计风量($Q_设$) / 实际风量($Q_实$)	相对偏差	风压/Pa

试运行结论：
系统管路中各防风阀开至最大，经实测各风口风量值基本相同。相对偏差不超过 5%，符合设计和《通风与空调工程施工质量验收规范》(GB 50243—2016)规定。

签字栏	建设(监理)单位	施工单位		
		专业技术负责人	专业质量员	专业工长

注：本表由施工单位填写，建设单位、施工单位、城建档案馆各保存一份。

推荐阅读资料

1. 《建筑节能工程施工质量验收标准》(GB 50411—2019)。
2. 《通风与空调工程施工质量验收规范》(GB 50243—2016)。
3. 《混凝土结构工程施工质量验收规范》(GB 50204—2015)。
4. 《混凝土强度检验评定标准》(GB/T 50107—2010)。

任务训练

1. 填写电梯试运行记录。
2. 列出空调系统有关试验记录。
3. 查阅相关资料，判断已有的结构实体混凝土强度检验记录是否合格？
4. 查阅相关资料，列出室内消防系统试运行记录。
5. 收集实际工程中防排烟系统联合试运行记录。

4.7 施工质量验收资料

引例

本例侧重讨论施工质量验收资料的分类、整理、使用及归档。

德国的建筑水平堪称欧洲生态建筑的领导者,从建筑设计规划,到工程技术、材料应用技术等多方面关注建筑减耗。从外墙保温、先进的门窗系统到采暖和制冷方式的不断改进和创新,系统地做到了建筑减耗。

德国邮政大厦总建筑面积 65 323m^2,高 162.4m,2003 年春季完工交付使用。此工程是绿色建筑、节能建筑、生态建筑、可持续建筑的典型。

该项目选址在德国波恩,位于城市与风景优美的莱茵河河畔公园之间的过渡段。地形因素影响了大厦的外观设计,造就了它流线型的轮廓及错开的壳式造型,同时也决定了连接大厦间公共地区的交通网络,以及把公园和大厦靠近莱茵河的上部平台联接起来的许多阶梯和斜坡。

德国邮政大厦代表了一个新的办公楼设计理念。大厦分为南北两个半壳,中间错开了 7.2m 并通过 9 层的以玻璃为地板的空中花园相连。大厦采用了两组的玻璃墙电梯,不但城市和自然景观一览无余,而且能感受到速度、空间和兴奋混合起来的感觉。通过工程技术的运用,大厦的"元件"同时兼有建筑、结构和机械方面的作用,因此数量可以减到最少。这个项目获得了 2004 年度 AIA(美国建筑师联合会)国家荣誉奖(2004 AIA Honor Awards for Architecture)。

大厦的幕墙系统具有自适应性和可更换性。建筑师通过精心的设计而非额外的技术设备来控制大厦的环境。幕墙通过自然通风、自然采光以及太阳能智能控制系统,达到外部条件与内部舒适度之间的平衡并使所需技术设备最少化,最终达到模拟人体皮肤良好适应性的目的。为了达到这样的效果,大厦采用了双层玻璃幕墙。双层玻璃幕墙系统不仅实现了自然通风、隔声、防雨、防风等功能,还在两层玻璃幕墙之间的缓冲空间内设置了遮阳装置。在温度调节上,空气可以从缓冲空间经过窗户或楼板边缘的特殊细部抽入,再由高架地板内的对流器进行加热或冷却,然后在位移原理的作用下通过沉箱式外露混凝土楼板内的综合管道系统向大厦供暖(或制冷)。

"于风中呼吸"形象地比喻了大厦幕墙空隙和楼内空间的平衡的空气流动。大厦通风系统基于大厦的双层玻璃幕墙系统和整体能源概念,而非额外的补充。大厦无须使用中央机械系统,全年可以通过两个半壳之间的空隙实现通风。办公楼层利用这个空隙作为进气口并以内部空中花园作为排气口,从而省去了送风井,提高大厦的效率。另外,通过把进气装置分散安装在各楼层地板下的标准对流器里,大厦无须设置专门的机械楼层。所有节省下来的费用都用在了补偿大厦复杂的玻璃幕墙所带来的额外花费。

幕墙外层玻璃后面装有风雨防护式遮阳装置,该外层玻璃采用内部充氩双层低铁 Low-e 玻璃,能保证幕墙的高透明度。通过减少外部热辐射及内部的可根据日光自动调节的人工照明控制系统,大厦内部的温度调节可由混凝土天花板内的集成供热制冷系统实现。系统内的管道通过一个热交换器与一个地下水井连接,为大楼提供自然制冷,无须另外使用制冷器。

根据大厦的整体设计,用户可通过对室内温度、空气质量和照明的单独控制达到理想的舒适度。大厦的通风功能不仅减少了机械通风设备,同时还带来了 1 000m^2 的额外可租用空间。此外,由于大厦的设计尽量利用了地下水井及夜间降温冷却等自然冷源,因此即使在炎热的夏天,用户也能实现对各个房间温度与风量的单独控制,这一点在一般的办公楼中并不多见。另外,由于使用了双层玻璃幕墙,40 层以上的用户可自行决定是否需要开窗,而且遮阳效果不会受影响。

思考

1. 施工质量验收记录形成的流程是什么？
2. 施工质量验收记录包括哪些内容？
3. 哪些施工物资需要检验批质量验收记录？
4. 节能分部工程包括哪些分项工程？
5. 主体结构工程包括哪些子分部工程？
6. 建筑装饰装修包括哪些子分部工程？
7. 主体结构、建筑装饰装修与建筑节能分部工程有何联系？
8. 建筑节能工程质量验收资料包括哪些内容？

知识链接

图 4.10 是施工资料管理网络图——施工质量验收资料。

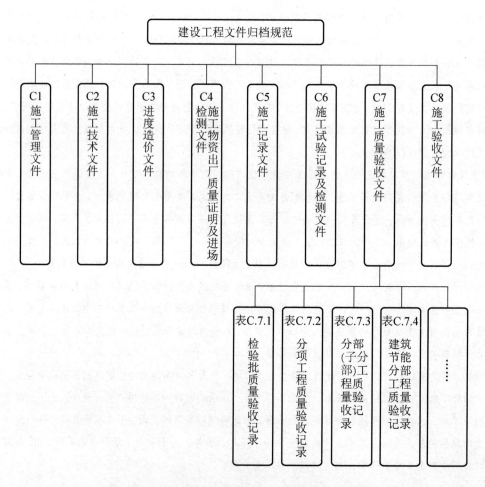

图 4.10　施工资料管理网络图——施工质量验收资料

第4章 施工资料编制与整理

> **特别提示**
>
> 图 4.11 是检验批质量验收流程图。
>
>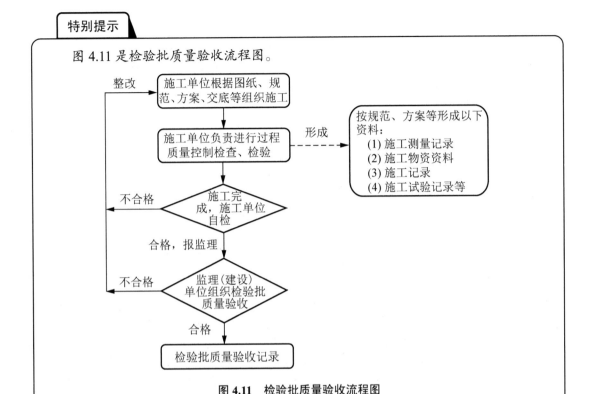
>
> **图 4.11** 检验批质量验收流程图

4.7.1 检验批质量验收记录

1. 验收要求

(1) 检验批合格质量应符合下列规定。

① 主控项目的质量经抽样检验均应合格。

② 一般项目的质量经抽样检验合格。当采用计数抽样时,合格点率应符合有关专业验收规范的规定,且不得存在严重缺陷。对于计数抽样的一般项目,正常检验一次、二次抽样可按《建筑工程施工质量验收统一标准》(GB 50300—2013)附录 D 判定。

③ 具有完整的施工操作依据、质量验收记录。

(2) 主控项目要求。主控项目的条文是必须达到的要求,是保证工程安全和使用功能的重要检验项目,也是对安全、卫生、环境保护和公众利益起决定性作用的检验项目。如果达不到规定的质量指标,降低要求就相当于降低该工程目的性能指标,就会严重影响工程的安全性能;如果提高要求就等于提高性能指标,就会增加工程造价。如混凝土、砂浆的强度等级是保证混凝土结构、砌体工程强度的重要项目,所以必须全部达到要求。

主控项目主要包括如下内容。

① 重要材料、构件及配件、成品及半成品、设备及附件的技术性能等。

② 结构的强度、刚度和稳定性等检验数据、工程性能的检测。

一些重要的允许偏差项目,偏差值必须控制在允许偏差限值之内。

(3) 一般项目要求。一般项目是除主控项目以外的检验项目,其条文也是应该达到的,只不过对不影响工程安全和使用功能的少数条文可以适当放宽一些要求,这些条文虽不像主控项目那样重要,但对工程安全、使用功能、重要部位的美观都是有较大影响的。这些项目在验收时,绝大多数抽查的处(件),其质量指标都必须达到要求,通常不得超过规定值的150%,这样就对工程质量的控制更严格了,进一步保证了工程质量。

2. 检验批质量验收记录填写式样

以装配式结构工程为例,其检验批质量验收记录(范例)见表4-64。

表4-64 装配式结构工程检验批质量验收记录(范例)

编号:C5-26-007

单位(子单位)工程名称			山东智慧建筑中心大厦		分部(子分部)工程名称	混凝土结构	分项工程名称	装配式结构
施工单位					项目负责人		检验批容量	19
分包单位					分包单位项目负责人		检验批部位	⑥~⑦轴楼梯间
施工依据			《混凝土结构工程施工规范》(GB 50666—2011)		验收依据		《混凝土结构工程施工质量验收规范》(GB 50204—2015)	
		验收项目		设计要求及规范规定	最小/实际抽样数量	检查记录		检查结果
主控项目	1	预制构件的质量		第9.2.1条	19	符合规范和设计要求		合格
	2	预制构件结构性能实体检验		第9.2.2条	1	实体检验报告		合格
	3	预制构件的外观质量及尺寸偏差		第9.2.3条	19	符合规范和设计要求		合格
	4	预埋件、预留插筋、预埋管线等规格和数量		第9.2.4条	19	符合设计要求		合格
	5							
	6							
	7							
	8							
一般项目	1	预制构件标识		第9.2.5条	19	标识清晰无误		合格
	2							
	3							
	4							
	5							
施工单位检查结果					专业工长:××× 项目专业质量检查员:××× 年 月 日			
监理单位验收结论					专业监理工程师:××× 年 月 日			

4.7.2 分项工程质量验收记录

分项工程质量验收记录(范例)见表 4-65。

表 4-65 分项工程质量验收记录(范例)

编号：

单位(子单位)工程名称		分部(子分部)工程名称			
分项工程数量		检验批数量			
施工单位		项目负责人		项目技术负责人	
分包单位		分包单位项目负责人		分包内容	
序号	检验批名称	检验批容量	部位/区段	施工单位检查结果	监理单位验收结论
1					
2					
3					
4					
5					
6					
7					
8					
9					
10					
11					
12					
13					
14					
15					
施工单位检查结果		项目专业技术负责人： 年　月　日			
监理单位验收结论		专业监理工程师： 年　月　日			

> **特别提示**
>
> 相关规定及要求如下。
> (1) 分项工程质量验收应符合合格质量的规定。
> (2) 分项工程所含的检验批质量验收记录应完整。
> (3) 核对检验批的部位是否全部覆盖分项工程的范围,有没有缺漏的部位没有验收到。
> (4) 一些在检验批中无法检验的项目,可在分项工程中直接验收,如砖砌体工程中的全高垂直度、砂浆强度的评定等。
> (5) 检查有混凝土、砂浆强度要求的检验批,到龄期后能否达到规范规定。
> (6) 检验批质量验收记录的内容及签字人是否正确、齐全。
> (7) 将检验批的资料统一,依次进行登记整理,方便管理。

4.7.3 分部(子分部)工程质量验收记录

分部(子分部)工程质量验收记录(范例)见表4-66。

表4-66 分部(子分部)工程质量验收记录(范例)

编号:

单位(子单位)工程名称			子分部工程数量		分项工程数量	
施工单位			项目负责人		技术(质量)负责人	
分包单位			分包单位负责人		分包内容	
序号	子分部工程名称	分项工程名称	检验批数量	施工单位检查结果		监理单位验收结论
1						
2						
3						
4						
5						
6						
7						
8						
质量控制资料						
安全和功能检验结果						
观感质量检验结果						
综合验收结论						
施工单位 项目负责人: 年 月 日		勘察单位 项目负责人: 年 月 日		设计单位 项目负责人: 年 月 日		监理单位 总监理工程师: 年 月 日

注:1. 地基与基础分部工程的验收应由施工、勘察、设计单位项目负责人和总监理工程师参加并签字。
2. 主体结构、节能分部工程的验收应由施工、设计单位项目负责人和总监理工程师参加并签字。

第4章 施工资料编制与整理

> **特别提示**
>
> 1. 相关规定及要求
> (1) 分部(子分部)工程所含分项工程的质量均应验收合格。
> (2) 质量控制资料应完整。
> (3) 地基与基础、主体结构和设备安装等分部工程有关安全及功能的检验和抽样检测结果应符合有关规定。
> (4) 观感质量验收应符合要求。
> 2. 填写说明
> (1) 分项工程名称。应按检验批施工先后的顺序,将分项工程名称填写上,在第二格栏内分别填写各分项工程实际的检验批数量,并将各分项评定表按顺序附在表后。
> (2) 质量控制资料。按资料核查的要求逐项进行核查。若能基本反映工程质量情况,达到保证结构安全和使用功能的要求,即可通过验收。全部项目通过,即可在"施工单位检查结果"栏内打"√"标注合格,并送监理单位或建设单位进行验收,监理单位总监理工程师组织审查,在符合要求后,在"监理单位验收结论"栏内签注"同意验收"。
> (3) 安全和功能检验结果。在核查时要注意,在开工之前确定的项目是否都进行了检验;逐一检查每个检测报告,核查每个检测项目的检测方法、程序是否符合有关标准规定;检测结果是否达到规范的要求;检测报告的审批程序、签字是否完整,在每个报告上标注审查同意。每个检测项目都通过审查,即可在"施工单位检查结果"栏内打"√"标注检查合格。检测报告由项目经理送监理单位或建设单位进行验收,监理单位总监理工程师或建设单位项目专业技术负责人组织审查,在符合要求后,在"监理单位验收结论"栏内签注"同意验收"。
> (4) 观感质量检验结果。实际不单是外观质量,还有能启动或试运转的要进行启动或试运转,能打开看的要打开看,有代表性的房间、部位都应走到,并由施工单位项目经理组织进行现场检查,经检查合格后,将施工单位填写的内容填写好,由项目经理签字交监理单位或建设单位进行验收。

4.7.4 建筑节能分部工程质量验收记录

建筑节能分部工程质量验收时须检查以下内容。

1. 设计与施工执行的标准文件

设计与施工执行的标准文件有:经施工图审查机构审查合格,并向建设行政主管部门备案的设计文件;有关标准、规范、规定,以及节能专项施工技术方案和施工工艺、施工技术交底等。

标准规范

2. 材料及构配件出厂质量证明文件、技术性能检测报告、进场验收记录

材料及构配件进场时,生产厂家应提供具有中文标志的出厂合格证、型式检验报告等质量证明文件,并确认其是否与实际进场材料相符;节能工程使用材料及构配件等进场后,施工单位应进行检查,符合要求后填写原材料(构配件)进场验收记录,并报现场项目监理部和建设单位,共同进行进场验收。

3. 材料及构配件的抽检复试报告相关规定

节能子分部或分项工程抽检复试要求见表4-67。

表4-67 节能子分部或分项工程抽检复试要求

序号	子分部或分项名称	抽检复试要求
1	屋面保温工程	① 黏结剂的复试:依据现行国家标准《建筑胶粘剂试验方法 第1部分:陶瓷砖胶粘剂试验方法》(GB/T 12954.1—2008)的规定进行抽样复试
		② 保温或隔热材料的复试
2	外墙外保温工程	① 复合保温墙体和外墙外保温等的材料进场后应以300m³为一批进行检验,不足300m³也应按一个批计算,每批抽检不应少于3组,对其密度、压缩(10%)强度、阻燃(自熄)性、导热系数、尺寸稳定性等项目进行抽样复试
		② 聚苯板薄抹灰外墙外保温系统产品必须提供有效的耐候性试验报告及系统性能检测报告
		③ 黏结剂依据现行国家标准进行抽样复试
		④ 7层以上建筑节能工程应提供外墙保温板的黏结强度、锚栓拉拔强度的抽检报告
		⑤ 节点与细部加强层(网格布、钢网、钢板网)的耐碱度和抗拉强度的复试
3	外门窗、幕墙及玻璃工程	进入现场的外门窗、幕墙应进行抗风压性能、空气渗透性能、雨水渗漏性能和保温性能等级等项目的抽样复试,确认符合设计及规范要求后才能使用在工程上
4	地面保温工程	隔热材料、浇喷材料进场后应进行验收,并对其密度、压缩(10%)强度、导热系数、阻燃性进行抽样复试

4. 各分项工程的隐蔽验收记录

以下分项工程应根据发生项目按有关规定及要求填写隐蔽工程验收记录。

(1) 屋面保温工程。
(2) 外墙保温工程。
(3) 门窗及玻璃安装工程。
(4) 幕墙工程。
(5) 非采暖公共间保温工程。
(6) 地面保温工程。

5. 各检验批、分项、子分部的验收记录

(1) 建筑节能分部工程质量验收表(范例)见表4-68。

表 4-68 建筑节能分部工程质量验收表(范例)

工程名称	山东智慧建筑中心大厦	结构类型	框架-剪力墙结构	层数	19
施工单位	山东智慧建筑公司	技术部门负责人	×××	质量部门负责人	×××
分包单位	/	分包单位负责人	/	分包技术负责人	/
序号	分项工程名称	验收结论	监理工程师签字		备注
1	墙体节能工程	合格	×××		
2	幕墙节能工程	合格	×××		
3	门窗节能工程	合格	×××		
4	屋面节能工程	合格	×××		
5	地面节能工程	合格	×××		
6	供暖节能工程	合格	×××		
7	通风与空调节能工程	合格	×××		
8	空调与供暖系统的冷热源及管网节能工程	合格	×××		
9	配电与照明节能工程	合格	×××		
10	监测与控制节能工程	合格	×××		
11	地源热泵换热系统节能工程	合格	×××		
12	太阳能光热系统节能工程	合格	×××		
13	太阳能光伏节能工程	合格	×××		
	质量控制资料	合格	×××		
	外墙节能构造现场实体检验	合格	×××		
	外窗气密性现场实体检测	合格	×××		
	系统节能性能检测	合格	×××		
验收结论		合格			
其他参加验收人员	×××				
验收单位	分包单位：/		项目经理：/		
	施工单位：山东智慧建筑公司		项目经理：×××　××年××月××日		
	设计单位：中国智慧建筑设计公司		项目负责人：×××　××年××月××日		
	监理(建设)单位：山东智慧监理公司		总监理工程师： (建设单位项目负责人)：　年　月　日		

分项工程质量验收汇总表见表 4-69。

表 4-69 分项工程质量验收汇总表

工程名称			检验批数量	
设计单位			监理单位	
施工单位		项目经理		项目技术负责人
分包单位		分包单位负责人		分包项目经理
序号	检验批部位、区段、系统		施工单位检查评定结果	监理(建设)单位验收结论
1				
2				
3				
4				
5				
6				
7				
8				
9				
10				
11				
12				
13				
14				
15				
施工单位检查结论: 项目专业质量(技术)负责人: 年　月　日			验收结论: 监理工程师: (建设单位项目专业技术负责人) 年　月　日	

(2) 屋面节能工程检验批质量验收(范例)见表 4-70。

表 4-70　屋面节能工程检验批质量验收(范例)

工程名称	山东智慧建筑中心大厦		分项工程名称		屋面节能工程	验收部位		屋面保温隔热
施工单位		山东智慧建筑公司			专业工长	××	项目经理	××
施工执行标准名称及编号		《建筑节能工程施工质量验收标准》(GB 50411—2019)						
分包单位		/			分包项目经理	/	施工班组长	××
		验收规范规定			施工单位检查评定记录		监理(建设)单位验收记录	
主控项目	1	保温隔热材料品种、规格		第7.2.1条	抽查7处,全部合格		核查质量记录和现场检查合格	
	2	性能复验		第7.2.2条	核查质量证明文件及进场复验报告,合格			
	3			第　条				
	4			第　条				
	5			第　条				
	6			第　条				
	7			第　条				
	8			第　条				
	9			第　条				
	10			第　条				
一般项目	1	保温隔热层松散材料		第7.3.1条	抽查10处,全部合格			
	2			第　条				
	3			第　条				
	4			第　条				

施工单位检查结果

　　项目专业质量检查员:×××
　　(项目技术负责人):×××　　　　　　　　　　年　月　日

监理(建设)单位验收结论

　　监理工程师:×××
　　(建设单位项目专业技术负责人):×××　　　　年　月　日

推荐阅读资料

1. 《建筑工程施工质量验收统一标准》(GB 50300—2013)。
2. 《建设工程质量管理条例》。
3. 《建筑给水排水及采暖工程施工质量验收规范》(GB 50242—2002)。

任务训练

1. 列出节能分部工程所包括的分项工程。
2. 填写墙体节能工程质量验收记录。
3. 填写门窗节能工程质量验收记录。
4. 填写屋面节能工程质量验收记录。
5. 填写采暖节能工程质量验收记录。

4.8 竣工验收资料

引例

本例侧重讨论竣工验收资料的分类、整理、保管与移交。

泰安市某购物中心为钢结构，总建筑面积为 25 570m²，主体为 3 层钢框架结构，局部为 4 层，檐口总高度为 19m。框架钢柱为焊接箱型柱，钢梁为焊接 H 型钢梁，楼面为压型钢板与混凝土叠合楼板，外墙面为压型彩板，主钢构件材质为 Q345，檩条采用 Q235C 型薄壁型钢。

思考

1. 竣工验收资料形成的流程是什么？
2. 竣工验收资料包括哪些内容？
3. 竣工验收资料涉及的单位有哪些？
4. 钢结构工程包括哪些分项工程？

第4章 施工资料编制与整理

知识链接

图4.12是施工资料管理网络图——竣工验收资料。

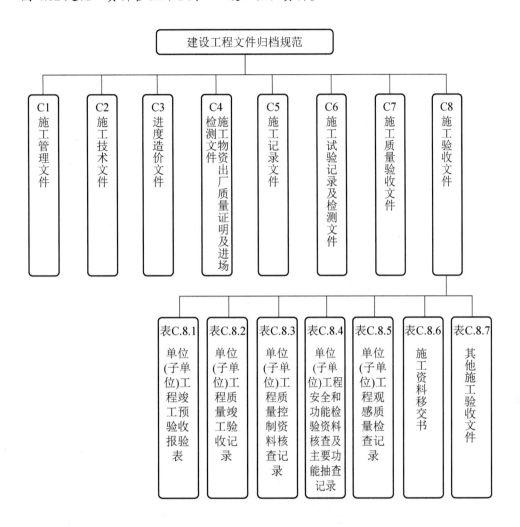

图4.12 施工资料管理网络图——竣工验收资料

> **特别提示**
>
> 图 4.13 是分部工程质量验收流程图。

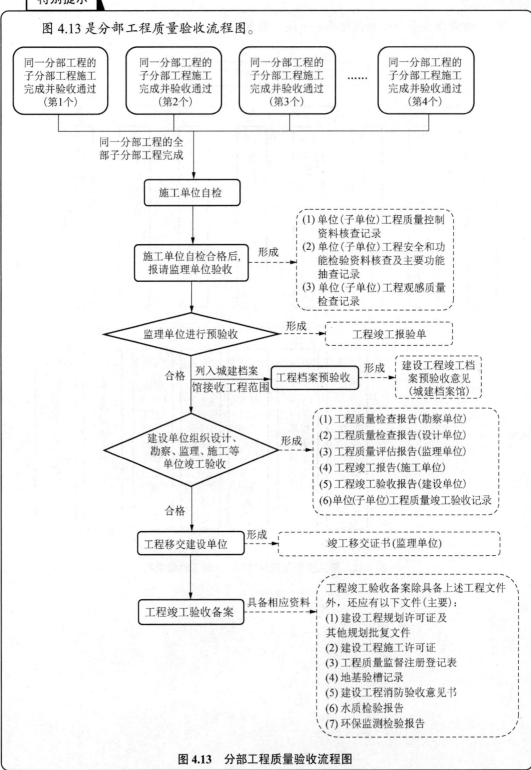

图 4.13　分部工程质量验收流程图

4.8.1 单位(子单位)工程竣工预验收报验文件

1. 工程竣工报告

建设工程质量施工单位(竣工)报告的封面及建设工程质量自查情况表分别见表 4-71 和表 4-72。

表 4-71 建设工程质量施工单位(竣工)报告的封面

  建设工程质量施工单位(竣工)报告   工程名称：_____ 施工总承包单位：_____ 年　　月　　日

表 4-72 建设工程质量自查情况表

序号	项目	验收项目情况	验收结论
1	质量控制资料	共_____项，经核查符合规范要求_____项	
2	分部工程	共_____项，自查_____项，符合强制性标准及设计要求_____项	
3	主要建筑材料、构配件自检	共____项，自检复试符合要求_____	
4	安全、功能检查(检测)报告	地基基础____份，符合要求____份； 主体结构____份，符合要求____份； 重要设备____份，符合要求____份	
5	住宅工程抗裂措施落实情况	落实项目符合要求_____项	
6	观感质量自检情况	应得分____，实得分____，得分率____	
7	使用功能自检措施		
公司生产部门意见	(公章)	公司质量部门意见	(公章)
此工程我单位按合同约定及设计文件要求进行了精心施工，并于____年____月____日全部完成，经单位自查该工程质量达到竣工要求，现工程已具备验收条件			
施工单位负责人		项目经理签名	
监理单位意见		总监理工程师签名	

2. 工程质量验收证明书(地基、基础、主体)

工程质量验收证明书(地基、基础、主体)的封面及工程质量验收情况表分别见表 4-73 和表 4-74。

表 4-73　工程质量验收证明书(地基、基础、主体)的封面

工程质量验收证明书(地基、基础、主体)

单位工程名称：_____

建筑面积：_____

结构类型、层数：_____

施工单位名称：_____

××市建设工程质量监督管理总站监制

表 4-74　工程质量验收情况表

工程各方意见	勘察单位： 项目负责人(签字)：　　　　技术负责人(签字)： 　　　　　　　　　　　　　　　　　　　　　年　月　日 　　　　　　　　　　　　　　　　　　　　勘察单位(公章)
	设计单位： 设计项目负责人(签字)： 　　　　　　　　　　　　　　　　　　　　　年　月　日 　　　　　　　　　　　　　　　　　　　　设计单位(公章)
	施工单位： 项目经理(签字)：　　　　总工程师(签字)： 　　　　　　　　　　　　　　　　　　　　　年　月　日 　　　　　　　　　　　　　　　　　　　　施工单位(公章)
	监理单位： 总监理工程师(签字)： 　　　　　　　　　　　　　　　　　　　　　年　月　日 　　　　　　　　　　　　　　　　　　　　监理单位(公章)

验收单位(建设单位)意见：

　　该工程(地基、基础、主体)部位验收程序和内容严格按有关法律、法规和验收标准进行，验收结果

_____

_____

_____

项目负责人(签字)：

　　　　　　　　　　　　　　　　　　　　　　　　　　年　月　日

　　　　　　　　　　　　　　　　　　　　　　　　　建设单位(公章)

4.8.2 单位(子单位)工程验收记录

1. 单位(子单位)工程质量竣工验收记录

单位(子单位)工程质量竣工验收记录是指单位工程完成后,施工单位经自行组织人员进行检查验收,质量等级达到合理标准,并经项目监理机构复查认定质量等级合格后,向建设单位提交竣工验收报告及相关资料,由建设单位组织单位工程验收的记录。

2. 单位(子单位)工程质量验收合格应符合的规定

(1) 单位(子单位)工程所含分部(子分部)工程的质量均应验收合格。

(2) 质量控制资料应完整。

(3) 单位(子单位)工程所含分部(子分部)工程有关安全、节能、环境保护和主要使用功能的检验资料应完整。

(4) 主要使用功能项目的抽查结果应符合相关专业质量验收规范的规定。

(5) 观感质量验收应符合要求。

3. 单位(子单位)工程质量竣工验收记录填写说明

单位(子单位)工程质量竣工验收记录(范例)见表 4-75。

表 4-75 单位(子单位)工程质量竣工验收记录(范例)

工程名称		结构类型		层数/建筑面积	
施工单位		技术负责人		开工日期	
项目负责人		项目技术负责人		完工日期	
序号	项目	验收记录		验收结论	
1	分部工程验收	共　　分部,经核查符合设计及标准规定　　项			
2	质量控制资料核查	共　　项,经核查符合规定　　项			
3	安全和使用功能核查及抽查结果	共核查　　项,符合规定　　项,共抽查　　项,符合规定　　项,经返工处理符合规定　　项			
4	观感质量验收	共抽查　　项,达到"好"和"一般"的　　项,经返工处理符合要求的　　项			
综合验收结论					
参加验收单位	建设单位	监理单位	施工单位	设计单位	勘察单位
	(公章) 项目负责人: 年 月 日	(公章) 总监理工程师: 年 月 日	(公章) 项目负责人: 年 月 日	(公章) 项目负责人: 年 月 日	(公章) 项目负责人: 年 月 日

注:单位工程验收时,验收签字人员应由相应单位的法人代表书面授权。

4.8.3 质量控制资料核查记录

单位(子单位)工程质量控制资料核查记录(范例)见表 4-76。

表 4-76 单位(子单位)工程质量控制资料核查记录(范例)

工程名称		山东智慧建筑中心大厦		施工单位	山东智慧建筑公司	
序号	项目	资料名称	份数	施工单位		监理单位
				核查意见	核查人	核查意见	核查人
1	建筑与结构	图纸会审记录、设计变更通知单、工程洽商记录	12	设计变更通知单、工程洽商记录齐全		合格	
2		工程定位测量、放线记录	76	定位测量准确、放线记录齐全		合格	
3		原材料出厂合格证书及进场检验、试验报告	160	水泥、钢筋、防水材料等有出厂合格证书及复试报告		合格	
4		施工试验报告及见证检测报告	155	钢筋连接、混凝土抗压强度试验报告等符合要求,且按30%进行见证取样		合格	
5		隐蔽工程验收记录	121	隐蔽工程验收记录齐全		合格	
6		施工记录	183	地基验槽、钎探、预检等记录齐全		合格	
7		地基、基础、主体结构检验及抽样检测资料	20	基础、主体经监督部门检验,其抽样检测资料符合规范要求		合格	
8		分项、分部工程质量验收记录	57	质量验收符合规范规定		合格	
9		工程质量事故调查处理资料		无工程质量事故		合格	
10		新技术论证、备案及施工记录	15	大体积混凝土施工记录齐全		合格	
1	给水排水与供暖	图纸会审记录、设计变更通知单、工程洽商记录	5	工程洽商记录齐全、清楚		合格	
2		原材料出厂合格证书及进场检验、试验报告	63	合格证书齐全、有进场检验报告		合格	
3		管道、设备强度试验、严密性试验记录	7	强度试验记录齐全符合要求		合格	
4		隐蔽工程验收记录	36	隐蔽工程验收记录齐全		合格	
5		系统清洗、灌水、通水、通球试验记录	55	灌水、通水等试验记录齐全		合格	
6		施工记录	38	各种预检记录齐全		合格	
7		分项、分部工程质量验收记录	14	质量验收符合规范规定		合格	
8		新技术论证、备案及施工记录	5	各种记录齐全		合格	

续表

工程名称		山东智慧建筑中心大厦		施工单位		山东智慧建筑公司	
序号	项目	资料名称	份数	施工单位		监理单位	
				核查意见	核查人	核查意见	核查人
1	通风与空调	图纸会审记录、设计变更通知单、工程洽商记录	3	工程洽商记录齐全、清楚		合格	
2		原材料出厂合格证书及进场检验、试验报告	16	合格证书齐全、有进场检验报告		合格	
3		制冷、空调、水管道强度试验、严密性试验记录	19	制冷、空调、水管道记录齐全		合格	
4		隐蔽工程验收记录	26	隐蔽工程验收记录齐全		合格	
5		制冷设备运行调试记录	38	各种调试记录符合要求		合格	
6		通风、空调系统调试记录	62	通风、空调系统调试记录正确		合格	
7		施工记录	38	预检记录符合要求		合格	
8		分项、分部工程质量验收记录	19	质量验收符合规范规定		合格	
9		新技术论证、备案及施工记录	3	各种记录齐全		合格	
1	建筑电气	图纸会审记录、设计变更通知单、工程洽商记录	4	工程洽商记录齐全、清楚		合格	
2		原材料出厂合格证书及进场检验、试验报告	16	材料、主要设备出厂合格证书齐全,有进场检验报告		合格	
3		设备调试记录	155	设备调试记录齐全		合格	
4		接地、绝缘电阻测试记录	78	接地、绝缘电阻测试记录齐全符合要求		合格	
5		隐蔽工程验收记录	19	隐蔽工程验收记录齐全		合格	
6		施工记录	29	各种预检记录齐全		合格	
7		分项、分部工程质量验收记录	9	质量验收符合规范规定		合格	
8		新技术论证、备案及施工记录	2	各种记录齐全		合格	
1	智能建筑	图纸会审记录、设计变更通知单、工程洽商记录	3	工程洽商记录、竣工图及设计说明齐全		合格	
2		原材料出厂合格证书及进场检验、试验报告	26	材料、设备出厂合格证书及技术文件齐全,有进场检验报告		合格	
3		隐蔽工程验收记录	33	隐蔽工程验收记录齐全		合格	
4		施工记录	57	各种预检记录齐全		合格	
5		系统功能测定及设备调试记录	26	系统功能测定及设备调试记录齐全		合格	
6		系统技术、操作和维护手册	5	有系统技术、操作和维护手册		合格	
7		系统管理、操作人员培训记录	9	有系统管理、操作人员培训记录		合格	
8		系统检测报告	33	系统检测报告齐全符合要求		合格	
9		分项、分部工程质量验收记录	27	质量验收符合规范规定		合格	
10		新技术论证、备案及施工记录	10	各种记录齐全		合格	

续表

工程名称		山东智慧建筑中心大厦		施工单位		山东智慧建筑公司	
序号	项目	资料名称	份数	施工单位		监理单位	
				核查意见	核查人	核查意见	核查人
1	建筑节能	图纸会审记录、设计变更通知单、工程洽商记录	6	工程洽商记录、竣工图及设计说明齐全		合格	
2		原材料出厂合格证书及进场检验、试验报告	18	材料、设备出厂合格证书及技术文件齐全，有进场检验报告		合格	
3		隐蔽工程验收记录	12	隐蔽工程验收记录齐全		合格	
4		施工记录	36	各种预检记录齐全		合格	
5		外墙、外窗节能检验报告	7	外墙、外窗节能检验报告齐全符合要求		合格	
6		设备系统节能检测报告	9	设备系统节能检测报告齐全符合要求		合格	
7		分项、分部工程质量验收记录	11	质量验收符合规范规定		合格	
8		新技术论证、备案及施工记录	3	各种记录齐全		合格	
1	电梯	图纸会审记录、设计变更通知单、工程洽商记录	2	安装中无设计变更		合格	
2		设备出厂合格证书及开箱检验记录	7	设备合格证书齐全，有开箱检验记录		合格	
3		隐蔽工程验收记录	11	隐蔽工程验收记录齐全		合格	
4		施工记录	27	各种施工记录齐全		合格	
5		接地、绝缘电阻试验记录	30	电阻值符合要求，记录齐全		合格	
6		负荷试验、安全装置检查记录	19	检查记录符合要求		合格	
7		分项、分部工程质量验收记录	19	质量验收符合规范规定		合格	
8		新技术论证、备案及施工记录	2	各种记录齐全		合格	

结论：

施工单位项目负责人： 　　　　　　总监理工程师：

　　　　　　　　　　　　　　　　　　　年　月　日　　　　　　　　年　月　日

特别提示

(1) 本表由施工单位按照所列质量控制资料的种类、名称进行检查并填写份数，然后提交给监理单位进行验收。

(2) 单位(子单位)工程质量控制资料是单位工程综合验收的一项重要内容,是单位工程的分项工程中检验批主控项目、一般项目要求内容的汇总表。

(3) 本表内容由监理单位进行核查,并填写具体核查意见,如"合格",具体核查人在"核查人"栏签字。

(4) 总监理工程师在"结论"栏里填写综合性结论。

(5) 施工单位项目负责人在"结论"栏里签字确认。

4.8.4 单位(子单位)工程安全和功能检验资料核查及主要功能抽查记录

单位(子单位)工程安全和功能检验资料核查及主要功能抽查记录(范例)见表 4-77。

表 4-77 单位(子单位)工程安全和功能检验资料核查及主要功能抽查记录(范例)

工程名称				施工单位			
序号	项目	安全和功能检查项目	份数	核查意见		抽查结果	核查(抽查)人
1	建筑与结构	地基承载力检验报告	5	检验报告齐全符合要求		合格	
2		桩基承载力检验报告	7	检验报告齐全符合要求		合格	
3		混凝土强度试验报告	11	试验报告齐全符合要求		合格	
4		砂浆强度试验报告	9	试验报告齐全符合要求		合格	
5		主体结构尺寸、位置抽查记录	17	抽查记录齐全		合格	
6		建筑物垂直度、标高、全高测量记录	6	记录符合测量规范要求		合格	
7		屋面淋水或蓄水试验记录	3	试验记录齐全		合格	
8		地下室渗漏水检测记录	6	检测记录齐全		合格	
9		有防水要求的地面蓄水试验记录	21	厕浴间防水记录齐全		合格	
10		抽气(风)道检查记录	3	检查记录齐全		合格	
11		外窗气密性、水密性、耐风压性检测报告	9	"三性"检测报告符合要求		合格	
12		幕墙气密性、水密性、耐风压性检测报告	11	"三性"检测报告符合要求		合格	
13		建筑物沉降观测测量记录	5	记录符合要求		合格	
14		节能、保温测试记录	7	测试记录符合要求		合格	
15		室内环境检测报告	8	有害物指标满足要求		合格	
16		土壤氡气浓度检测报告	2	检测报告齐全符合要求		合格	

续表

工程名称				施工单位			
序号	项目	安全和功能检查项目	份数	核查意见	抽查结果	核查(抽查)人	
1	给排水与供暖	给水管道通水试验记录	20	通水试验记录齐全	合格	
2		暖气管道、散热器压力试验记录	26	压力试验记录齐全	合格	
3		卫生器具满水试验记录	27	满水试验记录齐全	合格	
4		消防管道、燃气管道压力试验记录	33	压力试验记录符合要求	合格	
5		排水干管通球试验记录	19	试验记录齐全	合格	
6		锅炉试运行、安全阀及报警联动测试记录	6	测试记录齐全	合格	
1	通风与空调	通风、空调系统试运行记录	7	符合要求	合格	
2		风量、温度测试记录	9	有不同风量、温度测试记录	合格	
3		空气能量回收装置测试记录	9	测试记录符合要求	合格	
4		洁净室洁净度测试记录	5	测试记录符合要求	合格	
5		制冷机组试运行调试记录	6	机组试运行调试正常	合格	
1	建筑电气	建筑照明通电试运行记录	6	试运行记录齐全	合格	
2		灯具固定装置及悬吊装置的载荷强度试验记录	11	试验记录符合要求	合格	
3		绝缘电阻测试记录	17	测试记录符合要求	合格	
4		剩余电流动作保护器测试记录	9	测试记录齐全符合要求	合格	
5		应急电源装置应急持续供电记录	7	检验记录齐全	合格	
6		接地电阻测试记录	12	测试记录齐全符合要求	合格	
7		接地故障回路阻抗测试记录	12	测试记录齐全符合要求	合格	
1	智能建筑	系统试运行记录	7	系统试运行记录齐全	合格	
2		系统电源及接地检测报告	5	检测报告符合要求	合格	
1	建筑节能	外墙节能构造检查记录或热工性能检验报告	7	检验报告符合要求	合格	
2		设备系统节能性能检查记录	3	检查记录齐全符合要求	合格	
1	电梯	运行记录	6	运行记录符合要求	合格	
2		安全装置检测报告	5	安全装置检测报告齐全	合格	

结论：

施工单位项目负责人：　　　　　　　　　　　总监理工程师：

　　　　　　年　月　日　　　　　　　　　　　　　　年　月　日

注：抽查项目由验收组协商确定。

> **特别提示**
>
> (1) 本表由施工单位按所列内容进行检查并填写份数后,提交给监理单位。
> (2) 本表内容由总监理工程师或施工单位项目负责人组织核查、抽查,并由监理单位填写核查意见和抽查结果。如条件具备,核查、抽查应在分部工程验收时进行。分部工程验收时凡已经做过安全和功能检测项目,单位工程竣工验收时不再重复检测,只核查检测报告是否符合有关规定。
> (3) 施工验收时应对需满足安全和使用功能的项目进行强化验收,对主要项目进行抽查记录,填写该表。
> (4) 本表经监理单位核查和抽查合格,由总监理工程师在表中"结论"栏填写综合性验收结论,并由施工单位项目负责人签字确认。

4.8.5 单位(子单位)工程观感质量检查记录

单位(子单位)工程观感质量检查记录(范例)见表 4-78。

表 4-78 单位(子单位)工程观感质量检查记录(范例)

工程名称		山东智慧建筑中心大厦	施工单位	山东智慧建筑公司
序号		项 目	抽查质量状况	质量评价
1	建筑与结构	主体结构外观	共检查15点, 好14点, 一般1点, 差0点	好
2		室外墙面	共检查15点, 好13点, 一般2点, 差0点	好
3		变形缝、雨水管	共检查15点, 好14点, 一般1点, 差0点	好
4		屋面	共检查10点, 好8点, 一般2点, 差0点	好
5		室内墙面	共检查20点, 好17点, 一般3点, 差0点	好
6		室内顶棚	共检查10点, 好5点, 一般5点, 差0点	好
7		室内地面	共检查10点, 好8点, 一般2点, 差0点	好
8		楼梯、踏步、护栏	共检查15点, 好12点, 一般3点, 差0点	好
9		门窗	共检查20点, 好17点, 一般3点, 差0点	好
10		雨罩、台阶、坡道、散水	共检查10点, 好8点, 一般2点, 差0点	好
1	给排水与供暖	管道接口、坡度、支架	共检查10点, 好9点, 一般1点, 差0点	好
2		卫生器具、支架、阀门	共检查10点, 好7点, 一般3点, 差0点	好
3		检查口、扫除口、地漏	共检查10点, 好5点, 一般5点, 差0点	好
4		散热器、支架	共检查10点, 好5点, 一般5点, 差0点	好

续表

工程名称		山东智慧建筑中心大厦		施工单位	山东智慧建筑公司
序号		项目	抽查质量状况		质量评价
1	通风与空调	风管、支架	共检查15点， 好13点， 一般2点， 差0点		好
2		风口、风阀	共检查15点， 好13点， 一般2点， 差0点		好
3		风机、空调设备	共检查15点， 好13点， 一般2点， 差0点		好
4		管道、阀门、支架	共检查15点， 好13点， 一般2点， 差0点		好
5		水泵、冷却塔	共检查10点， 好9点， 一般1点， 差0点		好
6		绝热	共检查15点， 好13点， 一般2点， 差0点		好
1	建筑电气	配电箱、盘、板、接线盒	共检查12点， 好11点， 一般1点， 差0点		好
2		设备器具、开关、插座	共检查12点， 好11点， 一般1点， 差0点		好
3		防雷、接地、防火	共检查12点， 好11点， 一般1点， 差0点		好
1	智能建筑	机房设备安装及布局	共检查10点， 好10点， 一般0点， 差0点		好
2		现场设备安装	共检查10点， 好10点， 一般0点， 差0点		好
1	电梯	运行、平层、开关门	共检查10点， 好9点， 一般1点， 差0点		好
2		层门、信号系统	共检查10点， 好9点， 一般1点， 差0点		好
3		机房	共检查10点， 好9点， 一般1点， 差0点		好
观感质量综合评价			好		
结论：质量评价为好，观感质量验收合格 施工单位项目负责人：××× ××年×月×日				总监理工程师：××× ××年×月×日	

注：1. 对质量评价为差的项目应进行返修。
　　2. 观感质量现场检查原始记录应作为本表附件。

特别提示

(1) 本表由总监理工程师组织参加验收的各方代表，按照表中所列内容，共同实施检查，协商得出质量评价、综合评价和结论。

(2) 工程观感质量检查是工程竣工后进行的一项重要验收工作，是对工程的一个全面检查。单位工程的观感质量检查，分为"好""一般""差"3个等级，检查的方法、程序及标准等与分部工程相同，属于综合性验收。

(3) 参加验收的各方代表，经共同检查确认没有影响结构安全和使用功能等问题，可共同商定评价意见。评价为"好"或"一般"的项目由总监理工程师在"结论"栏内填写验收结论。

(4) 如有被评价为"差"的项目，则属不合格项目，应返工修理，重新验收时在"抽查质量状况"栏中填写具体数据。

第4章 施工资料编制与整理

推荐阅读资料

1. 《智能建筑工程质量验收规范》(GB 50339—2013)。
2. 《建筑工程施工质量验收统一标准》(GB 50300—2013)。
3. 《城市消防规划规范》(GB 51080—2015)。

任务训练

1. 列出钢结构工程竣工验收资料。
2. 填写钢结构构件制作与安装中的施工记录。
3. 列出钢结构工程安全和功能检验资料。
4. 分析钢结构分部工程与钢筋混凝土结构分部工程竣工验收资料的异同点。

小 结

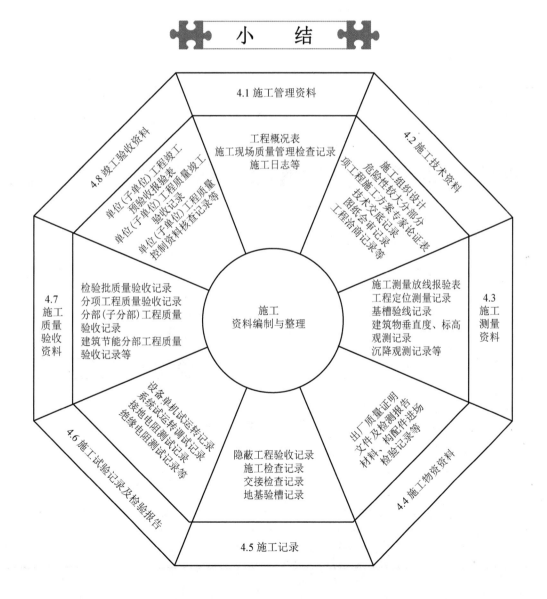

能力拓展

1. 收集分包单位资质报审表，并分析监理单位相关资料，找出联系点。
2. 收集某分项工程见证试验检测汇总表，尝试汇总子分部工程。
3. 拟建一别墅，试完成施工资料归档的目录。
4. 对应本章内容，填写学习效果自我检测记录表。

学习效果自我检测记录表

领域	层次		
	初级	中级	高级
理论认知	了解	运用	综合
岗位技能	模仿	应用	创造
职业情感	激情	心境	热情

5. 在学习过程中，不仅要注重沟通能力的训练，团队合作学习，更要加强个人工程实践经验的积累。伴随着理论知识的学习，自觉及时记录课后实践将促进职业能力的提升。

课后实践记录表

实践分项	时间段	实践要点	见证人及联络方式
工地考察		工程名称、工程所在地	
沟通能力训练		沟通对象、沟通内容、沟通效果	
内业资料管理		收集、分类、整理、组卷、归档	
小组合作学习		分工负责情况及合作成效	
实践中遭遇的问题		视具体情况填写，着眼于发现问题、分析问题及解决问题	
其他		其他	

第 5 章　工程竣工验收资料编制与整理

思维导图

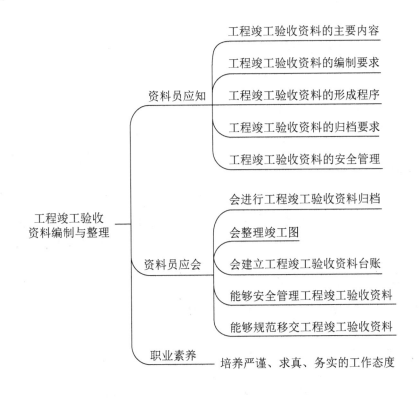

学习性工作任务

工程背景

山东智慧建筑中心大厦应用多项建筑新技术、新工艺，倾力打造节能、环保、绿色建筑。其建筑层数为地下3层，地上16层，建筑面积22 780m²，工程造价9 889万元。2016年2月26日开工建设，2017年7月竣工交付，成为当地智慧建筑标志性学习交流中心。

工作准备

1. 每组档案盒5套，A4纸、口取纸及其他零星资料、装订工具若干。
2. 工程竣工验收空白表格齐全。
3. 每组工程图纸1套。
4. 复印归档的工程竣工验收资料1套。
5. 工程资料管理软件1～3套。

工作任务

结合工程背景提供的信息，模拟资料员，完成以下任务。
(1) 依据规范，对竣工图和工程竣工验收资料进行分类，列出目录，并整理在相应档案盒内。
(2) 以小组为单位，分工合作完成单位工程基建文件、竣工图和工程竣工验收资料的归档和移交。

教学建议

该任务是工程竣工验收资料管理，教师在结合案例教学基础上，深化"教学做一体化"，整理出一套工程竣工验收资料作为学习成效的佐证。

建议分组教学，两组为一个组合，分以相同工程竣工验收资料，相互检验为宜。

引例

教师提供智慧工程竣工案例，学生负责整理竣工资料，并协助工程部按规范移交工作资料入城建档案馆。

特别注意，入档目录明细及归档资料的规范性。

思考

1. 竣工图和工程竣工验收资料包括哪些内容？
2. 竣工图和工程竣工验收资料涉及的相关方有哪些？
3. 工程影音资料包括哪些载体？
4. 工程竣工验收及备案资料与施工资料、监理资料组卷有何联系与区别？
5. 工程竣工验收资料形成的流程是什么？

第 5 章 工程竣工验收资料编制与整理

> **推荐阅读资料**

1. 《建设工程文件归档规范(2019 年版)》(GB/T 50328—2014)。
2. 《技术制图 复制图的折叠方法》(GB/T 10609.3—2009)。
3. 《建筑工程资料管理规程》(JGJ/T 185—2009)。

5.1 竣 工 图

5.1.1 竣工图概述

1. 竣工图的概念

设计单位在施工图设计完成之后,最终将施工图交付给建设单位通过招投标所选择的施工单位组织实施,施工单位在施工过程中难免会因为原材料、工期、气候、使用功能、施工技术等因素的制约而对施工图进行变更、修改。因此,工程竣工后,就必须由各专业施工技术人员,按有关设计变更文件和工程洽商记录,遵循一定的法则对施工图进行改绘,使竣工后建筑实体和施工图相符。经过这样改绘的,真实反映建筑实体施工结果的图样称为竣工图。

2. 竣工图的内容

竣工图应按单位工程,并根据专业系统地进行分类和整理,包括以下内容。

(1) 工程总体布置图、位置图,地形复杂者应附竖向布置图。

(2) 建筑竣工图、幕墙竣工图。

(3) 结构竣工图、钢结构竣工图。

(4) 建筑给水、排水与采暖竣工图、通风空调竣工图。

(5) 建筑电气竣工图、燃气竣工图、消防竣工图。

(6) 电梯竣工图、智能建筑竣工图(综合布线、保安监控、电视天线、火灾报警、气体灭火等)。

(7) 地上部分的道路、绿化、庭院照明、喷泉、喷灌等竣工图。

(8) 地下部分的各种市政、电力、电信管线等竣工图。

3. 竣工图的作用

竣工图作用包括以下内容。

(1) 竣工图是进行管理维修、改建、扩建的技术依据。

工程项目在开始建设时,一般要通过查阅原工程竣工图或实地调查,来了解周围工程的概况。特别是在敷设地下管线或进行隐蔽工程维修时,一定要通过竣工图来掌握原地下管线的走向、管径、标高和转折点、交叉点的详细位置。因使用功能上的需要进行改建、扩建就必须通过竣工图弄清楚原工程的基础及结构形式，如该楼是框架结构还是砖混结构，对于砖混结构要拆除某砖墙就必须考虑此墙是承重墙还是非承重墙，基础是否能再承受扩建或加层后的荷载等，否则盲目地拆除承重墙或者加层增加楼房自重都是非常危险的，必将造成重大安全隐患。另外，随着生产的发展、居民生活水平的提高和建筑物使用年限的延长，必将对原有建筑的电线电缆、给排水管线等进行维修增容，因而也必须通过完整、准确的竣工图来获得原有的管线走向、位置、管沟大小等，从而做好此项工作。

(2) 竣工图是城市规划、建设等工作的重要依据。

随着城市现代化程度的不断提高，地下管线密如蛛网，各种隐蔽工程越来越多，在城市规划、建设工作中，特别是在城市的地下建筑和地下管线空间的规划中，完整、准确的竣工图是必不可少的基础资料。例如，城市规划要布设管线，若没有竣工图或竣工图不准确，新的管线可能会规划在同一位置，因此施工时可能会发生挖断光缆、电力电缆、输水管线等事故，造成经济损失和人员伤亡。所以，必须借助竣工图来合理地安排新建地下建筑物和地下管线的布置，协调新旧建筑物之间、工程项目计划与城市规划之间、各类管线之间的相互关系，以实现城市规划、建设的有序进行。

(3) 竣工图是司法鉴定裁决的法律凭证。

竣工图是工程质量及安全事故纠纷处理的重要技术依据。对于一个重大的工程质量事故的技术鉴定，首先要对工程图纸进行核对，检查施工单位是否严格按图施工，有变更的部位是否经过设计同意，签字手续是否完备，其次才是对设计计算、原材料是否合格、施工过程是否符合规范要求的检查。

(4) 竣工图是工程决算的依据。

竣工图能准确定位已完成的工程量，复核认定已完工程量的真实性，正确判定变更项目的合理性和合规性。

(5) 竣工图是抗震、防灾、战后恢复重建的重要保障。

5.1.2 竣工图的编制要求及绘制规定

1. 竣工图的类型

根据工程的实际情况和绘制竣工图的方法不同，可以把竣工图的类型分为以下 4 种。

(1) 利用施工蓝图改绘的竣工图。

(2) 在硫酸纸图上修改晒制的竣工图。

(3) 重新绘制的竣工图。

(4) 用 CAD 绘制的竣工图。

2. 竣工图的编制要求

(1) 竣工图应按照单位工程并根据专业的不同进行编制。

(2) 一般性的图纸变更，编制单位可根据设计变更依据，在施工图上直接改绘。

(3) 在结构形式、工艺、平面布置、项目等方面发现的重大改变或变更部分不能在原施工图上改绘的，应重新绘制竣工图，加盖竣工图章。重新绘制的图纸必须有图名和图号，图号可按原图编号。

(4) 用于改绘竣工图的图纸，必须是新蓝图或绘图仪绘制的白图，不得使用旧图或复印的图纸。

(5) 各专业竣工图必须编制图纸目录，作废的图纸在目录上划掉，补充的图纸必须在目录上列出图名和图号，加盖竣工图章和由相关人员亲自签署姓名。

(6) 竣工图必须符合有关制图标准的要求，绘制的竣工图必须准确、清楚、完整，能够真实地反映工程实际情况。

3. 竣工图的绘制规定

竣工图的绘制规定主要有以下几个方面。

(1) 按图施工没有变动的，由竣工图编制单位在施工图上加盖竣工图章后，即可作为竣工图。

(2) 在施工中虽有一般性设计变更，但能将施工图加以修改、补充即可反映工程实际情况，并符合技术图样改绘方法的，可不重新绘制竣工图，由编制单位负责在施工图上修改，加盖修改专用章和竣工图章后，即可作为竣工图；或在修改部位说明设计变更通知单编号，同时在图的空白位置汇总标出设计变更通知单的各编号，附上设计变更通知单和施工说明等，经施工单位或设计单位核对与工程实际无误，加盖竣工图章后，即可作为竣工图。该方法节约人力物力，简单易行，是一种编制竣工图行之有效的方法。这种方法适用于工程变更不大，经过修改后就能反映工程实际情况时使用。

(3) 结构形式改变、工艺改变、平面布置改变、项目改变或有其他重大修改的，以及图面变更面积超过35%的，不宜在施工图上修改、补充内容，应重新绘制竣工图，经施工单位或设计单位核对与工程实际无误后，按原图编号，末尾加注"竣"字，或在新图图标栏内注明"竣工阶段"，加盖竣工图章后，方可作为竣工图。

(4) 引进工程的竣工图，应在外商提供的最终版施工图上按实际修改，经外商审核后加盖竣工图章，方可作为竣工图。竣工图章的基本内容应包括，"竣工图"字样、施工单位、编制人、审核人、技术负责人、编制日期、监理单位、总监理工程师、监理工程师。竣工图章尺寸为50mm×80mm，样式如图5.1所示。

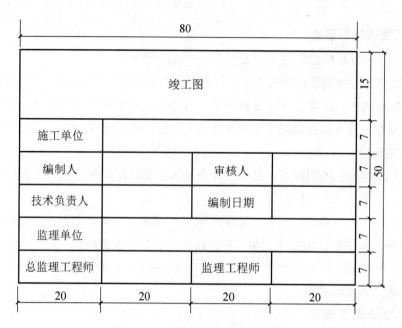

图 5.1 竣工图章样式(单位：mm)

> **特别提示**
>
> **绘制竣工图应注意的几个问题**
>
> (1) 未采用或全改的施工蓝图不归档，但应修改设计目录。
>
> (2) 有变更的施工图按照前面规定的改绘方法修改后，必须经过施工单位的技术负责人和审核人校对审核，再送监理单位经总监理工程师和现场监理审阅无误后，加盖规定的竣工图章并签字视为竣工图。
>
> (3) 竣工图章必须使用不易褪色的红色印泥盖在图标栏的上方空白处或者其他空白处。当图面内容饱和时可盖在图签的背面。
>
> (4) 在蓝图上改绘竣工图，各专业图样都必须相应地修改，使各个专业的衔接关系相互吻合。
>
> (5) 不得把洽商纪要或附图贴在原设计图上作为竣工图，也不许把洽商纪要原封不动地抄在原图上，应该画图的，一定要用图形符号、线条表达清楚，便于直观看图。画图所使用的图形符号必须符合国家制图标准，禁止徒手绘图。
>
> (6) 编绘竣工图所使用的图样必须是新晒制的蓝图，反差要明显。计算机出图必须清晰，不得使用计算机出图的复印件。使用的墨水必须是碳素墨水，字体要求仿宋体或者楷体，严禁草字、错别字。
>
> (7) 编绘的内容不要出图框线，图样封面、目录均加盖竣工图章。
>
> (8) 在施工蓝图上改绘竣工图，严禁刮改、涂抹，要能反映设计原貌。
>
> (9) 凡修改处，必须注明变更的依据、出处。例如，此处变更见×年×月×日变更第×条。

知识链接

改绘竣工图主要有以下几种方法。

(1) 杠改法。具体做法是用细实线划去不需要的条款或需要变更的部分，该方法适用于钢筋型号改动、尺寸改动或有关文字说明需要取消的条款的修改。

(2) 叉改法。该方法适用于在图面上局部取消部分的修改。

(3) 补图法。补图法有两种情况：一种是原图补图；另一种是指定图号补图。原图补图就是直接在原图上画出需要增加的内容，当需要增加处空白图面不够时，可以采用结点引出法，画到本张图的其他空白处。当本张图需要补充的地方空白图面不够时，可以用结点引出符号引补到该专业图样的其他张页上。补图法适用于在蓝图上局部增加的图面不大的情况。

(4) 注改法(加写说明法)。该方法适用于设计说明、材料做法等能用一句话说明问题的变更，要求语句精练、逻辑条理清楚。

5.2 竣工验收与备案文件

5.2.1 工程竣工验收应具备的条件

工程项目的竣工验收是全面检查合同执行情况，检验工程施工质量的重要环节。建设工程项目竣工后由建设单位会同勘察、设计、施工、监理单位及工程质量监督部门，对该项目是否符合规划设计要求，以及工程项目质量和技术资料进行全面审查验收工作，取得竣工合格资料、数据和凭证。如果工程项目已达到竣工验收标准，就可以进行竣工交接。

建设单位在收到施工单位提交的工程竣工报告(范例见表 5-1)，并具备以下条件后，方可组织勘察、设计、施工、监理等单位有关人员进行竣工验收。

(1) 完成工程设计和合同约定的各项内容。

(2) 施工单位在工程完工后对工程质量进行了检查，确认工程质量符合有关法律、法规和工程建设强制性标准的规定，符合设计文件及合同要求，并提出工程竣工报告。工程竣工报告应经项目经理和施工单位有关负责人审核签字。

(3) 对于委托监理的工程项目，监理单位对工程进行了质量评估，具有完整的监理资料，并提出工程质量评估报告(范例见表 5-2)。工程质量评估报告应经总监理工程师和监理单位有关负责人审核签字。

(4) 勘察、设计单位对勘察、设计文件及施工过程中由设计单位签署的设计变更通知单进行了检查,并提出质量检查报告。质量检查报告应经该项目勘察、设计负责人和勘察、设计单位有关负责人审核签字。工程勘察质量检查报告(范例)见表5-3,工程设计质量评估报告(范例)见表5-4。

(5) 有完整的技术档案和施工管理资料。

(6) 有工程使用的主要建筑材料、建筑构配件和设备的进场试验报告,以及工程质量检测和功能性试验资料。

(7) 建设单位已按合同约定支付工程款。

(8) 有施工单位签署的建筑工程质量保修书,建筑工程质量保修书(范例)见表5-5。

(9) 对于住宅工程,进行分户验收并验收合格,建设单位按户出具住宅工程质量分户验收表。

(10) 建设行政主管部门及工程质量监督机构责令整改的问题全部整改完毕。

(11) 法律、法规规定的其他条件。

表5-1　工程竣工报告(范例)

工程名称：山东智慧建筑中心大厦　　　　　　　　　　　　　　　　　　　编号：E1-001

建筑面积	22 780m²	建筑层数	地下3层，地上16层
工程地点	智慧路267号	工程造价	9 889万元
建设单位	山东智慧建筑中心	勘察单位	中国智慧勘察公司
设计单位	中国智慧建筑设计公司	监理单位	山东智慧监理公司
施工单位	山东智慧建筑公司		
建设单位：山东智慧建筑中心 本单位确认： 一、完成工程设计和合同约定的各项内容； 二、建设行政主管部门及工程质量监督机构责令整改的问题全部整改完毕； 三、对工程质量进行了全面检查,工程质量符合有关法律、法规和工程建设强制性标准的规定,符合设计文件及合同要求,工程质量达到合格标准(见附件单位工程质量综合评定表)； 四、技术资料完整,主要建筑材料、建筑构配件和设备的进场试验报告齐全； 五、已签署建筑工程质量保修书(验收时送贵单位)； 六、其他。 本单位认为工程已具备竣工验收条件,请你单位办理相关手续,于××××年7月17日进行竣工验收。 施工单位：山东智慧建筑公司　　　项目经理：(签名)××× 企业技术负责人：(签名)×××　　法人代表：(签名)××× 　　　　　　　　　　　　　　　　　　　　　　　　　　　××××年7月11日			
总监理工程师签署意见	工程已具备竣工验收条件,同意于××××年7月17日进行竣工验收。 总监理工程师：(签名)×××(公章)　　　　　　　　　　××××年7月11日		

第5章 工程竣工验收资料编制与整理

表5-2 工程质量评估报告(范例)

工程名称：山东智慧建筑中心大厦　　　　　　　　　　　　　　　　　编号：E1-002

建筑面积	22 780m²	建筑层数	地下3层，地上16层
工程地点	智慧路267号	工程造价	9 889万元
建设单位	山东智慧建筑中心	勘察单位	中国智慧勘察公司
设计单位	中国智慧建筑设计公司	监理单位	山东智慧监理公司
施工单位	山东智慧建筑公司		
监理组织和实施： 　　施工现场设立了监理部，总监理工程师×××、总监理工程师代表×××、专业监理工程师×××、×××、监理员×××、……，施工现场不少于2名监理人员，本工程实行了全过程施工监理。			
监理技术资料： 　　监理规划1份、监理细则16份、见证取样和送检方案21份、监理通知单17份、会议纪要17份、监理月报17份。			
施工单位质量行为： 　　质量保证体系较健全，按照设计及施工质量验收规范要求组织施工，对施工过程中经检查要求整改的施工质量问题进行了认真整改，最终达到了《建筑工程施工质量验收统一标准》要求的合格工程。			
材料构配件、设备质量： 　　质量保证、控制资料齐全，均为合格产品。本单位工程质量保证、控制资料共计277份，其中25项安全和功能检测资料均为合格。			
工程实体质量： 　　本工程所含分部工程共10个，均评定为合格工程，其中分项工程共66个，验收评定为合格工程；检验批278个，验收评定为合格工程。观感质量符合要求，质量等级验收评定为合格。			
单位工程综合评价： 　　所含分部工程的质量验收合格，质量控制资料完整；所含分部工程有关安全和功能检测资料完整，主要功能的抽查结果符合相关专业质量验收规范规定；观感质量符合要求，故本单位工程验收为合格工程，并同意交付使用，请业主组织验收。			
监理单位(盖章)　　　总监理工程师：(签名)×××　　　法人代表：(签名)×××			

表5-3 工程勘察质量检查报告(范例)

编号：E1-003

工程名称	山东智慧建筑中心大厦	工程用途	办公
建筑面积	22 780m²	结构类型	框架-剪力墙
桩基类型	预应力管桩	基础类型	筏板基础
勘察单位	中国智慧勘察公司	监理单位	山东智慧监理公司
施工单位	山东智慧建筑公司	桩基分包单位	无
勘察质量检查情况	勘察执行标准：《岩土工程勘察规范》 勘察主要成果：查明场址地质条件 建议采用桩基：预应力管桩　　实际采用桩基：预应力管桩 桩基荷载试验情况：极限承载力×××kN 施工关键阶段核查意见：进行了地质验槽，实际工程地质条件与勘察报告相符 勘察质量检查意见：实际工程地质条件与勘察报告相符		
	勘察项目负责人：(签名)×××　　　　技术负责人：(签名) ××× 法人代表：(签名)×××(单位公章)　　　　日期：××××年7月12日		

表5-4 工程设计质量评估报告(范例)

编号：E1-004

工程名称	山东智慧建筑中心大厦	工程用途	办公
建筑面积	22 780m²	结构类型	框架-剪力墙
设计单位	中国智慧建筑设计公司	监理单位	山东智慧监理公司
施工图审批意见	符合规范要求	结构使用年限	50年
施工单位(总包)	山东智慧建筑公司	主要分包单位	/
设计质量检查情况	法律、法规执行情况：符合要求 强制性条文执行情况：符合要求 单位资质等级、设计人员资格和质量控制情况：符合要求 设计深度：符合要求 建筑平面布置和建筑外观是否符合设计：符合要求 施工关键部位核查意见：符合要求 设计项目负责人：(签名)×××　　技术负责人：(签名)××× 法人代表：(签名)×××(单位公章)　　　　日期：××××年7月12日		

表 5-5 建筑工程质量保修书(范例)

编号：E1-005

一、工程质量保修范围和内容

发包人、承包人根据《中华人民共和国建筑法》《建设工程质量管理条例》和《房屋建筑工程质量保修办法》，经协商一致，对山东智慧建筑中心大厦(工程全称)签订建筑工程质量保修书。
  承包人在质量保修期内，按照有关法律、法规、规章的管理规定和双方约定，承担本工程质量保修责任。
  质量保修范围包括地基基础工程，主体结构工程，屋面防水工程，有防水要求的卫生间、房间和外墙面的防渗漏，供热与供冷系统，电气管线、给排水管道、设备安装和装修工程，以及双方约定的其他项目。具体保修的内容，双方约定如下：_____
_____。

二、质量保修期
双方根据《建设工程质量管理条例》及有关规定，约定本工程的质量保修期如下： (1) 地基基础工程和主体结构工程，为设计文件规定的该工程合理使用年限； (2) 屋面防水工程，有防水要求的卫生间、房间和外墙面的防渗漏为 5 年； (3) 电气管线、给排水管道、设备安装和装修工程为 2 年； (4) 供热与供冷系统为 2 个采暖期、供冷期； (5) 住宅小区内的给排水设施、道路等配套工程为 2 年； (6) 其他项目保修期限约定如下：_____ _____。 质量保修期自工程竣工验收合格之日起计算
三、质量保修责任

(1) 属于保修范围、内容的项目，承包人应当在接到保修通知之日起 7 天内派人保修。承包人不在约定期限内派人保修的，发包人可以委托他人修理。
  (2) 发生紧急抢修事故的，承包人在接到事故通知后，应当立即到达事故现场抢修。
  (3) 对于涉及结构安全的质量问题，应当按照《房屋建筑工程质量保修办法》的规定，立即向当地建设行政主管部门报告，采取安全防范措施；由原设计单位或者具有相应资质等级的设计单位提出保修方案，承包人实施保修。
  (4) 质量保修完成后，由发包人组织验收

四、保修费用
保修费用由造成质量缺陷的责任方承担
五、其他
双方约定的其他工程质量保修事项：_____ _____
本建筑工程质量保修书，由施工合同发包人、承包人双方在竣工验收前共同签署，作为施工合同附件，其有效期限至保修期满。
发包人(公章)：   承包人(公章)： 法定代表人：(签名)×××   法定代表人：(签名)××× ××××年××月××日   ××××年××月××日

> 知识链接

建筑工程质量保修书

建筑工程实行质量保修制度。建筑工程施工单位在向建设单位提交工程竣工报告时，应当向建设单位出具建筑工程质量保修书。建筑工程质量保修书中应当明确建筑工程的保修范围、保修期限和保修责任等。

建筑工程的保修范围应当包括地基基础工程、主体结构工程、屋面防水工程和其他土建工程，以及电气管线、上下水管线的安装工程，供热与供冷系统工程等项目；保修期限应当按照保证建筑物在合理使用年限内正常使用设置。建筑物在合理使用年限内必须保证地基基础和主体工程质量。建筑工程竣工时，屋顶、墙面不得留有渗漏、开裂等质量缺陷。

建筑工程的保修期，自工程竣工验收合格之日起计算。保修期的起始日是工程竣工验收合格之日，是指建设单位收到工程竣工报告后，组织设计、施工、监理、勘察等有关单位进行竣工验收，验收合格各方签收竣工验收文本的日期。

房屋建筑工程在保修范围和保修期限内发生质量缺陷，施工单位应当履行保修义务。

对在保修期限和保修范围内发生质量问题的，一般应先由建设单位组织勘察、设计、施工、监理等单位分析产生质量问题的原因，确定保修方案，由施工单位负责保修。但当问题严重和紧急时，不管是什么原因造成的，均先由施工单位履行保修义务，不得推诿。对引起质量问题的原因则实事求是，科学分析，分清责任，按责任大小由责任方承担不同比例的经济赔偿。

这里的损失，既包括因工程质量问题造成的直接损失，即用于返修的费用，又包括间接损失，如给使用人或第三人造成的财产或非财产损失等。

5.2.2 工程竣工验收的程序

工程竣工验收一般分为两个阶段进行。

1. 竣工初验收的程序

当单位工程达到竣工验收条件后，施工单位应在自查、自评工作完成后，填写单位工程竣工验收报审表，并将全部竣工资料报送项目监理机构，申请竣工验收。总监理工程师应组织各专业监理工程师对竣工资料及各专业工程的质量情况进行全面检查，对检查出的问题，应督促施工单位及时整改。对需要进行功能试验的项目(包括单机试车和无负荷试车)，监理工程师应督促施工单位及时进行试验，并对重要项目进行督促、检查，必要时请建设单位和设计单位参加；监理工程师应认真审查试验报告单并督促施工单位搞好成品保护和现场清理。

经项目监理机构对竣工资料及实物进行全面检查、验收合格后，由总监理工程师签署单位工程竣工验收报审表，并向建设单位提出质量评估报告。

2. 正式验收的程序

建设单位收到工程竣工报告后,应由建设单位(项目)负责人组织勘察、施工(含分包单位)、设计、监理等单位(项目)负责人和其他有关方面的专家组成验收组,制定验收方案,并在工程竣工验收 7 个工作日前将验收的时间、地点及验收组名单书面通知负责监督该工程的工程质量监督机构。建设单位应按下列要求组织竣工验收。

(1) 建设、勘察、设计、施工、监理单位分别汇报工程合同履约情况和在工程建设各个环节执行法律、法规和工程建设强制性标准的情况。

(2) 审阅建设、勘察、设计、施工、监理单位的工程档案资料。

(3) 实地查验工程质量。

(4) 对工程勘察、设计、施工、设备安装质量和各管理环节等方面做出全面评价,形成经验收组人员签署的工程竣工验收意见。

当参与工程竣工验收的建设、勘察、设计、施工、监理等各方不能形成一致意见时,应当协商提出解决的方法,或请当地建设行政主管部门或工程质量监督机构协调处理,待意见一致后,重新组织工程竣工验收。

单位工程由分包单位施工时,分包单位对所承包的工程项目应按规定的程序检查评定,总包单位应派人参加。分包工程完成后,分包单位应将工程有关资料交总包单位。在一个单位工程中,对满足生产要求或具备使用条件,施工单位已预验,监理工程师已初验通过的子单位工程,建设单位可组织验收。由几个施工单位负责施工的单位工程,当其中某个施工单位所负责的子单位工程已按设计完成,经自行检验合格,也可组织正式验收,办理交工手续。在整个单位工程进行全部验收时,已验收的子单位工程验收资料应作为单位工程验收的附件。

在竣工验收时,对于某些剩余工程和缺陷工程,在不影响交付的前提下,经建设单位、设计单位、施工单位和监理单位协商,施工单位可在竣工验收后的限定时间内完成。建筑工程需验收合格后,方可交付使用。

5.2.3 工程竣工验收报告与验收证明书

1. 工程竣工验收报告

工程竣工验收合格后,建设单位应当及时提出工程竣工验收报告(范例见表 5-6)。工程竣工验收报告主要包括工程概况,建设单位执行基本建设程序情况,对工程勘察、设计、施工、监理等方面的评价,工程竣工验收时间、程序、内容和组织形式,工程竣工验收意见等内容。

工程竣工验收报告还应附有下列文件。

(1) 施工许可证。

(2) 施工图设计文件审查意见。

(3) 监理单位出具的工程质量评估报告,勘察单位出具的工程勘察质量检查报告,施工单位签署的建筑工程质量保修书。

(4) 法规、规章规定的其他有关文件。

表 5-6 工程竣工验收报告(范例)

工程名称：山东智慧建筑中心大厦　　　　　　　　　　　　　　　　　　编号：E1-006

建筑面积	22 780m²	建筑层数	地下3层，地上16层
工程地点	智慧路267号	工程造价	9 889万元
建设单位	山东智慧建筑中心	勘察单位	中国智慧勘察公司
设计单位	中国智慧建筑设计公司	监理单位	山东智慧监理公司
施工单位	山东智慧建筑公司		

验收组成员[姓名、工作单位、职务、职称(专业)]

	验收组职务	姓名	工作单位	职务	职称(专业)
验收组成员	组长	×××	山东智慧建筑中心	项目负责人	工程师(土建)
	副组长	×××	山东智慧监理公司	总监	监理工程师
		×××	中国智慧建筑设计公司	总工	一级建筑师
	其他成员	×××	山东智慧建筑公司	技术负责人	一级建造师
		×××	中国智慧勘察公司	项目经理	一级建造师
		×××	山东智慧建筑中心	业主代表	工程师
		×××	山东智慧监理公司	监理工程师	工程师(安装)

验收情况(验收程序、验收标准、分组情况、验收内容、检查方式)：

1. 验收程序
(1) 建设单位主持验收会议。
(2) 建设、勘察、设计、施工、监理单位介绍工程合同履约情况和在工程建设各个环节执行法律、法规和工程建设强制性标准的情况。
(3) 审阅建设、勘察、设计、施工、监理单位的工程档案资料。
(4) 验收组实地查验工程质量。
(5) 验收组发表意见，形成工程竣工验收意见并签名。

2. 验收标准
国家的强制性标准，现行质量检验评定标准，施工质量验收规范，经审查通过的设计文件及有关法律、法规、规章和规范性文件的规定。

3. 分组情况
分土建、水电(消防、设备)安装、工程资料审查三个验收组。

4. 验收内容
由建设单位组织勘察、施工、设计、监理等单位和其他有关方面的专家进行工程验收，对工程实物及技术资料进行全面检查。

5. 检查方式
屋面、地下室、室外工程：全方位检查。
室内：楼梯全查，一、三、五、九、十二、十五、十六层。
检查情况已有记录人和查验人签字。
对建设各环节等方面做出全面评价，形成经验收组人员签署的工程竣工验收意见。

续表

验收组评定意见	
技术资料审核情况	技术资料完整，该工程质量保证资料、隐蔽工程验收记录、检验批验收记录、分部分项工程验收记录均与工程同步且翔实齐全。
现场实体检测情况	根据工程实际情况对现场实体工程质量进行了全面检查和部分检测，核查工程安全和功能检验资料均符合质量验收规范，符合有关方面的法律、法规和工程建设强制性标准的规定，符合设计文件及合同要求。
观感质量评价	工程观感质量共检查15项，每项抽查5~10个点，均能满足质量验收规范。各分部工程的观感质量均评定为好[检查标准：每个检查项目的检查点按"好""一般""差"给出评价，项目检查点95%及其以上达到"好"，其余检查点达到"一般"的为一档，取100%的标准分值；项目检查点"好"的达到80%及其以上但不足90%，其余检查点达到"一般"的为二档，取85%的标准分值；检查方法：观察辅以必要的量测和检查分部(子分部)工程质量验收记录，进行分析计算]。
验收组评定意见	
工程质量验收结论	该工程建设、勘察、设计、施工、监理单位的相关管理行为及勘察、设计、施工、设备安装质量符合有关法律、法规和国家施工质量验收规范的规定；符合设计文件及合同要求；工程资料完整、真实、有效。同意验收。
验收组签字	

2. 竣工验收证明书

竣工验收证明书见表5-7。

表5-7 竣工验收证明书

施工许可证号：　　　　　　　　　　　　　　　　　　　　　编号：

工程名称		建筑面积		层数		工程地点	
结构类型		工程造价				开工日期	
						竣工日期	
工程内容及检查情况							
验收意见	验收日期：　　年　　月　　日						
	建设单位	监理单位		设计单位		勘察单位	施工单位
	项目负责人：	总监理工程师：		项目负责人：		项目负责人：	单位负责人：
	(公章)	(公章)		(公章)		(公章)	(公章)

3. 工程质量验收证明书

工程质量验收证明书(地基基础、主体)的封面及资料表格形式如图5.2所示。

工程质量验收证明书(地基基础、主体)

单位工程名称：_____
建筑面积：_____
结构类型、层数：_____
施工单位名称：_____

工程各方意见	勘察单位： 项目负责人：　　　　　　技术负责人： 勘察单位部门(公章)　　　　　　年　月　日
	设计单位： 项目负责人：　　　　　　总工程师： 设计单位部门(公章)　　　　　　年　月　日
	施工单位： 项目经理：　　　　　　总工程师： 施工单位部门(公章)　　　　　　年　月　日
	监理单位： 总监理工程师： 监理单位部门(公章)　　　　　　年　月　日

验收单位(建设单位)意见：
该工程(地基基础、主体)部位验收程序和内容严格按有关法律、法规和验收标准进行，验收结果：_____

项目负责人：
　　　　年　月　日
建设单位部门(公章)

××市建设工程质量监督管理总监站监制

图 5.2　工程质量验收证明书(地基基础、主体)的封面及资料表格形式

5.2.4 竣工验收备案书

1. 竣工验收备案程序

(1) 单位工程竣工验收 7 日前，建设单位到承接监督该工程的工程质量监督机构工程竣工验收备案管理部门领取建设工程竣工验收备案表。

(2) 自工程竣工验收合格之日起 15 个工作日内，建设单位将建设工程竣工验收备案表一式两份和竣工验收备案文件报送工程竣工验收备案管理部门，经备案工作人员初审验证符合要求后，在表中备案意见栏加盖"备案文件收讫"章。

(3) 工程质量监督机构在工程竣工验收合格后 5 个工作日内，向工程竣工验收备案管理部门报送工程质量监督报告。

(4) 备案管理部门负责人审阅建设工程竣工验收备案表和竣工验收备案文件，符合要求后，在表中备案意见栏填写"准予该工程竣工验收备案"意见，加盖"工程竣工验收备案专用章"。监督管理费结算完毕后，备案管理部门将备案表一份发给建设单位，一份备案表及全部竣工验收备案文件和工程质量监督报告留存档案。

(5) 建设单位报送的建设工程竣工验收备案表和竣工验收备案文件如不符合要求，备案工作人员应填写备案审查记录表，提出文件存在的问题，双方签字后，交建设单位修改。

(6) 建设单位根据规定对存在的问题进行整改和完善，符合要求后重新报送备案管理部门备案。

(7) 备案管理部门依据工程质量监督报告或其他方式发现在工程竣工过程中有违反国家建设工程质量管理规定行为的，应当在收讫工程竣工验收文件 15 个工作日内，责令建设单位停止使用，并重新组织竣工验收。建设单位在重新组织竣工验收前，工程不得自行投入使用，违者按有关规定处理。

(8) 建设单位采用虚假证明文件办理竣工验收备案，工程竣工验收无效，责令停止使用，重新组织竣工验收，并按有关规定处理。

(9) 建设单位在工程竣工验收合格后 15 日内未办理竣工验收备案，责令其限期改正，并按有关规定处理。

2. 竣工验收备案流程图

竣工验收备案流程如图 5.3 所示。

3. 建设工程竣工验收备案表

建设工程竣工验收备案表填写说明见表 5-8。

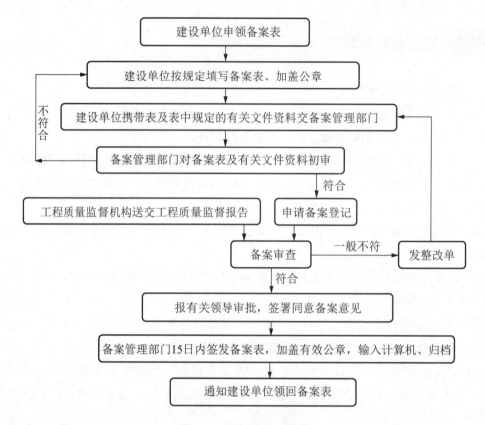

图 5.3 竣工验收备案流程

表 5-8 建设工程竣工验收备案表填写说明

项目名称	序号	内容
封面	1	工程名称：同实际名称
	2	工程地址：填写邮寄地址，写明区(县)街道门牌号码
	3	工程规模：建筑工程填写竣工建筑面积
第一页	1	工程名称：同封面名称
	2	工程地址：填写邮寄地址，写明区(县)街道门牌号码
	3	工程规模：建筑工程填写竣工建筑面积
	4	工程类别：公用或民用等
	5	结构类型：混合、框架、剪力墙、钢结构等
	6	规划许可证号：按工程规划许可证号码填写
	7	施工许可证号：按工程施工许可证号码填写
	8	监督注册号：按工程质量监督注册登记表的号码填写
	9	单位名称和负责人：建设单位、勘察单位、设计单位、施工单位、监理单位的名称均用法人单位名称，负责人即法人代表的姓名。监督部门填写监督室、站名称；负责人填写室、站负责人的姓名

续表

项目名称	序号	内　容
第一页	10	备案理由：在建设单位处加盖法人单位公章，负责人处法人代表签字
	11	报送时间：填写建设工程竣工验收备案表和竣工验收备案文件初步验收符合要求的日期
第二页	1	表内的竣工验收意见：勘察单位意见、设计单位意见、施工单位意见、监理单位意见，均要有结论性评语
	2	勘察单位意见：如某工程地基为我院勘察，勘察报告标号为××××-××××，经验槽槽底土质为××土，与勘察报告相符。基底局部处理意见见洽商××××号，同意竣工验收
	3	设计单位意见：如某工程为我院设计，现已施工完毕，经检查施工符合设计图样和工程洽商要求，同意竣工验收
	4	施工单位意见：如某工程已按设计图样及工程洽商和施工合同完成，符合国家施工验收规范及标准的要求，工程质量等级自评为合格，同意竣工验收
	5	监理单位意见：如某工程为我公司监理，该工程施工符合设计图样及工程洽商和国家施工验收规范及标准的要求，工程质量等级为合格，同意竣工验收
	6	建设单位意见：如某工程经我单位组织勘察、设计、施工、监理单位共同检查，满足设计要求，符合国家施工验收规范及标准的要求，工程质量等级为合格，同意竣工验收。以上各栏中签字可以是单位负责人，也可以是项目负责人，签字后加盖公章
第三页	1	竣工验收备案文件清单：由建设单位提供
	2	份数栏：由建设单位填写
	3	验证情况：由备案经办人员填写，符合要求的加盖"符合要求"章
	4	备注栏：由备案经办人员填写
	5	备案意见：由备案经办人员填写备案文件收讫的日期，加盖"备案文件收讫"章
	6	备案管理部门负责人：由备案管理部门主任签字
	7	经办人：由备案经办人员签字
	8	日期：备案管理部门负责人签字的时间，备案以此日期为准
	9	公章：加盖备案管理部门工程竣工验收备案专用章
第四页	1	备案管理部门处理意见：由备案管理部门主任签署同意备案的意见后，填写日期，加盖工程竣工验收备案专用章

总体要求：(1) 建设工程竣工验收备案表一律用钢笔、墨笔填写。
(2) 字迹清楚，字体工整。
(3) 所有签字栏，一律由本人手写签字，不得代签。
(4) 所填内容必须真实、准确，不得随意涂改

4. 竣工验收备案文件

竣工验收备案文件说明见表5-9。

表 5-9 竣工验收备案文件说明

序号	项目名称	说 明
1	规划许可证及其他规划批复文件	地方城市规划管理部门颁发的建设工程规划许可证
2	施工图、设计文件审查报告	由施工图审查机构审查
3	工程质量监督手续	由地方建设工程质量监督机构或区(县)监督机构、专业监督机构办理的工程质量监督注册登记表
4	工程施工许可证或开工报告	地方建设行政主管部门颁发的建设工程施工许可证。按照国务院规定的权限和程序批准开工的为开工报告
5	公安消防部门出具的认可(批准)使用文件	由地方消防部门对该工程的消防工程验收合格后签发的××地方建筑工程消防验收意见书或批复报告
6	环保部门出具的认可(准许)使用文件	工厂、车间、住宅小区、商店、宾馆、饭店等依据《建设项目环境保护管理条例》,由地方环境保护局出具的环境影响报告书或批复报告
7	卫生防疫部门出具的认可(准许)使用文件	公用或民用建筑工程中,涉及生活饮用水的项目,要有卫生防疫部门出具的水质检验报告
8	质量合格文件	1. 勘察部门对地基及其处理的验收文件。隐蔽工程验收记录中的地基验收记录,建设、勘察、设计、监理、施工单位签字要齐全,无未完事项。 2. 单位工程验收记录。由建设单位组织勘察、设计、监理、施工单位在工程竣工验收合格后签署单位工程验收记录,各方签字要齐全,并加盖单位公章(提供原件)。 3. 单位工程质量评定文件。依据《建筑工程施工质量验收统一标准》,施工单位组织自评,包括单位(子单位)工程安全和功能检验资料核查及主要功能抽查记录、单位(子单位)工程观感质量检查记录、室内环境检测报告等文件。 4. 监理部门签署的竣工移交证书。依据《建设工程监理规范》,由建设、监理单位共同办理竣工移交手续,竣工移交证书由总监理工程师和建设单位代表签字,双方加盖公章
9	地基基础、主体结构工程验收记录及检测报告	包括基础结构工程验收记录,主体结构工程验收记录。建设、设计、监理、施工单位四方签字齐全,并加盖单位公章。按照国家规范要求,进行检测的应提交检测报告。例如复合地基要有复合地基检测报告;工程因质量问题实施的检测,备案时也要有检测报告
10	工程竣工验收报告	设计单位、勘察单位提供的质量检查报告;施工单位提供的工程竣工报告;建设单位提供的工程竣工验收报告,以上报告要经项目负责人签字,并加盖公章
11	工程质量保修书	按照《建设工程质量管理条例》,建设单位和施工单位共同签署房屋建筑工程质量保修书,其内容包括:质量保修范围、质量保修期、质量保修责任、保修费用和其他
12	住宅质量保证书	住宅质量保证书由建设单位编写,其内容包括:在正常使用条件下,建设工程的最低保修期限

续表

序号	项目名称	说明
13	住宅使用说明书	住宅使用说明书由建设单位编写,应当对住宅的结构、性能和各部位(部件)的类型、性能、标准等做出说明,并提出使用注意事项。一般应当包括建设单位、设计单位、施工单位、监理单位的名称,结构类型,装修、装饰注意事项,上水、下水、电、燃气、热力、通信、消防等设施配置的说明,有关设备、设施安装预留位置的说明和安装注意事项,门、窗类型及使用注意事项,配电负荷,承重墙、保温层、防水层、阳台等部位注意事项的说明,其他需说明的问题。住宅中的设备、设施,生产厂家另有使用说明书的,应附于住宅使用说明书中
14	其他文件	凡属需要说明、报告的其他事项,不能归到前 13 项资料中的,可归纳在"其他文件"中

备案文件要求:
(1) 所有备案文件应由建设单位收集、整理,符合要求后由建设单位报送备案。
(2) 备案文件要求真实、有效,不得提供虚假证明文件。
(3) 备案文件要求提供原件。如为复印件应注明原件存放单位、复印人签名、日期,并加盖建设单位公章。复印件应清晰、整洁,无黑斑、歪斜等缺陷。
(4) 文件规格尺寸为 A4(297mm×210mm),左部预留尺寸 30mm,上部预留尺寸 25mm

知识链接

在正常使用条件下,建设工程的最低保修期限如下。
(1) 地基基础工程和主体结构工程,为设计文件规定的该工程合理使用年限。
(2) 屋面防水工程,有防水要求的卫生间、房间和外墙面的防渗漏,保修期限为 5 年。
(3) 供热与供冷系统,保修期限为 2 个采暖期、供冷期。
(4) 电气管线、给排水管道、设备安装和装修工程,保修期限为 2 年。
(5) 墙面、顶棚抹灰层脱落,保修期限为 1 年;地面空鼓开裂、大面积起砂,保修期限为 1 年。
(6) 门窗翘裂、五金件损坏,保修期限为 1 年。
(7) 管道堵塞,保修期限为 2 个月。
(8) 卫生洁具保修期限为 1 年。
(9) 灯具、电器开关保修期限为 6 个月。
(10) 其他项目的保修期限由建设单位和施工单位约定。

5.2.5 建设工程竣工验收备案证书

建设工程竣工验收备案证书的格式如图 5.4 所示。

× 市建设工程竣工验收备案证书

× ×建× ×年× ×号

山东智慧建筑中心：

你单位建设的山东智慧建筑中心大厦工程符合国家有关法律、法规和工程建设强制性标准的要求，工程竣工验收备案文件收讫，文件齐全，准予备案。

特发此证

（发证单位）

××年××月××日

工程竣工实况

工程全称：山东智慧建筑中心大厦
工程详细地点：智慧路267号
结构类型：框架-剪力墙结构，地上16层，地下3层
工程造价：9 889万元
建筑面积：22 780m^2
实际开工日期：2016年2月26日
实际竣工日期：2017年7月12日
监理单位：山东智慧监理公司
勘察单位：中国智慧勘察公司
设计单位：中国智慧建筑设计公司
施工单位：山东智慧建筑公司
建设单位驻工地负责人：李××
监理单位驻工地负责人：刘××
项目经理：李××
项目监督工程师：张××
备案经办人：崔××

备注：

1.本证系根据《建设工程质量管理条例》《房屋建筑和市政基础设施工程竣工验收备案管理办法》制发，作为工程竣工验收备案的法律凭证，任何单位和个人不得翻印。

2.本证书由省建筑厅认定的各级工程竣工验收备案管理部门核发，证书复印件需经原核发单位加盖公章，否则无效。

3.本证书所列内容，均应用钢笔、签字笔认真填写或用打印机打印，不得涂改。

图 5.4　建设工程竣工验收备案证书的格式

5.3 竣工决算文件

5.3.1 竣工决算的概念及内容

1. 竣工决算的概念

竣工决算是建设工程经济效益的全面反映，是项目法人核定各类新增资产价值，办理其交付使用的依据。通过竣工决算，一方面能够正确反映建设工程的实际造价和投资效果，另一方面可以通过竣工决算与概算、预算的对比分析，考核投资控制的工作成效，总结经验教训，积累技术经济方面的基础资料，提高未来建设工程的投资效益。

工程竣工决算是指在工程竣工验收、交付使用阶段，由建设单位编制的建设项目从筹建到竣工验收、交付使用全过程中实际支付全部建设费用的经济文件。竣工决算是整个建设工程的最终价格，是建设单位财务部门汇总固定资产的主要依据。

2. 竣工决算的内容

竣工决算的内容应包括项目从策划到竣工投产全过程的全部实际费用。竣工决算的内容包括竣工财务决算说明书、竣工财务决算报表、工程竣工图和工程造价对比分析四个部分。其中竣工财务决算说明书和竣工财务决算报表又合称为竣工财务决算表，它是竣工决算的核心内容。

5.3.2 竣工决算书的编制依据与格式

1. 竣工决算书的编制依据

竣工决算书的编制依据主要有如下内容。
(1) 经批准的可行性研究报告及投资估算书。
(2) 经批准的初步设计或扩大初步设计概算书或修正概算书。
(3) 经批准的施工图设计及施工图预算书。
(4) 设计交底或图纸会议纪要。
(5) 招投标的标底、承包合同、工程结算资料。
(6) 施工记录或施工签证单及其他施工发生的费用记录。
(7) 竣工图及各种竣工验收资料。
(8) 历年基建资料、财务决算及批复文件。
(9) 设备、材料等调价文件和调价记录。
(10) 有关财务核算制度、办法和其他有关资料、文件等。

2. 竣工决算书的编制格式

工程竣工决算书封面如图 5.5 所示、目录如图 5.6 所示，竣工决算书汇总表详见表 5-10。竣工决算书汇总表包含工程内容为：主体工程、6m 外超深基础、增加建筑面积和钢材补差价、现场签证增减工程、设计变更增减工程、附属零星工程、其他增减工程，以及合计大小写金额和审定价；建设单位、施工单位、法人代表、现场代表、预算编制人(盖造价员章)、审核人。

竣工决算书汇总表中每一个项目都应附带结算依据，如施工合同、桩孔检查记录、工程量签证单、会议记录、钢筋明细表等资料。

```
                    工程竣工决算书


         单位工程名称：山东智慧建筑中心大厦

       建设单位（盖章）：          审核人：

       监理单位（盖章）：          审核人：

       施工单位（盖章）：          审核人：

                              年   月   日
```

图 5.5　工程竣工决算书封面

```
                        目录

     1.竣工决算书汇总表 ..................................................
          主体工程 ....................................................
          6m外超深基础 ................................................
          增加建筑面积和钢材补差价 ....................................
          现场签证增减工程 ............................................
          ..........
     2.竣工决算书编制说明 ..............................................
```

图 5.6　工程竣工决算书目录

表 5-10 竣工决算书汇总表

序号	项目名称	结算依据 (计量计价)	结算价格	备注(附件)
1	主体工程			
2	6m 外超深基础			
3	增加建筑面积和钢材补差价			
4	现场签证增减工程			
5	设计变更增减工程			
	……			

建设单位：　　　　(公章)　　　　　　　　施工单位：　　　　(公章)
法人代表：　　　　　　　　　　　　　　　法人代表：
现场代表：　　　　　　　　　　　　　　　现场代表：
预算编制人：(盖造价员章)　　　　　　　　预算编制人：(盖造价员章)
审核人：　　　　　　　　　　　　　　　　审核人：

5.3.3 竣工决算与竣工结算的关系

(1) 竣工决算是建设单位在全部工程或某一期工程完工后编制的，它是反映竣工项目的建设成果和财务情况的总结性文件。它是办理竣工工程验收、交付使用的依据，是交工验收文件的组成部分。竣工决算包括：竣工工程概算表、竣工财务决算表、交付使用财产总表、交付使用财产明细表和文字说明。

(2) 竣工结算就是指工程完工、交工验收后，施工单位根据原施工图预算，加上补充修改预算向建设单位办理竣工工程价款结算的文件。它是调整工程计划、确定和统计工程进度、考核基本建设投资的效果、进行工程成本分析的依据。

(3) 竣工决算与竣工结算的主体是不同的，竣工结算是施工单位和建设单位之间的经济关系，竣工决算一般是建设单位自身的经济事务。

竣工决算是国家基本建设中的一个重要程序，是对所完成的各类大小工程在竣工验收后的最后经济审核，包括各类工料、机械设备及管理费用等。

知识链接

项目竣工决算审计与竣工结算审核的区别

1. 两者依据不同

竣工决算审计依据《中华人民共和国审计法》和基本建设竣工决算审计工作要求进行，主要审查概(预)算在执行中是否超支，超支原因，有无隐匿资金；有无隐瞒或截留基建收入和投资包干结余,以及以投资包干结余名义占有基建投资之类的违纪行为;等等。

竣工结算审核主要根据是国家有关法规和政策,依据国家建设行政主管部门颁发的工程定额、工程消耗标准、取费标准,以及人工、材料、机械台班价格参数,设计图纸和工程实物量,对竣工结算的确定和控制进行有效的监督检查。

2. 两者的法律效力不同

竣工决算审计中的审计机关和被审计单位是一种审计行政法律关系,审计机关的审计监督只对被审计单位产生法律效力,对其他单位不产生连带法律约束力。凡对建设单位投资项目进行的审计结果,对施工单位的造价结算不具有约束力。

竣工结算中的工程结算审核,是以施工承包合同为基础,承发包双方发生的实物交易为依据的,按照国家或地方施工工、料、机消耗标准进行核算,对双方有约束力。其工程结算审核结果可作为双方结算的法律依据。

3. 两者的目的不同

竣工决算审计的目的是对公有制投资者的资金进行有效的控制,减少投资者滥用职权截留资金,转移资金于小金库的行为,避免造成建设资金流失。其职能是一种监督行为。

竣工结算审核是运用科学、技术原理和经济法律手段,解决工程建设活动中竣工结算的确定与控制问题,从而达到提高投资经济效益的目的。

4. 两者的从业人员不同

竣工决算审计以会计师、审计师为主;而竣工结算审核以工程经济、工程技术人员和造价工程师为主。

5.3.4 施工和监理单位的工程决算文件

1. 施工单位的工程决算文件

施工单位的工程决算文件包括原工程决算书及相应审核咨询机构发回的咨询成果报告,含结算审定表、新的工程结算书等技术文件。与材料费、人工费、机械费相关的原始合同,预算、结算文件及相关审批,原始单据(即图纸、合同、报告、清单、工程洽商单、设计变更通知单等)皆要附上。

1) 施工单位报审表(通用)

施工单位报审表(通用)见表 5-11。

第5章 工程竣工验收资料编制与整理

表 5-11 施工单位报审表(通用)

工程名称：××学院实验实训楼　　　　　　　　　　　　　　　　　编号：B7-012

致：××监协建设监理中心
　　我方已完成保温外窗的安装工作，经自检合格，请予以审查或验收。
附件：□隐蔽工程质量检验资料
　　　□检验批质量检验资料
　　　☑分项工程质量检验资料
　　　□施工试验室证明资料
　　　□其他

　　　　　　　　　　　　　　　　　　施工项目经理部：(盖章)××建筑工程有限公司
　　　　　　　　　　　　　　　　　　项目经理或项目技术负责人：(签字)××
　　　　　　　　　　　　　　　　　　　　　　　　　　　　　　××年×月×日

审查或验收意见：

　　经核查工程质量记录和现场检查，保温外窗安装合格，同意验收。

　　　　　　　　　　　　　　　　　　项目监理机构：(盖章)
　　　　　　　　　　　　　　　　　　专业监理工程师：(签字)××
　　　　　　　　　　　　　　　　　　　　　　　　　　　　　　××年×月×日

注：本表一式两份，项目监理机构、施工单位各一份。

2) 工程项目总造价表

工程项目总造价表(范例)见表 5-12。

表 5-12 工程项目总造价表(范例)

工程名称：××××厂房和办公楼

序号	单项工程名称	金额/元
1	建筑工程	×××
2	厂房签证	×××
3	室外签证	×××
4	二次施工部分	×××
5	钢结构	×××
6	厂房电气	×××
7	厂房给排水	×××
8	办公楼电气	×××
9	办公楼给排水	×××
10	绿化工程	×××
	投标总价	×××

2. 监理单位的工程决算文件

监理单位的工程决算文件，主要包含在整个工程项目实施过程中，如单项工程、单位工程竣工决算的监理审查资料，以及委托监理合同等，其中单位工程竣工决算监理审查表见表 5-13。

表 5-13 单位工程竣工决算监理审查表

编号：	监[ ]审字第 号
工程名称：	
施工单位：	
审核意见： (1) 工程质量。由××有限公司承包施工的工程质量符合规定的合格标准，符合设计文件及施工验收规范要求。 (2) 工程资料。全套工程资料齐全(见目录)。 施工资料符合归档编制要求，建议给予办理竣工决算工作。	
专业监理工程师： 总监理工程师(代表)：	
	日期： 年 月 日

知识链接

竣工结算审核是一项具体、零碎且技术性强的工作。它包括工程量计算的核实、套用预算单价的审核、各类费用计取的审核、材料差价文件及有关规定执行的审核。

竣工结算审核应注意的问题如下。

(1) 认真审核容易出现重复计算的工程项目。在对工程项目进行审核时，由于角度不同，施工单位在结算中会列出许多类似多计重算的项目，这就要求在竣工结算审核时一定要熟悉并读懂施工图纸，认真执行工程量计算规则及有关规定，掌握定额中各分部分项所包含的内容，剔除结算中重复计算的费用，以保证竣工结算的真实。

标准规范

(2) 深入施工现场，了解实际情况，询问变更执行情况，使竣工结算真正反映出工程的实物量价值。

(3) 必须查验施工单位资质证，弄清其取费类别，掌握费用定额及规定的计算规则，准确无误地审核竣工结算中的各项费用。

(4) 审核容易疏忽的项目。在工程量计算规则中有许多扣减条文，审核时一定要注意。

1) 工程竣工结算审核意见书

工程竣工结算审核意见书是指总监理工程师签发的工程竣工结算文件或提出的工程竣工结算合同争议的处理意见。其内容主要有合同工程价款、工程变更价款、费用索赔合计金额、依据合同规定施工单位应得的其他款项,工程竣工结算的价款总额,建设单位已支付工程款、建设单位向施工单位索赔合计金额、质量保修金、依据合同规定应扣除施工单位的其他款项,建设单位应支付金额等。

竣工结算审核应在工程竣工报告确认后依施工合同及有关规定进行,审核程序应符合《建设工程监理规范》(GB/T 50319—2013)的规定。

2) 常用表格

部分省市在工程竣工结算审核意见书中常用的表格格式见表5-14~表5-19。

表5-14 工程结算审定单

建设单位				咨询类型			
施工单位				专业			
工程名称							
序号	单位工程名称	合同价/元	送审价/元	审定价/元	核增额/元	核减额/元	核增核减率/%
	合计						
审定总价金额大写							
备注							
建设单位:(章) 经办人: 签发人: 日期: 年 月 日			施工单位:(章) 经办人: 签发人: 日期: 年 月 日			咨询企业:(章) 项目负责人:(签字盖章) 签发人: 日期: 年 月 日	

表5-15 工程项目总价表

工程名称: 第 页 共 页

序号	单项工程名称	合同价/元	送审价/元	审定价/元	核增额/元	核减额/元	备注
1							
2							
3							
4							
5							
6							
7							
	合计						
经办人			项目负责人(签字盖章)				
					日期: 年 月 日		

注:核增额、核减额=审定价-送审价。

表 5-16 单位工程费用表

工程名称：　　　　　　　　　　　　　　　　　　　　　　　第　页　共　页

序号	项目名称	合同价/元	送审价/元	审定价/元	核增额/元	核减额/元
1	分部分项工程费、措施项目费、其他项目费					
2	规费					
3	劳动定额测定费、劳动保险费					
4	安全监督费					
5	税金					
合计						

经办人　　　　　　　　　　　项目负责人(签字盖章)

　　　　　　　　　　　　　　　　　　　　　　　　日期：　年　月　日

表 5-17 措施项目清单增减表

工程名称：　　　　　　　　　　　　　　　　　　　　　　　第　页　共　页

序号	项目名称	合同价/元	送审价/元	审定价/元	核增额、核减额/元	核增核减原因说明
1						
2						
3						
4						
5						
6						
7						
合计						

经办人　　　　　　　　　　　项目负责人(签字盖章)

　　　　　　　　　　　　　　　　　　　　　　　　日期：　年　月　日

表 5-18 主要材料、设备增减表

工程名称：　　　　　　　　　　　　　　　　　　　　　　　第　页　共　页

序号	材料编码	材料名称	规格、型号等特殊要求	单位	数量			单价/元			核增核减原因说明
					合同量	送审量	审定量	合同价	送审价	审定价	
1											
2											
3											
4											
5											
6											
7											

经办人　　　　　　　　　　　项目负责人(签字盖章)

　　　　　　　　　　　　　　　　　　　　　　　　日期：　年　月　日

表 5-19　工程造价审核核对纪要

第　　页共　　页

工程名称				
核对时间			核对地点	
参加人员	建设单位			
	施工单位			
	监理单位			
	审价机构			
主要内容				
签名	建设单位：		施工单位：	
	监理单位：		审价机构：	
	记录人：			

知识链接

工程竣工决算的步骤

(1) 收集、整理、分析原始资料。从建设工程开始就按编制依据的要求，收集、清点、整理有关资料，主要包括建设工程档案资料，如设计文件、施工记录、上级批文、预(决)算文件。

(2) 对照、核实工程变动情况，重新核实单项工程造价。将竣工资料与原设计图纸进行查对、核实，必要时可实地测量，确认实际变更情况；根据经审定的施工单位竣工结算等原始资料，按照有关规定对原概(预)算进行增减调整，重新核定单项工程造价。

(3) 编制竣工财务决算说明书，力求内容全面、简明扼要、文字流畅、说明问题。

(4) 填报竣工决算书。

(5) 做好工程造价对比分析。

(6) 清理、装订好竣工图。

(7) 按国家规定上报、审批、存档。

特别提示

审计部在收到工程决算文件 10 天内应按照上级有关文件的规定，结合公司的规章及结算方式进行审查，发现问题及时与工程部联系，做到基建开支合理、准确。审查后的工程决算文件应及时返回工程部，与施工单位办理结算事宜。

固定资产的转移工作由公司财务部负责在一个月内尽早办理。

施工单位应准备的工程决算文件——与材料费、人工费、机械费相关的原始合同、预算、结算文件及相关审批，原始单据等，即图纸、合同、报告、清单、资质说明、费用单据等，都应预先准备出来。

5.4 工程影音资料

工程影音资料包括：建设工程未开工前的原貌、竣工新貌照片，建设工程开工、施工、竣工的音像资料。

建设工程未开工前的原貌、竣工新貌照片由建设单位收集、提供。

建设工程开工、施工、竣工的音像资料由建设单位、施工单位、监理单位及相关利益方收集，最后统一由建设单位报送备案。

小 结

- 5.1 竣工图
  - 竣工图概述
  - 竣工图的编制要求及绘制规定
- 5.2 竣工验收与备案文件
  - 工程竣工验收应具备的条件
  - 工程竣工验收的程序
  - 竣工验收报告与验收证明书
  - 建设工程竣工验收备案
  - 建设工程竣工验收备案证书
- 工程竣工验收资料编制与整理
- 5.4 工程影音资料
  - 建设工程未开工前的原貌、竣工新貌照片
  - 建设工程开工、施工、竣工的音像资料
- 5.3 竣工决算文件
  - 竣工决算的概念及内容
  - 竣工决算书的编制依据与格式
  - 竣工决算与竣工结算的关系
  - 施工和监理单位的工程决算文件

第5章 工程竣工验收资料编制与整理

能力拓展

1. 依据本章内容，画出竣工图、工程竣工验收资料的组成结构图。
2. 依据资料员的岗位职责要求，进行竣工图、工程竣工验收资料的收集、整理并按规范移交。
3. 依据竣工图、工程竣工验收资料形成的流程图，复制并添画出工程前期和竣工期间，建设单位应归档的文件名称。
4. 对应本章内容，填写学习效果自我检测记录表。

学习效果自我检测记录表

领域	层次		
	初级	中级	高级
理论认知	了解	运用	综合
岗位技能	模仿	应用	创造
职业情感	激情	心境	热情

5. 在学习过程中，不仅要注重沟通能力的训练，强化团队合作意识，更要加强个人工程实践经验的积累。伴随着理论知识的学习，自觉记录课后实践将促进职业能力的提升。

课后实践记录表

实践分项	时间段	实践要点	见证人及联络方式
工地考察		工程名称、工程所在地	
沟通能力训练		沟通对象、沟通内容、沟通效果	
内业资料管理		收集、分类、整理、组卷、归档	
小组合作学习		分工负责情况及合作成效	
实践中遭遇的问题		视具体情况填写，着眼于发现问题、分析问题及解决问题	
其他		其他	

第6章 工程资料管理现代化

思维导图

工程资料管理现代化
- 资料员应知
  - 资料管理与信息管理的联系与区别
  - 信息化与建筑工程管理的联系
  - 智能建筑工程资料内容
  - 职业健康安全资料内容
  - 施工现场环保资料内容
- 资料员应会
  - 会使用工程资料管理软件
  - 会分析工程资料的信息流程
  - 能跟踪工程及时规范地整理工程资料
  - 能设计工程质量后评价清单
  - 能跟踪学习工程资料管理软件的更新
- 职业素养
  - 具备信息应用能力
  - 培养工作保密意识
  - 提高团队协作能力,提高有效交流能力

第 6 章 工程资料管理现代化

✅ 学习性工作任务

🏠 工程背景

日照职业技术学院是国家教育部批准的山东第一所职业技术学院,学院建设了以光缆为主干线的千兆校园网,专门铺设光缆到日照电信局,新校北区使用光缆校园网的高速宽带上网方式,实现办公自动化。2003 年,学院发展规模扩大,在日照大学城建设 $9.367\times10^5\text{m}^2$ 的新校北区。新校北区建筑面积 $3.5\times10^5\text{m}^2$,投资 5 亿多元,2006 年全部交付使用。为提升学校办学实力,拓展办学空间,优化学科布局,学院 2021 年启动日照市涛雒镇南校区建设,南校区规划建筑面积约 $3.6\times10^5\text{m}^2$,投资 18.8 亿元,能够容纳 10000 名学生学习生活,计划用 4 年时间分三期完成,目前一期、二期已竣工。分析总结工程的情况,意识到只有切实做好信息管理工作,才能保证项目的有关人员及时获得各自所需的信息,在此基础上才能够进一步做好成本管理、进度管理、质量和安全管理、合同管理等各项管理工作,最终达到优质、低价、快速地完成工程项目管理目标的目的。

新校区设计方案

南校区建设项目分期示意图如图 6.1 所示。

建设工程项目的管理与控制贯穿于工程建设的全过程,要完成此项工作,管理部门必须对建设中产生的大量工程数据进行处理、统计、分析和评价,以便使管理部门及时了解工程的完成情况,掌握工程的进度,辅助业主进行决策,利用计算机对工程数据进行处理、统计及查询。建立信息管理系统,已成为我国建筑工程管理现代化建设的重要组成部分。

设计任务书

🏠 工作准备

1. 以小组为单位,准备相关工程图纸。
2. 工程资料管理软件。
3. 工程档案。

🏠 工作任务

结合工程背景提供的信息,模拟建设工程资料员,完成以下任务。
(1) 依据现代的工程资料管理行业标准,画出业主方资料管理的信息流程图。
(2) 以小组为单位,分工合作完成信息管理的组织结构图。
(3) 选择一个单位工程,建立职业健康安全资料的信息流程图。
(4) 收集智能建筑工程资料台账,分析与普通建筑工程资料的区别。
(5) 列出工程质量后评价的资料清单。

🏠 教学建议

教师在进行本章教学时,可参考引例安排学习任务,也可根据本地工程实际,灵活布置训练任务。建议每一节学习都采用任务驱动方式,学习以分组协作为宜。分组合作学习不仅能分工协作完成分项工程或分部工程的资料整理,更有助于学生沟通表达能力,合作解决问题等核心职业能力的训练。

组织教学实施过程中注重引导学生要充分利用互联网,广泛收集有关工程资料管理的软件、智能建筑及现代化管理资料,使学生在收集信息、处理信息、使用及保管信息过程中学会工程资料的现代化管理。

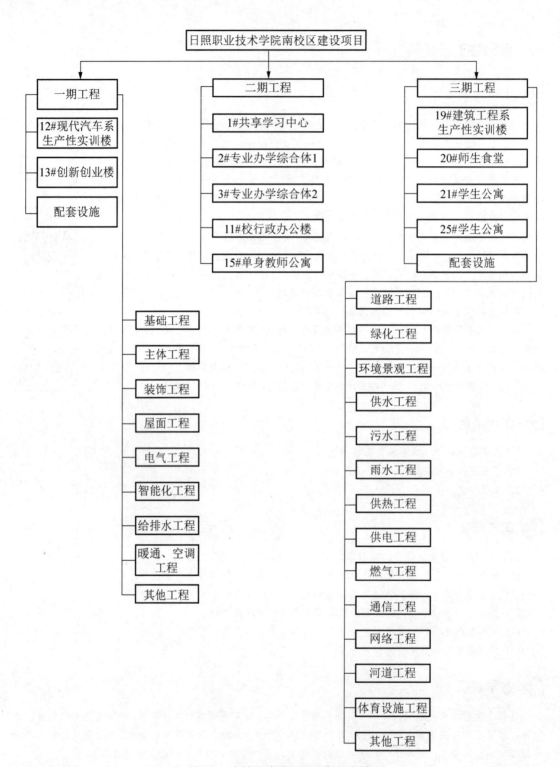

图 6.1 南校区建设项目分期示意图

第6章　工程资料管理现代化

6.1　信息化与工程资料管理

引例

从 1851 年开始，在历届世博会上，信息、通信技术一直是非常热门的展示项目，上海世博会也不例外。上海世博会事务协调局信息化部公布，上海世博会实际建设信息化项目达 43 个，投资约 10 亿元。

世博信息化项目主要围绕安全可靠、展示创新亮点、整合先进的信息化理念，综合利用主流信息技术，持续注重推进 IT 技术创新进行建设。

世博信息化主要体现在如下方面。

(1) 集约化方式建设和智能网技术。园区通信基础设施以集约化方式建设，实现高度共享，电信的城市光纤网、EPON、IPv6、东方有线的光纤加 HFC 接入和运营商普遍采用的智能网技术等，为"三网合一"和解决信息高速公路"最后一千米"等难题进行实践性探索。

(2) 无线宽带技术。世博会重点普及以国产标准 TD-SCDMA 为主的 3G 技术应用，同时采用 WI-FI(无线保真)加 MASH 技术，提供宽带接入服务，将保证无线信号的更宽覆盖和高速传输。此外，还在园区内建设 TD-LTE 实验网络，为组织者、媒体记者、各方嘉宾游客提供丰富的移动信息服务，可在开园后现场体验 TD-SCDMA 的演进技术。

(3) RFID 和传感网技术。该技术已广泛应用于世博会的门票、物流配送、展馆预约、证件管理、电子车牌等诸多方面。中国移动将在全球首次推出内置 RFID 模块的手机电子门票，并和交通银行在园区内提供手机电子支付，将提供手机票和手机支付功能，充分展现信息技术给日常生活带来的便捷。

(4) 互联网应用技术。网上世博会将借助互联网的 FLASH/Web3D 和 CDN 分发、SOA 架构技术等，把世博会的理念、精神及内容传到全球；覆盖全国范围的 CDN 分发网络，可以完全满足国内外用户对于网上世博会的访问。

(5) 多媒体技术。虚拟技术综合演播厅运用虚拟仿真技术展示园区建设规划、展馆建设，使大型活动的方案从抽象化、符号化转变为形象化、可视化，为科学决策、活动组织、运营指挥提供了直观生动的演示平台。

(6) 智能视频处理技术。高清视频图像处理、人像识别、图像信号智能调用等多项信息技术大量用于本届世博会的客流引导系统、车载系留气球监测系统、视频监控系统等，通过智能视频分析和智能视频监控，使监控系统成为主动、智能化的识别工具，其可自动提取关键信息，为组织者提供警示，有效提升相关系统的服务能级和响应效率。

(7) 电子地图和定位导航技术。在传统导航功能的基础上，更加注重智能化、个性化和多功能化，利用高精度电子地图和共用的 GIS 平台，为园区的车辆和工作人员提供多种定位导航服务。

(8) 特大型活动的信息化管理。为适应大型活动的组织管理需求，充分借鉴奥运经验，针对世博会特点，综合运用 GIS 技术、基于位置的信息发布技术、应急方案数字化技术等，形成数字化的综合运行管理，为大型活动的管理、服务提供信息化支撑。尤其值得一提的是特大型活动的信息化管理完全由国内自主研发、建设和保障。

另外，园区能源与环境监测信息系统所使用的操作系统、数据库、GIS、中间件等全部为自主知识产权的国产软件产品。

🏠 **思考**

1. 工程资料管理采用信息化手段，工作有什么变化？
2. 信息化管理工程资料过程中，有哪些工作必须采用手工方式？
3. 党的二十大报告提出，加快发展数字经济，促进数字经济和实体经济深度融合，打造具有国际竞争力的数字产业集群。如何利用数字经济发展数字城市建设？

6.1.1 信息化与数字城市

1. 信息化的含义

信息化是一个外来的概念，最先起源于20世纪60年代的日本。西方普遍使用"信息社会"和"信息化"概念开始于20世纪70年代后期。

目前，我国比较一致的看法是：信息化是指社会经济的发展从以物质与能量为经济结构的重心，向以信息与知识为经济结构的重心转变的过程。在这个过程中，不断地采用现代技术来装备国民经济各部门和社会各领域，从而极大地提高社会劳动生产力。

2. 数字城市

在信息的浪潮席卷全球的今天，信息化水平已成为衡量一个国家和地区经济社会发展综合实力和文明程度的重要标志。城市作为一个地区的政治、经济、文化和信息的中心，是人类文明的辐射源和聚集地。放眼未来，凡能积极迎合全球信息化浪潮的城市将会得到飞速的发展，如果错失信息化带来的发展机遇，就有被排挤到潮流边缘的危险。城市是现代产业高度集聚的地区。城市作为经济发展的一个高级阶段的代表，在国民经济和社会生活中占有重要的地位。

数字城市，又称网络城市、智能城市、信息城市。它综合运用GIS、遥感、遥测、网络通信、数据库、多媒体及虚拟现实等先进信息技术对城市的基础设施、功能机制进行全方位的数字采集和处理，具有支撑城市地理、资源、生态环境、人口、经济、社会等复杂系统的强大功能，能用于重大决策的效果预演和对未来发展的规划预测。数字城市，以"人"为主导地位，通过城市信息化更好地把握城市系统的运动状态和规律，对城市的人、空间与环境之间的复杂关系进行调控，实现系统优化，使城市更加有利于人类的生存与可持续发展。

数字城市建设是一个系统工程，涉及城市生活的方方面面，需要政府各个职能部门通力合作，同时也为各个政府职能部门提供现代化的信息工具，对全面提高信息化水平、工作效率和决策水平有巨大的推动作用。当前，我国已有包括北京、上海、广州等几十个大、中城市提出了各自的数字城市建设方案，并投资启动了相关的项目。数字城市的建设，给城市的政治、经济、文化和人民生活带来新的发展机遇，为城市未来的发展插上了腾飞的翅膀。

广义的"数字城市"概念，是指通过建设宽带多媒体信息网络、地理信息系统等基础设施平台，整合城市信息资源，实现城市经济和管理信息化。城市信息化的目标，是以城市为主体，在政治、经济、文化、科技、教育和社会生活各个领域广泛应用现代信息技术，提高城市管理水平和运行效率，提高城市的生产力水平和竞争力，完善城市服务功能，促

第 6 章　工程资料管理现代化

进经济和社会协调发展，加快城市现代化进程。建设数字城市就是积极利用现代高科技手段，充分采集、整合和挖掘城市各种数据信息资源，建立面向政府、企业、社区与公众的信息服务平台、信息应用系统和政策法规保障体系，为城市的可持续发展以及提高城市规划、建设、治理水平[①]提供支撑和保障。

6.1.2　信息化与电子政务

1. 国家信息化与信息化小区

我国的国家信息化就是在国家统一规划和组织下，在农业、工业、科学技术、国防及社会生活的各个方面应用现代信息技术，深入开发，广泛利用信息资源，加速实现国家现代化的进程。

我国的国家信息化体系由 6 个要素组成，即信息资源、信息网络、信息技术应用、信息技术和产业、信息化人才队伍、信息化政策法规和标准规范。这个体系是根据我国国情确定的，与国外提出的国家信息基础设施有所不同，具体可解释如下。

(1) 信息资源是经济和社会发展的战略资源，它的开发和利用是国家信息化的核心任务，是国家信息化建设取得实效的关键。

(2) 信息网络是信息资源开发、利用和信息技术应用的基础。

(3) 信息技术应用是国家信息化建设的主阵地，集中体现了国家信息化建设的效益。

(4) 信息技术和产业是国家信息化立足于自主发展的支柱。

(5) 信息化人才队伍是国家信息化建设的成功之本，对其他各要素有着决定性的影响。

(6) 信息化政策法规和标准规范是国家信息化快速、有序、健康发展的保障。

信息化小区是指通过对小区的信息基础设施进行统一规划建设，使小区用户能以多种媒体(如电话、传真、电视、计算机等)和多种方式(如图文、声音、视频图像等)获取小区内外的信息，进行信息交换和资源共享，具有较高信息交互水平的住宅小区。这些信息基础设施包括小区综合布线系统、小区通信网络、小区计算机局域网、小区 CATV 网等。

宽带社区是指在生活小区内使用宽带网络的小区。通过宽带综合接入与 CHINANET(中国公用计算机互联网)连接或与公司的 VPN(Virtual Private Network)连接，住户就可以通过宽带网络与办公室连接，实现在家办公。同时，还可以实现网上医疗、视频点播(VOD)、交友聊天、网上购物、网上炒股等。互动宽带社区还可以提供小区智能化住宅的所有服务，实现可视对讲、消防报警、煤气泄漏监控、三表(水表、电表、煤气表)抄送等服务。

2. 中国信息化水平现状

从国家信息化测评中心的统计结果看，我国在信息网络建设、信息技术应用和信息资源开发方面，取得了长足的进展。以信息化带动工业化，实现跨越式发展的战略正显示出越来越强大的生命力。

(1) 信息化快速发展，信息产业贡献巨大，信息化已改变国家工业化面貌。中国改革开放以来，在国家的高度重视和支持下，信息通信业实现了跨越式发展，取得了举世瞩目的成就，中国的电话网迅速由百万级、千万级扩展到亿级。信息技术革命带来的产业革命

---

① 引自党的二十大报告四、加快构建新发展格局，着力推动高质量发展 "(四)促进区域协调发展"。

已经改变了中国工业化的面貌,近10年来,这一产业年增速已突破32%,高于同期全部工业年均增速近18%,是40个工业行业中发展最快的,成为中国工业第一支柱产业。

(2) 我国在推进信息化方面的工作中取得了新进展。随着"金卡""金税""金关"等金字号的信息化重点工程的建设,政府和企业等有关部门通力合作,共同开发,积极推广银行卡、社保卡及配套产品,为国家经济运行、经济安全提供了先进的作业手段和技术保障。企业信息化建设不断深入,涌现出华为、海尔、斯达等一批典型企业,起到了很好的示范带头作用。信息技术推广应用工作深入开展,利用信息技术和网络技术改造传统产业取得了积极成果。信息资源开发水平进一步提高,电子商务、远程教育、远程医疗、电子娱乐及电子政务等新的应用得到广泛开展。

3. 中国电子政务

从20世纪90年代开始,伴随着信息技术,特别是网络技术的飞速发展,信息化成为各国普遍关注的一个焦点。在国家信息化体系建设中,政务信息化又成为整个信息化中的关键。

电子政务是指国家机关在政务活动中全面应用现代信息技术、网络技术以及办公自动化技术等进行办公、管理和为社会提供公共服务的一种全新的管理方式。在中国,电子政务包括各级行政机关系统的政务工作信息化,也包括国家权力机关、司法机关、政协等机构的政务工作信息化。政务信息化是人们在日常工作中经常使用的一个概念,它是相对于国民经济信息化、社会信息化、企业信息化等来使用的。

中国电子政务试点示范工程主要是在国务院关于政务信息化带动企业信息化和社会信息化的工作方针指导下,针对全球范围内的电子政务建设浪潮以及我国加入WTO的大背景而提出的,于2001年底启动。

中国电子政务试点示范工程的总体目标是:依托国家互联网络基础设施,建立典型部门和地区间的安全与业务支撑环境,开展关键电子政务应用,初步形成上下关联、信息共享、规范标准的全局性示范应用系统。

要积极推动企业信息化、数控系统、工业过程控制、CAD/CAM/CAPP(计算机辅助设计/制造/工艺流程)、MIS(管理信息系统)、MRP(制造资源计划)、ERP(企业资源计划)、CIMS(计算机集成制造系统)、EC(电子商务)等在企业中的广泛应用。将信息技术与管理技术和制造技术相结合,在企业产品开发、生产、销售和服务的全过程中,通过信息集成、过程优化、资源配置,实现物流、信息流、资金流的集成和优化,提高企业市场应变能力和竞争能力。

随着经济全球化步伐的加快,知识经济时代的到来,西方国家的信息技术和网络技术在社会组织、企业组织以及公民个人家庭中得到了广泛应用,从而推动了电子政务的发展,并取得了重要进展。在中国,加快政务信息化和电子政务步伐的意义还在于如下方面。

(1) 加快政务信息化的步伐,有利于应对"入世"带来的挑战。首先,加入WTO,对政府公共政策的制定产生了深刻的影响。"入世"后,一方面我国政府制定的经济政策要按照国际惯例使本国国内经济政策透明化,并与WTO成员国经济政策协调一致;另一方面,即使我国以发展中国家的身份加入WTO,我国国内经济政策也必须遵守WTO成员国共同认可的基本原则和约定。这就意味着,我国传统的制定公共政策的一些方式方法很难继续下去,而必须作相应的调整和改革。

其次,加入WTO后,对政府的公共服务模式也提出了前所未有的挑战。"入世"后,企业与企业、人才与人才竞争的背后,实际上还有一个政府管理之间的竞争问题。而政府管理的竞争主要表现在政府提供的公共服务方面。这就是说,政府服务不但要体现办事高效、廉洁以及具备较高的透明度的特点,而且在保护本国国民的利益等方面还必须有新的举措。

最后,加入WTO对政府管理方式产生深刻的影响。像以往那种政府过多地对市场进行干预,过多地运用行政权力,以及我国各级政府过多的行政审批、透明度低等传统的管理方式,都必须随之改变,并运用现代信息手段,管理社会和经济。

(2) 推进政务信息化,建设电子化政府,可以改善政府的公共服务,提高服务质量。从政府管理的角度来看,电子化政府的建立,使政府可以通过网络,向社会及时、准确地传递信息。这就从根本上改变了以往政府公共服务技术手段落后的问题,大大提高政府提供服务的效率,克服官僚主义等弊端,还可以保证公共服务的公正性和公平性,真正做到一视同仁。

从接受服务的对象来看,电子化政府的建立,为他们获取政府提供的各种服务提供了更加便利的条件。政府可以通过网络,提供"一站到底式"和"7×24"小时的服务,这就使过去必须要到多个部门去办理的事情,在政府提供的网络窗口,很轻松地得到办理,而且还不受时间和空间的限制,使企事业单位、公民个人有可能在足不出户的情况下,就可以获得满意的服务。

(3) 推进政务信息化,建设电子化政府,可以实现资源共享,大大降低行政成本。电子化政府的建立,以及政府管理中信息技术、办公自动化及网络技术的普遍应用,可以把一定区域,乃至全国的行政机关连接在一起,使信息、知识、人力及创新的方法、管理制度、管理方式、管理理念等各种资源,真正实现共享,提高包括信息资源在内的各种资源利用的效率。有效地利用政府内部和外部资源,提高资源的利用效率,对改进政府治理,降低行政管理成本具有十分重要的意义。

知识链接

1. 信息化浪潮的兴起与发展

1993年9月,美国克林顿政府做出了一项重大决策,决定放弃原来共和党政府实施的星球大战计划和新一代高能加速器计划,实施一项新的面向21世纪全球经济发展的战略发展计划,即"国家信息基础设施"(National Information Infrastructure,NII)行动纲领计划。该计划内容是:不迟于2015年,投资4 000亿美元,建立起一个联结全美几乎所有家庭和社会机构的光纤通信网络,以传送声音、数据、图像或文字等信息,服务范围包括教育、卫生、娱乐、商业、金融和科研等,并将采取双向交流形式,使信息消费者同时成为信息的积极提供者。继NII行动纲领计划后,1994年9月美国政府又提出了建设"全球信息基础设施"(Global Information Infrastructure,GII)的倡议,意在将各国的NII联结起来,组成世界信息高速公路,实现全球信息共享。

1995年2月，西方七国集团在比利时首都布鲁塞尔召开了有关GII专题的部长级会议，会上确定了促进积极竞争，鼓励私营部门投资，确定行动准则框架，保证大众进入信息社会网络，保障提供与进入网络的普遍性，加强公民机会均等的原则，促进文化、语言等的多样化，承认世界范围内合作的必要性并给予发达国家特别的关注等八条基本原则。

1995年5月，亚太经济合作组织(Asia-Pacific Economic Cooperation，APEC)在韩国汉城召开了17国通信和信息产业部长会议，发布了《APEC信息基础设施汉城宣言》；1996年4月，来自五大洲的专家学者和政府要员聚集北京，召开了信息基础设施国际会议，共同研讨举世关注的"信息基础设施"问题。

当前，信息化浪潮发展最主要的一个方向就是互联网。互联网是信息化的基础和核心，各个行业都在加紧准备或正在向信息网络化方向发展。面对全球新的信息化浪潮和挑战，欧洲和日本随美国之后，紧追不舍。发展中国家也在积极努力，研究和制定各自的信息化战略与对策，并采取有效的措施，加快发展信息产业和信息经济的步伐。一个以信息化建设为中心的社会经济发展新浪潮正在全球蓬勃兴起。

2. 信息化重点建设工程

(1) 金桥工程。国家公用经济信息网工程，即金桥工程。它是国家公用经济信息通信网的简称，是计算机和通信相结合的公用计算机信息通信网，是国民经济信息的一项重要基础设施。

金桥工程建设的主要项目有：金桥地面骨干网项目；金桥卫星通信网项目；金桥无线移动数据用户接入网项目；金桥光纤城域用户接入网项目；金桥网络电话/传真项目；金桥Internet信息服务项目；国有大型企业综合信息网技术改造项目。

(2) 金关工程。对外经济贸易信息网工程，即金关工程。它是利用现代电子信息技术，加快我国外贸业务信息化、科学化、自动化管理的重要工程。该工程的目的就是要推动海关报关业务的电子化，取代传统的报关方式以节省单据传送的时间和成本。2001年，金关工程正式启动。

(3) 金卡工程。银行自动化支付系统及电子货币工程，即金卡工程。金卡工程就是为实现各种银行卡跨系统跨地区联网交易，推广卡基支付应用而实施的社会化系统工程。

(4) 金税工程。建设全国增值税专用发票的计算机交叉稽核网络系统，实施以加强增值税管理为主要目标的工程，即金税工程。1994年3月底，金税工程试点正式启动。它由增值税计算机交叉稽核网络系统、增值税专用发票防伪税控系统和税控收款机系统组成。

(5) 教育信息化。1999年6月，教育部对教育信息化工作进行了全面的部署，提出了推进全国教育信息化发展的十项重要工作，并宣布开始实施现代远程教育工程。

教育部提出从四个方面推动教育信息化工作：一是发展现代远程教育；二是推动教育的改革和发展；三是培养信息化人才；四是发展信息产业。

为了加快教育信息化建设，2021年12月中央网络安全和信息化委员会印发《"十四五"国家信息化规划》，规划明确要求提升教育信息化基础建设水平，加快学校数字化和智能化升级，教育部将对"十四五"期间的教育信息化进行全面部署，并研讨推进教育信息化的有关政策等，以调动地方、社会、企业、高校以及政府部门的积极性，加快教育信息化的发展速度。特别是要对西部的教育信息化采取倾斜政策，争取国家投入，对中小学进入CERNET(中国教育和科研计算机网)实行免费，尽快缩小东西部的差距。

6.1.3 建筑工程资料管理软件

1. 应用及意义

建筑工程资料管理工作长久以来一直以工作量大、涉及面广，对应规范、标准种类繁多，表格形式多样繁杂而著称。为了适应现代建筑工程的发展，提高工作效率，提升管理质量，应运而生了许多建筑工程资料管理软件，这些软件以现行的施工质量验收规范、标准为基础，参照国家及地方的有关法律、法规和行政规章制度，遵循建筑工程文件材料的自然形成规律，全面地、系统地提供了工程资料管理的内容及有关表格样式，能够形成完整的、规范的工程档案资料，使资料管理人员更好地完成工程文件整理、归档工作，积极发挥工程档案资料在项目管理中的作用。

当前整个建筑行业中工程档案资料的制作与管理是一个比较薄弱的环节。制作手段落后，效率低下；书写工具不合要求，字迹模糊；资料管理混乱，漏填、丢失现象严重。目前，工程档案资料的制作与管理，无法满足建筑工程档案整理办法的基本要求，制约了施工企业的进一步发展。

针对这一相对滞后的情况，目前市场上出现了大量的资料制作与管理软件，如品茗施工资料制作与管理软件，建筑工程资料管理系统，恒智天成建筑工程资料管理软件等，这些软件都具有自动计算、智能评定功能，凡是需要计算及判断的项目，系统可自动计算并给出判断。各表格表头数据可以自动生成，如"工程名称""施工单位"等通用信息，一个工程只需输入一次，一劳永逸。

这些软件的开发，彻底改变了过去落后的手工资料制作方式，极大地提高了资料员的工作效率，并且制作的资料样式美观，归档规范，给施工资料的制作与管理带来了一场新的技术革命。

> **特别提示**
>
> **文件管理—信息管理—信息化管理**
>
> 文件管理是项目信息管理的重要存在方式，信息管理比文件管理包含更多的内容。信息存在方式多种多样，文件只是其中的一部分，还有很多信息无法或不适合用文件的方式表达。例如，项目经理在向员工传达"必须按期完工"的信息时，不一定要用文件表达，可以是几句话、几个动作；项目经理和业主之间的一些未成熟的沟通，未必可以以信件的形式记录或表达。项目信息是对项目管理活动中具有参考价值的一切

数据、资料的总称。项目信息的形式主要有：个别谈话、集体口头协议、书面资料、其他媒介形式(音像、电话等)，信息的内容和形式多过文件。信息管理主要指信息的收集、传递、加工、处理，与文件管理类似，但内容和方式更加多样化。

信息管理渗透到项目管理的方方面面，比文件管理更具有广泛性。信息的收集是否及时、正确，传递是否及时、保真，将影响到项目的决策和项目内外对项目的评价，关系到项目的成败。抽象地讲，项目管理过程，就是一个物质流和信息流相互作用的过程，从这个意义上讲，信息管理并不是新概念，而是同项目管理同时并存的，只是越来越多的研究者意识到信息管理的重要性，而特别将其从项目管理中剥离出来。

随着计算机、网络和多媒体技术的普及，物质流的信息化程度和信息的保真程度越来越高，处理速度越来越快，对信息流的分析处理能力越来越强，同时通过信息流可监督和控制物质流。

2. 建筑工程资料管理软件功能的认识

建筑工程资料的编制与管理是建筑工程施工管理工作中的一项重要组成部分。施工资料是工程建设及竣工验收的必备条件，也是对工程进行检查、维护、管理、使用、改建和扩建的原始依据。为此住建部与各省市建设部门曾多次强调要做好资料管理工作，并明确指出，任何一项工程如果资料不符合标准规定，则判定该项工程不合格，对工程质量具有否决权。

软件功能介绍

建筑工程资料管理软件就是根据《建筑工程施工质量验收统一标准》《建设工程文件归档规范(2019 年版)》，并结合各省市的工程资料管理标准或规程及其施工质量验收规范的标准用表等，分别编制适合各省市具体情况的软件系统。

目前建筑工程资料管理软件大都具有以下功能。

(1) 自定义工程概况信息。按照表格填写要求，一次性定义工程概况信息，所有表格中有关信息自动填写完成，大大减少了表格填写工作量。

(2) 自动显示规范条文及填表指南。人性化的资料填写辅助工具，可实时查阅填表指南及相应规范条目，填写符合规范要求的数据。

(3) 专家评语模板。可提供规范结论填写模板，降低手工表格填写的工作量，保障表格填写符合规范要求。

(4) 自动判定监测点。根据规范要求，自动判定监测点是否符合规范要求，并可将监测点扩充至 50 个。

(5) 权限管理。根据规范要求可实现表格填写权限的全面分配，做到工程项目中各尽其职。

(6) 图形及文件插入。自由插入各种图像及 CAD 工程图，支持扫描仪输入，配备数码设备输入支持。

(7) 汇总和组卷。自动进行分项、分部(子分部)、单位工程汇总统计，自动生成有关各方及城建档案馆所需案卷。

第 6 章 工程资料管理现代化

(8) 数据传递与表格打印。数据可实时通过磁盘、电子邮件等途径与参建各方进行交换；所见即所得的打印功能，能输出精致美观的标准文件表格。

(9) 技术资料库。技术资料库收录了强制性条文原文、大量施工规范及施工工艺、通病防治等资料；设置施工技术交底模板；适用于全国的多种地方，可根据需要在全国各地进行资料库切换。

3. 品茗施工资料制作与管理软件(简称品茗软件)

品茗软件是杭州品茗科技有限公司研发的一套建筑行业施工现场资料制作与管理软件，其采用了建筑工程施工质量验收检查用表和建设工程(施工阶段)监理工作基本表格等建设工程质量监督站规定的标准表格样式，涵盖了施工现场所需的所有资料，包括检验批资料、质量保证资料、工程管理资料、安全资料、监理资料等。

品茗软件能快速实现表格填写、打印输出、多类型汇总统计、资料表格库管理(修改、添加模板文件)、工程备份及恢复等操作，同时又兼容 Word、Excel，满足不同的施工资料编制与管理的需要。软件的主要功能介绍如下。

(1) 软件进入。安装好品茗软件后，运行软件，显示软件管理主界面，如图 6.2 所示。为了保护工作成果，使用者也可以单击【工程】下的【设置工程密码】来为工程设置密码，如图 6.3 所示，工程密码管理界面如图 6.4 所示。

图 6.2 软件管理主界面

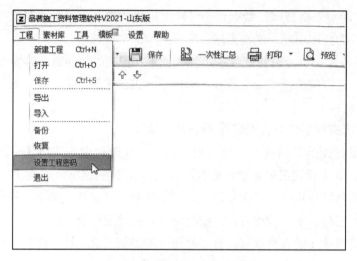

图 6.3 设置工程密码界面

图 6.4 工程密码管理界面

(2) 软件操作四步骤。软件可通过"新建工程—工程概况录入—资料填写—打印输出"操作即可快速建立一张资料表格。

步骤一：新建工程。首次打开软件，单击工具栏中【新建工程】按钮，弹出窗口如图 6.5 所示，单击【下一步】进入【工程概况】界面。

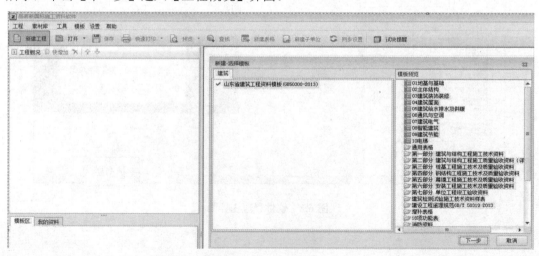

图 6.5 新建工程界面

步骤二：工程概况录入。如图 6.6 所示，在右边信息库中输入相应的工程概况信息，将左侧所列项目信息全部填写后，单击【完成】按钮，完成工程新建，进入工程的主界面。此时主界面内自动生成新建项目结构树。品茗软件在模板区提供了一套填写规范、表格齐全的示例工程，方便用户在实际工作中参考，如图 6.7 所示。

图 6.6 工程概况界面

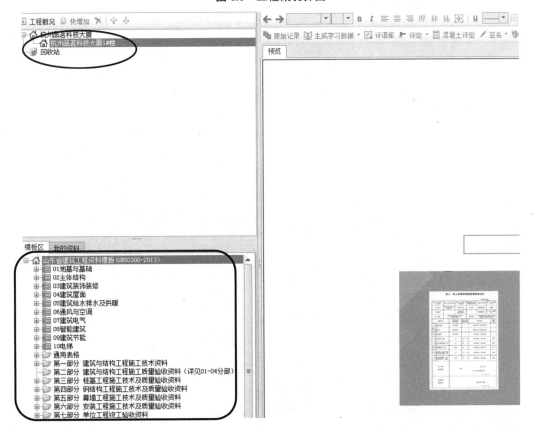

图 6.7 新建工程后的主界面

步骤三：资料填写。

① 表格创建：在主界面内，选择【新建表格】选项，如图6.8所示。在新建表格窗体中，选择要创建的分部、子分部工程，这时该子分部下的检验批及相关技术配套用表和监理用表都已经列出，在右边验收部位名称框输入相关的验收部位名称，选中要创建的检验批表格，如需同时创建施工技术配套用表，可单击【施工技术配套用表】插页，输入表格名称。选中施工技术配套用表输入表格名称后可以切换到其他分部、子分部、分项节点及其他的通用表格节点，重复新建步骤，完成后单击【确定】按钮，表格即创建完毕。上述步骤操作好以后，一个新的工程即创建完毕，效果如图6.9所示。

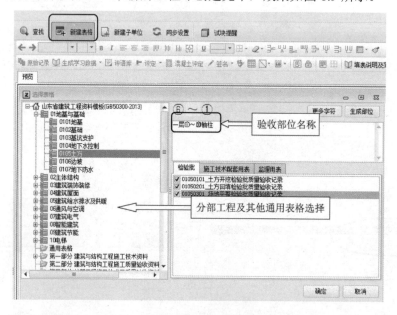

图6.8 新建表格界面

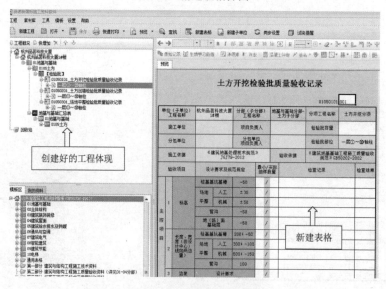

图6.9 创建好的工程界面

第6章 工程资料管理现代化

> **特别提示**
>
> 用户可以通过右键的全选或者反选来快速选表，如图 6.10 所示。

图 6.10 快速选表示例

② 表格编辑。工程建好后可以右击【展开】按钮，如图 6.11 所示，展开当前工程下所有的表格，选择要编辑的表格双击，表格就出现在右边编辑区域内，如图 6.12 所示，可以在右边的编辑区域进行表格编辑、修改。

对表格的文字输入、学习数据生成、示例数据导入、检验批评定，都通过表格编辑栏的按钮操作。

也可以多张表格同时打开进行多表编辑，选中要编辑的表格，一张张双击添加到右边的编辑框即可。表格编辑完毕后，双击表格名称保存退出。多表一起保存的话，可以右击选择【保存所有页】，也可以选择工具栏中的【保存】选项来快速地进行多表保存，如图 6.12 所示。

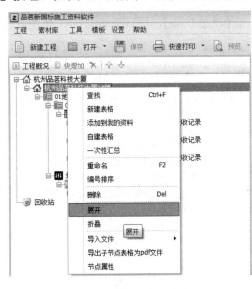

图 6.11 展开表格示例界面

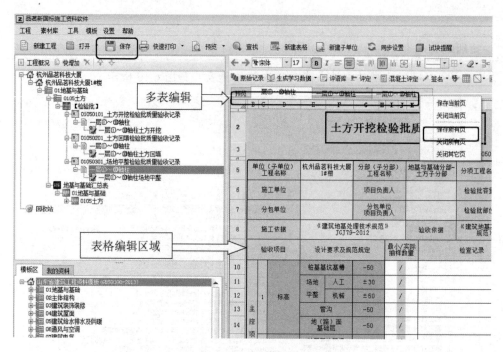

图 6.12　表格编辑界面

步骤四：打印输出。当表格编辑完以后，要打印输出。打印方式有两种：快速打印和批量打印。

① 快速打印：如果我们要打印单表，可以直接单击【快速打印】，如图 6.13 所示。不需要设置，即可直接打印输出，是否打印成功可以查看软件的状态栏显示信息。

② 批量打印：如果要多表打印，可以选择要打印的节点，例如子分部：混凝土结构，再单击工具栏上的【快速打印】按钮右侧的下拉箭头，在弹出的【打印管理】对话框中单击【批量打印】，进行批量打印，如图 6.14 所示。

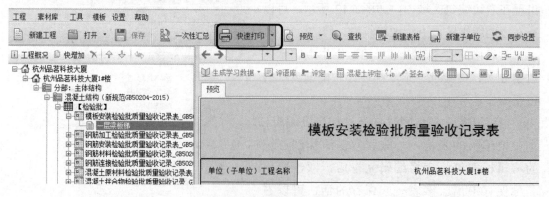

图 6.13　快速打印界面

(3) 统计汇总功能。

① 表头信息自动导入，无须手动填写。按照表格填写要求，一次性定义工程概况信息，表格中所有相关表头信息自动填写完成，减少了表格填写的工作量，如图 6.15 所示。

第6章 工程资料管理现代化

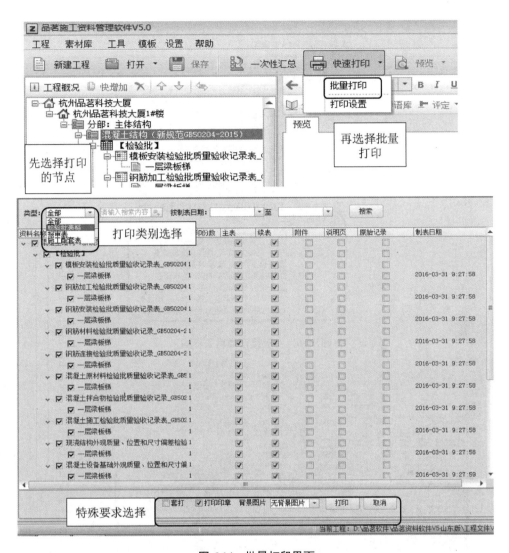

图 6.14 批量打印界面

单位（子单位）工程名称		杭州品茗科技大厦1#楼		
分部（子分部）工程名称		主体结构分部-混凝土结构子分部	验收部位	一层梁板梯
施工单位		浙江品茗建设集团	项目经理	张三
分包单位			分包项目经理	

图 6.15 表头信息自动导入示例

② 每增加一张检验批表，会自动生成相应的监理报审类用表，无须选中，如图 6.16 所示。

③ 对于实测项目，单击【生成学习数据】按钮，此时对应单元格中就会出现相应的学习数据内容，并自动生成一般项目超偏数据，打上超偏符号△，如图 6.17 所示。

269

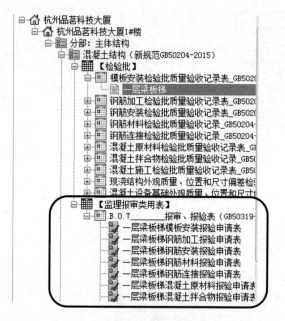

图 6.16 监理报审类用表界面

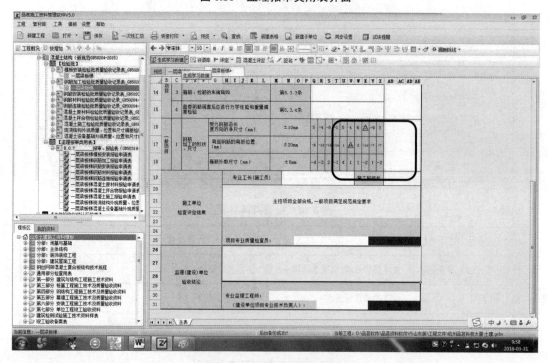

图 6.17 生成学习数据界面

④ 填好的实测数据需要进行评定。单击【评定】按钮,选择【施工评定】,系统给出评定结果,如图 6.18 所示;以混凝土评定为例,在用户将试块设计强度及试块强度值等相关信息输入完成后,单击【混凝土评定】按钮就可以判定该组强度值是否合格,如图 6.19 所示。

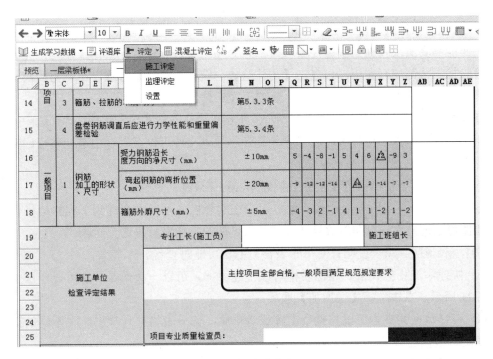

图 6.18 评定功能界面

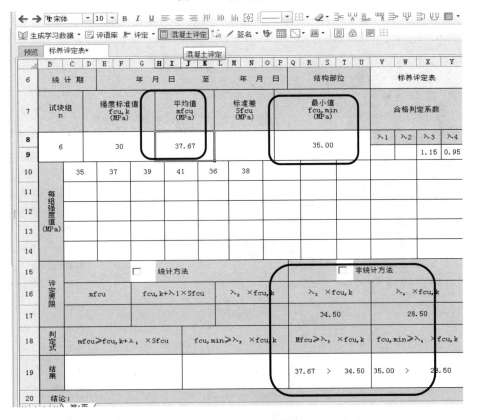

图 6.19 混凝土评定界面

⑤ 为规范工程质量检验工作，加强施工工序的质量控制，确保分部、分项工程的质量检验工作能够真实反映施工质量，要对分部、分项工程进行评定。具体操作为：先将要汇总的检验批表格都填写完毕；再右击【主体验收与统计汇总类】选项，在弹出的快捷菜单中选择【分部汇总】选项，完成分部、分项工程汇总，如图 6.20 所示。

(4) 导入外部文件。可以将原有的 Word、Excel 等外部文件导入软件。首先选中要导入表格所在文件的节点，再右击，选择导入文件，导入文件可以在软件中进行整理、新建、编辑等操作。

(5) 使用自建表格命令可在软件上新建 Word、Excel。

(6) 工程备份、表格异地操作。很多用户在实际操作过程中会遇到工程异地操作的情况，软件可通过导入导出和生成只做过的表格这两个功能来解决这一问题。

(7) 填表说明。填表说明针对每张表格，右击可随时查看。

(8) 快速添加相似表格。相似表格可以快速添加，可以一次一张，也可以一次多张。如图 6.21 所示，右击选择【快增加】选项。

(9) 资料数据共享。可以将整个工程或者单张、部分表格导入导出，在不同的计算机上实现资料数据的共享。

(10) 电子签名。可以直接将使用者的签名以电子格式插入到表格签字栏内。

(11) 资料库。资料库包括施工资料编制与管理过程中所需的标准、规范、图库、方案素材。

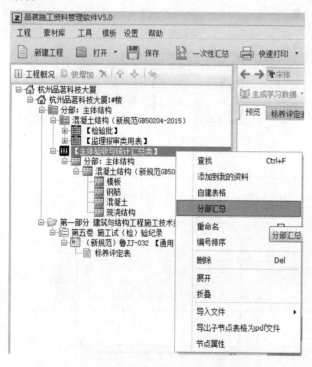

图 6.20 分部、分项工程汇总界面

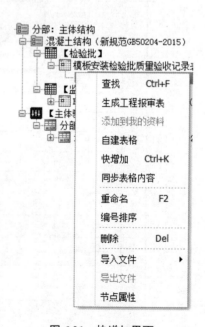

图 6.21 快增加界面

第6章 工程资料管理现代化

🏠 **推荐阅读资料**

《智能建筑设计标准》(GB 50314—2015)。

🏠 **任务训练**

1. 调查当地建筑单位采用信息化管理工程资料的软件。
2. 在网络上收集目前使用的工程资料管理软件名目。
3. 尝试在计算机上安装一款工程资料管理软件。

6.2 建筑工程管理现代理念与实践

🏠 **引例**

表 6-1 是××××项目"明智减废计划"及实施效果(2001/12—2002/12)。

表 6-1 ××××项目"明智减废计划"及实施效果(2001/12—2002/12)

序号	目的	目标	措施	效果	结论
1	尽量将泥土运往公众卸泥地	≥70%	在分包合同中明确要求；建立泥头车回票制度	78%	达到目标
2	控制钢筋损耗	≤5%	修改图纸中的钢筋搭接位置；采用螺纹对接；采购钢筋规格与图纸相符	3%	达到目标
3	控制混凝土损耗	≤3.2%	准确计算混凝土用量；准确计算尾数；多余混凝土用于零星或临时工程	2.6%	达到目标
4	控制洁具损耗	≤4%	注意搬运、存储，安装时要小心；逐件验收；避免返工	2%	达到目标
5	控制面砖、地砖损耗	≤5%	严格验收；小心搬运、存储；避免返工	4%	达到目标
6	控制纸张用量	A4纸400包	尽量采用电子文档；尽量采用传阅方式；双面用纸	520包	未达目标
未达目标项目的原因			项目6未达目标，主要原因是设计图纸质量有问题，需要增加许多小图予以补充说明		

思考

考察附近工程建设现场，收集工地管理资料，分析以下问题。
1. 工地文明施工体现在哪几方面？
2. 管理措施中涉及职工健康安全的有哪几条？
3. 工地现场安全设施有哪些？
4. 施工过程中环保管理投入有多少？
5. 施工现场是否采用全面一体化管理体系？

6.2.1 全面一体化管理

1. 全面一体化管理概述

全面一体化管理是指组织(企业)在所有领域内以质量、环境、职业健康安全为核心，以全面质量管理理论为基础，依据国际管理标准框架，融合其他管理要求，通过建立一体化管理体系，达到优化、整合、协调、一致的管理，其目的是使顾客满意，以及员工和相关方受益，从而达到长期成功。

全面一体化管理是当今企业管理的发展潮流，实施全面一体化管理，可以为建设工程项目实施提供良好的管理环境。工程监理企业不仅应审查工程承包单位的一体化管理体系，而且应建立自己的一体化管理体系，追求卓越绩效管理。

2. 狭义一体化管理体系

狭义一体化管理体系又称为"三标一体化管理体系"。它是组织依据三大标准建立的质量、环境、职业健康安全的一体化管理体系，其目的是满足顾客、社会、员工及组织相关方要求，用于第二方(如业主)评价认定或第三方审核认证注册，这是对一体化管理体系的最基本要求。

3. 广义一体化管理体系

广义一体化管理体系亦称全面一体化管理体系。它是在狭义一体化管理体系基础上的发展，其目的在于组织绩效改进，追求卓越，满足顾客、社会、员工及组织相关方的期望。广义一体化管理体系是组织一体化管理的较高要求。

4. 编制一体化管理体系文件的前提条件

编制一体化管理体系文件至少应具备以下条件。
(1) 初步确定了组织的方针目标。
(2) 基本确定了管理体系的主要管理过程及其需要开展的主要活动。
(3) 明确了组织结构设置或调整的方案。
(4) 已完成组织职能的再分配。

5. 一体化管理体系文件的编制程序

一体化管理体系文件的编制应在管理体系分析的基础上进行。管理体系的分析可以看做是管理体系的方案设计，而一体化管理体系文件的编制则相当于管理体系的详细设计。

(1) 建立管理体系时的文件编制顺序。组织(企业)新建立一体化管理体系时，管理体系文件一般按管理手册(含管理方针)、程序文件、工作指导书和记录的顺序进行编制。也可在管理体系分析的基础上，列出体系文件总表，然后根据实际需要，先编制急用的程序文件和工作指导书,再完善管理手册及其他文件。实际上,管理体系文件的编制顺序不是一成不变的,必要时可同步交替编制。

(2) 整合管理体系时的文件编制顺序。多数组织(企业)是在原有管理体系文件的基础上,编制一体化管理体系文件。因此,在着手编制一体化管理体系文件之前,首先应完成两项工作:一是在调查现行管理体系文件的基础上,制订一体化管理体系文件的编制计划;二是制定一体化管理体系文件的编写指南或范例,用以规定管理体系文件的体例及格式。

6.2.2 建筑工程项目管理信息化

1. 建筑工程项目管理信息化概念

建筑工程项目管理信息化是指在建筑工程项目管理涉及的各方主体及各个阶段广泛应用信息技术,开发信息资源,以促进建筑工程项目管理水平不断提高的过程。信息技术的渗透性强、发展快,以及工程项目自身的复杂性,使得建筑工程项目管理信息化的内涵极为丰富,并处于不断地发展变化之中。建筑工程项目管理信息化具有信息收集自动化、信息存储电子化、信息交换网络化、信息检索工具化及信息利用科学化等特征。

建筑工程项目管理信息化不仅意味着利用信息设备替代手工方式的信息处理作业,更重要的是提高建筑工程项目的经济效益和社会效益,以达到工程项目建设增值的目的。

2. 建筑工程项目管理信息化发展现状

近年来,信息技术在建筑工程项目管理中的应用得到长足发展。部分大型企业建立了信息网络,并将其作为建筑工程项目信息交流和管理不可缺少的工具。有的企业开发应用了建筑工程项目管理信息系统,有少数工程项目管理中应用了监测和自动控制技术,更多的企业则在建筑工程项目管理工作中使用了各类专业软件,如建设工程投标报价软件、进度计划管理软件、合同管理软件、材料管理软件等。

具体而言,信息技术在建筑工程项目管理中的应用体现在以下几个方面。

(1) 互联网数据库技术的应用。应用诸如 Oracle、DB2 等数据库,开发建筑工程项目管理信息系统;对工程项目进展过程中产生的海量信息,包括文字、图形文档和声音、视频资料实现有效存储和快速查询。

(2) 项目信息门户 PIP(Project Information Portal)的应用。PIP 为工程项目建设参建各方提供项目全寿命期管理中所需要的大部分信息,如项目编码、权限管理、费用管理、进度管理、质量管理等。

(3) 自动控制技术的应用。对建筑工程项目费用、进度、质量影响因素进行量化,将系统行为和形态、数学模型和物理模型及其时空表现模式有机地结合起来,建立系统仿真模型并求解,然后进行纠偏校正,实现工程建设目标的有效控制。

(4) 先进监测系统的应用。采用摄像监视系统,覆盖整个施工现场,用以监视施工现场安全、消防等工作,既降低了施工现场的管理难度,又提高了项目管理效率。

(5) 虚拟现实(VR)技术的应用。应用虚拟现实技术可以建立工程项目的多维信息感知模型,创造特定的工作方式和环境来解决需要花费大量人力、财力和精力才能解决的工程项目管理实际问题。虚拟现实技术的应用,使工程项目管理者获得一个先进的认识世界和改造世界的工具。

3. 建筑工程项目管理信息化的意义

建筑工程项目管理信息化的意义主要体现在以下几个方面。

(1) 可以加快项目信息交流的速度。利用信息网络作为项目信息交流的载体，可以大大加快项目信息交流的速度，减轻项目参建各方管理人员日常管理工作的负担，使人们能够及时查询工程进展情况，及时发现问题做出决策，从而提高工作效率。同时，项目管理信息化能够为项目参建各方提供完整、准确的历史信息，方便浏览并支持这些信息在计算机上的粘贴和复制，可以减少传统管理模式下大量的重复抄录工作，极大地提高项目管理工作的效率。

(2) 可以实现项目信息共享和协同工作。利用公共的信息管理平台，既有利于项目参建各方的信息共享和协同工作，又有利于项目参建各方组织内部各部门、各层级之间的信息沟通和协调。在信息共享环境下通过自动地完成某些常规信息发布，可以减少项目参与人之间的信息交流次数，并能保证信息传递的快捷、及时和通畅。这样，不仅有助于提高项目管理工作效率，而且可以提高项目管理水平。

(3) 可以实现项目信息的及时采集。建筑工程项目管理信息化能够适应项目管理对信息量急剧增长的需要，允许实时采集每天的各种项目管理活动信息，并可以实现对各管理环节进行及时便利的督促与检查，从而促进项目管理工作质量的提高。

(4) 可以存储和分析项目全部信息。实现建筑工程项目管理信息化，可以将项目的全部信息以系统化、结构化的方式存储起来，甚至可以对已积累的既往项目信息进行高效的分析，从而为项目管理的科学决策提供定量的分析数据。

(5) 可以促进项目风险管理水平的提高。由于建筑工程项目的规模、技术含量越来越大，以及现代市场经济竞争激烈等特点，使得工程项目的建设风险越来越大。项目风险管理需要大量的信息，而且需要迅速获得并处理这些信息。现代信息技术给项目风险管理提供了很好的方法、手段和工具，建筑工程项目管理信息化能够大大提高项目风险管理的能力和水平。

6.2.3 职业健康安全管理

1. 国际劳工组织与施工安全

国际劳工组织保护工人免受"职业给他们带来的疾病和伤害"，是国际劳工组织宪章赋予该组织最基本任务之一。国际劳工组织是把政府、雇主和工人代表组织到一起的机构，也就是把直接关系到预防工伤事故和职业病的大多数人组织在一起。这样的组织结构有明显的优越性，使它的活动方式更加符合实际，并在某种国际水平上可确定现实的工作重点，促使国际劳工组织的决定能在工作场所得以实现。为了帮助各成员国制定和执行各自的安全和保健措施，消除和减少职业危害，国际劳工组织开展了多种多样的活动，见表6-2。

第6章 工程资料管理现代化

表6-2 国际劳工组织帮助各国开展的职业安全和保健活动

序号	国家活动	国际劳工组织的活动
1	立法	公约、建议书和在起草法律方面提供咨询
2	规章制度	规章制度的样本、实践的样板和技术指导
3	技术和医疗检查	手册、指南、技术出版物和资料服务中心
4	安全和保健机构的咨询	训练班、讨论会、代表会、技术指导和合作
5	为雇主提供信息的活动及专家培训	座谈会、出版物
6	工人教育	座谈会、出版物、直观教具

1988年6月20日国际劳工组织全体大会第75届会议通过了《1988年建筑业安全卫生公约》。到1993年已有匈牙利、捷克、伊拉克、墨西哥、挪威、危地马拉等国家批准了此项公约，后又有泰国、马来西亚、韩国等国家和地区批准实施该公约。

制定公约的目的，是在一切施工活动中采取预防和保护措施，防止各种事故和职业病，保护工人的安全和健康。公约规定了采取预防和保护措施的行动领域。公约适用于一切建筑施工活动，即建筑工程、土木工程、吊装及拆除工作，包括从场地准备到项目竣工的建筑工地上的所有工序及运输。公约规定，批准公约的各成员国应与最有代表性的雇主组织和工人组织商量应采取的措施，以使本公约各项规定付诸实施。公约特别规定了要通过法律、条例、标准或其他适当的方法(包括培训)，使公约各条款实施，并使之持续有效。

> **特别提示**
>
> **国际劳动公约与建议书**
>
> 国际劳工组织通过各项公约和建议书，规定了国际劳动标准。这是国际劳工组织最悠久和最重要的职能之一。1919—1988年，国际劳工组织已通过169项公约和176项建议书，其中以职业安全与卫生内容为主的有84项公约、70项建议书。国际劳工组织制定的公约必须经过成员国批准，以产生约束力，使得公约的各项规定付诸实施。各成员国应将组织通过的所有公约上报国家主管当局(国会或其他立法机构)批准，国家主管当局应对采取的行动做出决定。
>
> 当一个成员国批准了某项公约之后，此项公约就对该成员国具有约束力，应保证实施其条款及规定。建议书则是为政策、立法和实践提供指导，所涉及的范围比公约要大。其处理那些不要求承担正式义务的问题，不需要成员国的批准。它提出了总的或技术性的指导方针，并且往往是相应公约的补充，其目的是在某些领域指导成员国制定有关国家政策。这些国际劳动公约的重要性在于其实施效果。为了确保公约义务的实施，国际劳工组织建立了监督程序。即批准了某项公约的国家，必须在实践中对

实施公约的情况定期提出报告，雇主组织和工人组织也有权提供情况，专家委员会对这些报告进行审议，审议结果将在每年一次的国际劳工组织全体大会的一个三方委员会上进行讨论。对于公约未得到批准的成员国，国际劳工组织可要求成员国政府提出报告，说明该国的立法和国家管理是否与这些标准相一致，如不一致，成员国政府可提出实施这些标准的困难。

2. 职业健康卫生与安全及环保管理相关条款

现在建筑工程承包商已意识到职工健康安全及现场环保管理的重要性。其中职业健康卫生与安全及环保管理相关条款见表6-3。

表6-3 职业健康卫生与安全及环保管理相关条款

序号	项 目 条 款
1	雇主应该保证在现场的雇主人员配合承包商工作，并遵守有关安全和环保规定
2	承包商应对其现场作业以及施工方法的安全性和可靠性负责
3	向承包商提出安全施工的规定
4	承包商应避免施工过程中对公众等产生不必要的或不当的干扰
5	承包商应采取一切适当措施，保护现场内外环境
6	承包商有责任处理好现场安保
7	承包商应使现场井井有条，处于清洁和安全的状况
8	承包商应遵守所有适用于承包商人员的相关劳动法，并且要求其雇员遵守所有适用的法律
9	除正常工作时间以外，为保护生命和财产，或为工程安全，承包商可以加班工作，但应事先通知工程师
10	承包商应采取合理的预防措施，维护承包商人员的健康和安全
11	承包商应始终采取措施，保证人员、现场和财产的安全和安定
12	工程师可指示承包商实施因意外等原因引起的，为工程安全急需的任何工作
13	地表需要复原，尤其有绿化方面规定的时候
14	缺陷通知期内，基于安保原因，雇主可对承包商的进入权进行合理限制
15	由雇主终止合同后，承包商撤离现场时，应尽力保护生命及财产安全
16	合同终止生效后，承包商应按工程师的指示保护生命、财产或工程的安全

知识链接

表6-4是国际劳工组织提出的施工安全与卫生公约主要内容。

表 6-4 国际劳工组织提出的施工安全与卫生公约主要内容

项目	序号	主 要 内 容
雇主的责任	1	国家法律应要求雇主有义务遵循工作场所的安全和卫生规定，全面提供安全和卫生的工作场所
	2	雇主应落实国家法律或条例规定的安全和卫生措施，在保证职工安全和卫生方面承担责任与义务
	3	在工人有紧急危险时，雇主应立即采取措施停止作业，并适当疏散工人
工人的责任	1	在执行规定的安全与卫生措施方面与雇主尽可能地密切合作
	2	注意自己的安全与卫生，也要注意可能由于自己工作中的行为或疏忽而影响他人的安全与卫生
	3	使用供他们支配的设施，不滥用为保护他们自身或其他人而提供的任何东西
	4	向直接管理人员或工人安全代表报告认为可能造成危险而自己又不能适当处理的任何情况
	5	遵守规定的安全与卫生措施
工人的权利和义务	1	工人有权利和义务在任何工作场所，在他们所控制的设备和工作范围内参与确保安全施工的工作，并对已采用的可能影响安全与卫生的程序发表意见
	2	工人有权在有充分理由认为环境对其安全或卫生构成严重威胁时离开险境，并有责任立即通知管理人员
	3	在信息和培训方面，工人应充分而适当地：获得他们在工作场所可能会遭遇到的安全与卫生方面危险的信息；获得就预防和控制这些危害以及人身保护措施的指导和培训
雇主和工人之间的合作	1	应按照国家法律和条例规定的方式，采取措施保证雇主和工人之间的合作，以促使施工工地的安全与卫生。为了确保雇主和工人有组织地进行合作，建议书建议应根据国家法律和条例，或主管当局的规定，采取以下措施：设立代表雇主和工人的安全卫生委员会，并赋予规定的权利和责任
	2	选择或指定工人安全代表，并赋予规定的权利和责任
	3	由雇主指定具有一定资历和经验的人员来实施及督促安全与卫生工作
	4	培训安全代表和安全卫生委员会成员
国家政策	1	各成员国应根据国家条件与惯例，并与最有代表性的雇主组织和工人组织协商、制定、实施和定期审查有关职业安全、卫生和工作环境规定的国家政策。政策的目的是在合理及切实可行的范围内，把工作环境中的危险因素减少到最低限度，以防止来源于工作、与工作有关或在工作过程中发生的事故和其对健康的危害
	2	在制定国家政策时应明确规定公共机关、雇主、工人或其他有关人员在有关职业安全、卫生和工作环境方面的职能和所承担的责任
工作场所安全	1	施工中大多数工伤事故原因是高处坠落或材料、设备造成的物体打击。混乱不堪的作业现场往往是造成此类事故的主要原因。因此公约对工作场所安全提出以下规定：应采取一切适当的预防事故的措施，以确保所有工作场所安全，消除妨碍工人安全和卫生的危险
	2	应提供和保持进出所有工作场所的安全通道，在适当地方加以标记
	3	应采取一切适当的预防措施，保证建筑工地的人员或其附近的人员免遭工地可能发生的一切危险

续表

项目	序号	主要内容			
工作场所安全	3	3-1	施工工地应建立和实施施工现场管理计划，包括以下规定：材料和设备的适当存放；定期清除废物与垃圾		
		3-2	在不能用任何其他办法保护工人避免从高处坠落的情况下，应安装和保持合适的安全网或安全挡布，并应提供和使用合适的安全带		
		3-3	雇主应加强对工人的培训和教育，使工人能正确使用劳保工具。劳保工具及防护服应符合有关部门指定的标准，尽可能考虑人类工程学原理		
		3-4	施工机械设备应由合格人员逐个检查，保证安全。国家法律和条例应考虑由于设计时未考虑人类工程学原理而设计的机械设备和系统所引起职业危害的事实		
	4	应教育工人遵守脚手架、提升设备和传送设备、土方运输和材料装卸设备等固定装置及机械设备的安全使用规定			
	5	应广泛宣传几种危险作业(高空作业、水下作业、拆除作业等)的安全生产规定			
	6	应教育工人遵守挖掘工程、竖井、土方工程、地下工程和隧道、结构框架及模板、围堰和沉箱的安全生产规定			
	7	应教育工人遵守预防电气伤害的规定			
		7-1	一切电气设备与装置应由合格人员施工、安装与维修		
		7-2	施工前和施工期间采取适当步骤查明工地中的地下、地上任何通电的电缆或电器所在位置，并防止其对工人造成危害		
		7-3	在建筑工地铺设和维修电缆或电器，应遵守国家级的技术规则和标准		
	8	创建安全的劳动环境			
		8-1	主管当局应按照国家法律或条例在规定的时期内监测工作环境，并对工人的健康状况做出评估		
		8-2	对于使用有害于工人健康的化学、物理或生物物质，应该做如下处置		
			(1)	让使用者了解有毒物质对健康的危害及正确使用方法，因此建议书做如下建议	
				(a)	主管当局应建立情报系统，根据全世界的科研成果，向建筑师、承包商、雇主和工人代表提供关于在建筑业中因使用有害物质而伤害健康的信息
				(b)	建筑业所用产品的生产厂家和商人，在提供产品的同时，应提供与其产品有关的危害健康的信息，以及应采取的预防措施
				(c)	在使用含有害物质的材料及清除和处理废物时应按照国家法律或条例严格保障工人和公众的健康，保护环境
				(d)	凡采用新的产品、设备或工作方法时，应特别提醒工人注意安全与卫生，并注意必要的培训
				(e)	有害物质应有明确的标志，应贴上标签说明有关的特点和使用方法，应按国家法律或条例以及有关当局的规定对有害物质进行处理
				(f)	主管当局应当确定哪些有害物质禁止在建筑业使用

续表

项目	序号			主 要 内 容
工 作 场 所 安 全	8	8-2	(2)	接触有害于工人健康的化学、物理或生物物质时,公约规定了以下预防措施以避免接触
			(a)	尽可能以无害或危害较小的物质取代有害物质
			(b)	采取适用于装置、机械设备或加工过程的技术措施,以密闭使用化学物质
			(c)	在不可能遵守上述(a)或(b)时,采用其他有效措施,包括使用个人防护用具及防护服
		8-3	(1)	对有关危险气体所采取的措施应当包括事先有书面证明或取得有资格的人员同意或通过任何其他形式的文件,以表明可进入可能有危险气体的场所,并在履行特定的手续后方可进入这些场所
			(2)	主管当局应为有接触离子辐射危险,特别是在核能工业中从事维护、改造和拆除建筑的工人,制定并执行严格的安全条例
		8-4		施工工地上,在工人可能经过的每一个工作场所和任何其他地方均应提供充分和适用的照明,需要时提供手提式照明设备
	9	个人防护用品及防护服		
		9-1		尽管在方案规划及作业设计阶段考虑到了所有预防措施,但进行建筑施工时,在大多数情况下还是需要某些个人防护用品和防护服,以控制工人所面对的危险。但使用个人防护用品存在下列不利因素: ·佩戴个人防护用品可能引起工人不舒适且降低作业效率; ·要求额外的管理以检查个人防护用品防止其损坏; ·使用个人防护用品一般比采取防护措施费钱。 总之在大多数情况下消除隐患比使用个人防护用品更安全更经济。 因此,在一切可能的情况下,应优先采取措施,消除潜在危险。当使用个人防护用品保护工人的安全和健康时,必须有正确的贮存、发放、装配、培训、佩戴、检查、维修、保养和更换计划。公约对此做了如下规定: ·如采用其他方法无法保证工人免遭事故伤害或损害健康的危险时(包括处在有害环境时),雇主应按国家法律或条例的规定,根据工种和危险的类别,向工人提供个人防护用品和防护服,并加以维护,费用不由工人负担; ·雇主应为工人提供适当方法,使其能使用个人防护用品并应保证这些用品的恰当使用; ·个人防护用品和防护服应符合主管当局规定的标准,并尽可能考虑人类工程学原理; ·应要求工人正确使用和保管好供他们使用的个人防护用品和防护服
		福利设施		
		9-2		建筑行业工作艰苦,体力劳动繁重,环境既危险又脏乱、福利设施是良好工作条件的重要组成部分。良好的福利设施不仅能改善工人福利,而且也能提高作业效率。公约和建议书对此提出以下规定及建议

续表

项目	序号			主 要 内 容
工作场所安全	9	9-2	(1)	应在每一施工工地或在其合理就近范围提供充足的卫生饮用水
			(2)	应向每一施工工地或在其合理就近范围，按工人人数及工期长短，提供及维护以下福利设施
			(2) (a)	为男女工人分别提供卫生间和盥洗室
			(2) (b)	更衣、存放和晾衣服设施
			(2) (c)	就餐条件和在恶劣气候条件下暂停工作时的休息场所
			(3)	在适当情况下，根据工人的人数、工作日数及工作时间和地点，应在建筑工地及其附近提供能获得或准备食品饮料的适当设备
			(4)	当建筑工地远离工人的家，而在工地和工人的家之间又不具备良好的交通条件时，应在工地为工人提供适当的住所，并为男女工人提供分开的卫生间、盥洗室和卧具
		9-3		急救设施
			(1)	雇主保证随时提供急救服务(包括训练有素人员)。应做出安排，保证运送遭遇事故或急病的工人去医院
			(2)	主管当局和最有代表性的有关雇主组织和工人组织经过磋商后，根据国家法律规定，提供急救设施和人员
			(3)	在有溺死、窒息或电击危险出现的工作中，急救人员应掌握抢救技术，并熟悉营救程序
	10			事故报告 国家法律或条例规定在一定时间内向主管当局报告工伤事故和疾病的情况
	11			履行公约 为了确保公约的实施，公约规定如下
		11-1		各成员国应采取一切必要措施，包括规定适当的惩罚和纠正措施，以确保有效地执行本公约的各项规定
		11-2		提供适当检查设施，以监督根据本公约应采取的措施的执行情况，并为这些设施提供完成任务所必须的手段，或确保已进行适当检查

3. 安全管理

1) 安全管理的重要意义

在施工过程中，防止工伤事故、保证人身安全是一个有公德承包商最基本的职业守则，而且在国际工程中尤其重要，它不但体现了承包商的管理水平，并且还严重影响着承包商的公众形象。

根据一些国家的政府有关部门统计，建筑行业的工伤意外率和工伤死亡率在所有的制造行业中居于前列，建筑行业的安全管理具有重要的意义。

虽然，从统计学角度来讲，建筑工地上的伤亡事故是难免的，但绝大多数的意外是可以通过严格的安全管理来避免的。

建筑工地的工伤意外事故，不但对受害者及其家属造成灾难性后果，往往也会使承包商付出沉重的经济代价，并影响其经营管理形象。

第 6 章 工程资料管理现代化

安全的施工环境可以从心理上影响工人，使工人安心工作，提高工作效率；使工人感觉到管理者严格管理的决心，更加注重质量方面的控制。

工程的国际性，往往决定了承包商来自其他地区，而工人多数来自当地。承包商对工人安全健康的疏忽往往会导致当地政府部门和工人的抗议，甚至上升为政治问题。

承包商的安全记录，对承包商投标具有重要影响。

国际工程的合同中，多数会有涉及安全施工和劳务人员的健康与安全问题的条款，甚至在工程量清单中列出与安全管理活动有关的赔偿内容。

综上所述，安全管理必须得到足够的重视与投入，真正在行动上、效果上做到"安全至上"，而不是仅仅停留在口头、文字上。

2) 安全管理计划的制订、内容及保证措施

安全管理计划，体现了安全管理的目标、总体思路和具体实施原则，是工地安全管理的指南。安全管理内容涉及方方面面，同时为了确保安全管理的有效运用，应有组织保证、物质保证、制度保证、技术保证措施，具体内容见表 6-5。

表 6-5 安全管理计划的制订依据及计划内容与保证措施表

项目	序号	主 要 内 容
安全管理计划的制订依据	1	当地有关建筑工地安全、健康管理的法规
	2	公司有关建筑工地安全、健康管理的政策、文件
	3	合同中有关工程安全、健康管理的有关内容
	4	工程本身的特点：环境、结构、施工方案等
	5	其他类似工地的安全、健康管理经验与资料
	6	项目管理者、安全计划编制者及其他有关人士(如业主工程师、有关政府部门的工作人员、安全专家)等的经验与意见
安全管理计划的内容	1	安全管理政策 项目的安全管理政策一般参照公司的安全管理体系的政策和工地的实际情况而制定，承诺提供符合标准的安全和健康的工作环境，确保公司员工、分包商工人、与工地有关的第三者的人身安全和健康，减少意外事故，杜绝违例检控和严重安全事故，将意外率控制在合理水平
	2	安全健康管理的有关法律条文 罗列工地所在地必须要遵守的有关安全健康管理的法律条文，便于遵守
	3	安全管理的组织机构与职责分工 同项目的管理组织机构相对应，并分配相应的安全管理责任。特设"安全管理委员会"，跟进、促进、监控安全管理计划的实施。安全管理委员会应包括项目主要领导、工程师、总管及分包商代表、工人代表，以便全面沟通
	4	安全培训和演习 对员工和工人进行入职培训、工地座谈、专题培训、管理培训及演习，提高安全意识，认识安全健康的工作方法
	5	工作许可证制度 凡是进行某些风险较大的工作(如爆破工作、在密闭空间进行的工作)，分包商应向项目管理班子提供适当资料，提出申请，做好安全措施，并将批准的申请悬挂张贴在工作地点

续表

项目	序号	主要内容
安全管理计划的内容	6	**安全巡查和审核** 定期或不定期地进行安全巡查，及时消除工地存在的安全隐患；公司质安部或外部独立审核机构对项目的安全管理体系进行内审和外审，纠正管理体系中的不合格点
	7	**风险评估** 预先对不同的工种、工作环境、工作机械设备、特殊施工方案进行分析，寻找可能造成人身伤害的因素，采取相应的安全防护措施和监控方式，确保施工在安全的情况下进行，降低意外率
	8	**个人防护用具** 针对不同施工环境佩戴相应的个人防护用具，如安全帽、安全鞋、口罩、护目镜、耳塞、安全带等，减少施工工作对人的身体器官的损害
	9	**意外事故调查程序** 应调查了解事故的发生原因，评价意外的严重程度，寻找减少或避免类似事故发生的措施
	10	**紧急应变程序** 突发事件的紧急应变处理应程序化，加快反应速度，预防或减少对工程、工人、社会的可能损失
	11	**安全推广** 通过组织一系列活动，推广安全政策，激励员工和工人进行安全生产
	12	**健康保证程序** 评估施工对员工和工人的身心健康的影响，并尽量将负面影响降低至最小
	13	**分包商的选择和控制** 选择安全表现一向良好的分包商，并在施工过程中密切关注和控制
	14	**生产过程控制程序** 针对不同工种、工作环境、施工机械进行风险评估，制定相应的安全生产程序，保证生产顺利、安全地进行
实施安全管理组织保证	1	按照安全管理计划的要求，项目经理领导建立适当的安全管理组织机构，作为工程安全生产的组织保证措施。一般包括两种组织，一种是以项目经理为首，由承包商和分包商联合组成的安全生产管理委员会，由安全主任主持工作；另一种是在项目经理直接领导下，由项目管理组织成员构成的安全管理小组。安全生产管理委员会，通过组织成员(承包商和分包商的单位负责人、安全负责人等)传达、落实项目的各项安全规章制度，并定期总结、改进。安全管理小组，在项目经理的领导下，通过项目各部门的负责人，发挥部门的安全管理职能，完善、传达、落实各项安全规章制度，保证工程顺利进行。无论是安全生产管理委员会，还是安全管理小组，都要处于项目经理的领导之下，但日常的管理工作主要由安全主任专职负责。安全主任是保证工程安全生产的重要角色，必须具有足够的专业知识、经验和职业精神。通常在国际工程的合同中，会有关于安全主任的资质要求，有的地区则体现在法律条文中，类似要求必须予以满足
实施安全管理物质保证	1	安全管理需要足够的物质保证。有的工地安全表现差，往往是项目经理处于表面上的成本的肤浅考虑，舍不得投入造成的。安全事故的发生具有偶然性，但当投入不够时，偶然性可能就成为必然性。承包商不但自己要做出物质保证，而且要督促分包商做出应有的投入，保证安全生产措施足够，符合标准

第 6 章 工程资料管理现代化

续表

项目	序号	主 要 内 容
实施安全管理制度保证	1	每个项目都应该有一套完善的保证安全生产的规章制度,并严格实施,确保安全管理计划得到持续实施,有效预防安全事故,避免违反当地有关法律。 项目的安全管理制度,首先要符合工程所在地的法律制度、合同中的有关条文、公司安全制度与政策、技术规范、安全操作规程和工程的实际情况
实施安全管理技术保证	1	对于高风险的工作,如高空工作、密闭空间工作、垂直运输工作等,需要做出专门风险评估,对于工作环境需要做出特别安排,必要时,需要一个安全工作方案和合格人士确认。例如,塔式起重机重叠调运区的操作,需要做出特别安排,如配置预警系统、制定安全工作程序,并对塔式起重机操作人员、调运指挥员等进行特别培训和交底

知识链接

1. 安全管理

(1) 急救设备。规模较大的工地,甚至会设立设施比较完善的医护室。工地应具备紧急初步处理伤情的能力。

(2) 劳保用品。购置足够的合乎安全要求的劳保用品和器械,如安全帽、安全绳、安全带、安全网、安全鞋、护目镜、耳塞、口罩等。

(3) 消防器材。按照有关的规定,购置足够的消防灭火器具,如消防泵、灭火罐、消防龙头等;设置安全仓,储存易燃易爆物品;对于炸药仓库等,要设专职警卫。

(4) 培训设施。购置多媒体培训设备和教材,安排足够桌凳和场地。

(5) 安全措施材料。这是一项比较大的持续投入,如购置合乎安全要求的高空工作平台、出料台;具有防漏电功能的临时电气设施、照明设备、安全围栏、临时安全通道、安全吊具等。

2. 保证最基本的安全生产制度

(1) 定期召开安全生产会议。根据不同的施工阶段、季节,有针对性地预先安排,并组织落实安全生产制度的执行,体现"预防为主"的安全管理宗旨;针对现阶段或以前发生的安全问题或隐患,分析原因,制定措施,不断改进。

(2) 定期检讨安全生产制度和安全管理计划的执行情况。项目经理应组织人员,定期检查安全管理资料和现场安全管理现状,改进安全生产管理的同时,注意完善制度;不断定期检讨安全管理计划的执行情况及跟进相关法律政策的变化,及时调整安全管理计划。

(3) 牢固树立"安全第一"的意识,贯彻"安全第一,预防为主""生产须安全,安全为生产"的指导思想,在安排工作时,首先注重安全。

(4) 安全培训制度。制定、实施安全培训制度,通过入职培训、工地座谈、专题培训、管理培训及演习,提高安全意识;通过组织工人参加工地早操会,舒展工人肌体,提高注意力,清楚当天工作的风险,减少工伤事故的发生。

(5) 落实奖惩制度。从经济和精神上对安全表现好或对安全工作做出突出贡献的个体或团体进行奖励,对违章作业者进行处罚,奖惩有据可依,及时到位,做到制度化,从而激励员工和工人注重安全工作。

4. 环保管理

1) 工地环保管理的内容与措施

在工地推行系统的环保管理,并实施 ISO 14001 环保管理体系,是近年才开始提倡的。不过在此之前,不少项目在进行施工时,出于成本、公德、当地法律要求等考虑,环保管理一直都在自觉或不自觉地进行中。环保管理主要内容包括减少污染,降低污染的影响,节约资源,减少废弃物,垃圾分类处理等,从而达到工作环境健康,最低限度扰民,最低限度消耗资源,最低限度污染环境,符合当地法律要求等管理目标,提高综合管理水平,增加承包商的社会信誉。从大的方面划分,环保管理一般包括控制污染、节约资源两个方面。

> **特别提示**
>
> 不少国家和地区,环保管理的记录对投标资格甚至标价有重要影响,如在中国香港,如果承包商的一个工地在连续 6 个月内有 5 次或以上的环保违例,将面临暂停其工程投标的严重处分。特别是在国际工程中,ISO 14001 环保管理体系的认证已经成为市场准入的必要条件。通常,工地施工过程中的主要污染、污染源、危害及处理措施见表 6-6。

表 6-6 工地施工过程中的主要污染、污染源、危害及处理措施

序号	类型	污染源	危害	处理措施
1	空气污染	工地尘埃 易产生尘埃的物料堆 机械打磨或破碎 清扫工地干燥垃圾 未覆盖的泥面 干燥的车辆通道	被工人或工地外的路人吸入肺部,易产生肺部积尘等职业病,甚至肺癌	操作工人或邻近受影响的工人应佩戴能有效隔离粉尘的口罩;覆盖易产生尘埃的物料堆或泥面;通道或工作面洒水;车辆进出工地要清洗车轮;机械打磨或破碎工程进行时,要不断淋水或喷洒抑制粉尘的化学剂
		烟、雾、其他刺激性气体 机械黑烟排放 焊接工程、切割工程 油漆工程、防水工程	刺激眼、鼻等,并由此引发其他不适症状	加强空气流通;采用刺激性小、挥发性弱的涂料;禁止在工地内焚烧垃圾及用烟火驱蚊
2	噪声	一切产生噪声的操作: 一般建筑工程车辆撞击、打桩工程、施工机械机电调试	长期在高噪声环境下工作,对听力可能造成不可恢复的损伤;降低工人的注意力和心理忍耐力,导致安全事故;影响周围居民或工作人员正常的工作和休息	限制工作时间;采用低噪声的生产工艺或设备;工作时间之外进行的施工,必须经过有关部门的批准;处于高噪声环境下工作的操作人员,需佩戴耳塞

续表

序号	类型	污染源	危害	处理措施
3	污水	地面污水、钻探水 施工废水、混凝土养护水 车辆冲洗水、设备冲洗水 清洁水、生活废水 厕所污水、厨房污水	污水中的悬浮颗粒过多，易产生沉淀，堵塞污水管道；酸碱值过高或过低，易腐蚀污水管道、水处理设备；污水中的有机污染物易产生异味，滋生细菌及蚊虫；污水溢出工地，滋扰路人及住户	申请排污牌照，污水排入相应的管线；完善污水排放系统，确保污水及时排出工地；设置水处理设施，如沉淀池、隔油井、污水处理机、化油器、化粪池等，使污水达到排放标准；加强管理、改进工艺，减少污水排放量
4	光污染	焊接	损伤眼睛，甚至短暂失明	操作者佩戴防护眼镜；适当遮挡
5	废物	难降解建筑垃圾：钢筋头、混凝土、石头、废弃泥土、碎砖头等 易降解建筑垃圾：废板枋、竹、纸张等 化学废物：废白胶浆、润滑油、油漆、酸、碱、模板油等 生活废物	垃圾堆放占用土地资源，影响工地清洁，二次污染	工地垃圾分类存放、处理；及时清理工地垃圾；安排合规格的化学品储存仓；联系回收商回收指定废物；做好储存及运输记录；尽量重新利用废物，加强管理、改进工艺，减少垃圾

2) 施工过程中的节约资源

在施工过程中，节约资源的意义非常重大，它反映了一个承包商的成本管理能力和环保意识。环保管理良好的项目一般会针对项目的特点，重点跟踪大量使用的资源，根据实际情况和以往经验确定节约指标，制定相应的措施，形成资源节约计划，并定期评估实施效果。

节约资源的主要途径如下。

(1) 加强材料管理，减少材料浪费。

(2) 加强质量管理，一次做妥，减少返工。

(3) 回收再利用废物。

(4) 采用材料损耗少、返工机会小的工艺和方案。

任务训练

首先，分析下列安全责任目标考核表(表6-7～表6-11)及钢结构施工安全技术交底单(表6-12)，然后收集当地工程环保管理和职业健康安全管理资料，最后参照相关法律、法规，列出施工现场全面一体化管理文件清单。

表 6-7 项目经理安全责任目标考核表

单位工程名称：××工程　　　　　　姓名：×××　　　　　　年　月　日

内容及分值	安全责任目标考核内容	标准分	实得分
安全管理目标 20 分	本月安全管理目标	5	4
	上月安全管理目标执行落实情况	15	12
保证项目 50 分	认真执行国家安全生产法律、法规，与工人签订劳动合同；贯彻执行建筑施工中安全强制性条文，落实安全防护经费	10	9
	制定本项目的安全管理制度和签订本项目部管理人员安全生产责任书	5	3
	组建项目部安全管理机构、配备专(兼)职安全管理人员	5	5
	每月组织一次安全检查和安全设施(备)验收	10	10
	每月组织一次安全例会，组织学习安全知识，通报本月安全生产情况，布置下月安全生产工作，并作好会议记录	10	8
	及时给工人办理建筑意外伤害保险，发生安全事故及时上报，并组织抢救，对事故严格按"四不放过"的原则处理	5	3
	审查项目管理人员安全管理目标，督促落实并组织定期考核	5	4
一般项目 30 分	审批安全技术措施，安排人力和物力计划	5	4
	现场施工用电、建筑施工垂直运输设备安装完毕，组织验收合格后，向有关部门申报验收	5	5
	组织工人三级安全教育，开展查隐患堵漏洞等形式的安全活动	5	4
	严格执行特种工持证上岗，不断提高普通工持证上岗率	5	4
	组织开展创安全文明施工现场，不断改善劳动者的工作、生活卫生条件	5	4
	审批本月建筑工程施工安全月报表	5	5
安全总结	$\frac{84}{100} \times 100\% = 84\%$，优良	被考核人：	
考核评语	优良	安全领导小组组长：	
签　名	参加考核人员：		

表 6-8 施工技术人员安全责任目标考核表

单位工程名称：××××工程　　　　　　姓名：×××　　　　　　年　月　日

内容及分值	安全责任目标考核内容	标准分	实得分
安全管理目标 20 分	本月安全管理目标	5	4
	上月安全管理目标执行落实情况	15	13
保证项目 50 分	参加项目工程安全技术交底、并有签字记录	12	11
	参加或组织编制安全技术措施，并审查安全技术措施的可行性与针对性，并随时检查、监督落实	12	10

续表

内容及分值	安全责任目标考核内容	标准分	实得分
保证项目 50分	主持安全防护设施和设备的验收,严格控制不符合标准要求的防护设备、设施投入使用	13	12
	收集整理现场管理资料,保证检查验收资料与工程进度同步	13	12
一般项目 30分	贯彻落实安全生产方针、政策,严格执行安全技术规程,并做记录	7	6
	依据施工组织设计和专项方案,细化安全技术措施,制定季节性和针对性的施工方案,并编制安全技术交底单,及时解决执行中出现的问题	8	8
	参加安全生产检查,对施工中存在的不安全因素,从技术方面提出整改意见和办法予以消除	8	6
	参加、配合因工伤亡及重大未遂事故的调查,从技术上分析事故原因,提出防范措施和意见	7	5
安全总结	$\frac{87}{100} \times 100\% = 87\%$,优良 被考核人:		
考核评语	优良 安全领导小组组长:		
签　名	参加考核人员:		

表6-9 施工管理人员安全责任目标考核表

单位工程名称:××××工程　　　　姓名:×××　　　　年　月　日

内容及分值	安全责任目标考核内容	标准分	实得分
安全管理目标 20分	本月安全管理目标	5	4
	上月安全管理目标执行落实情况	15	12
保证项目 50分	依据法律、法规、规范、标准组织安全生产,贯彻执行施工组织设计和安全技术措施	5	5
	参加项目安全创优计划和安全技术措施的制定,并组织实施	10	8
	参加施工用电、外脚手架、建筑施工垂直运输设备等专项方案的编制,并组织实施,确保安全防护设施与施工进度同步	15	10
	参加对设备、设施的检查验收,提出整改意见,组织整改落实	10	9
	负责现场的卫生整洁和其他文明施工措施	10	8
一般项目 30分	组织施工人员开展季节性的安全教育,并有教育内容和记录	5	5
	参与对新进场和转岗工人的三级安全教育	5	4
	合理安排施工作业,做好交叉流水,对操作人员进行交底	5	3
	组织安全技术交底,督促班组长对操作人员进行交底	10	7
	参加施工现场安全检查,禁止违反劳动纪律、违章作业、违章指挥的"三违"现象发生	5	5

续表

内容及分值	安全责任目标考核内容	标准分	实得分
安全总结	$\frac{80}{100} \times 100\% = 80\%$,优良	被考核人:	
考核评语	优良	安全领导小组组长:	
签　名	参加考核人员:		

表 6-10 安全员安全责任目标考核表

单位工程名称：××××工程　　　　姓名：×××　　　　年　月　日

内容及分值	安全责任目标考核内容	标准分	实得分
安全管理目标 20 分	本月安全管理目标	5	4
	上月安全管理目标执行落实情况	15	15
保证项目 50 分	参加项目部制定有关安全制度、措施,提出建设性意见	6	5
	参加对新进场和转岗工人的三级安全教育以及安全技术交底	6	5
	参加公司、项目的各种安全检查,检查验收资料与工程进度同步	6	6
	参与班组安全活动,检查班组活动记录	6	5
	监督现场安全防护用品的质量和发放使用,并做好记录	7	5
	及时对施工用电、龙门架(井架)、塔式起重机、外脚手架等设施组织检验,并定期组织自检	7	7
	参加每月安全例会,并邀请领导参加,做好记录。上报每月安全报表	6	5
	组织落实施工现场五牌一图、警示牌、安全标语、黑板报等安全宣传活动	6	5
一般项目 30 分	组织学习国家有关安全生产方针、政策、标准及规范、规程	5	4
	严格遵守本企业、本项目的安全管理制度和安全生产责任制	5	5
	开展施工现场安全巡查,防止"四大"伤害事故	5	5
	参加安全事故的调查处理	5	4
	建立本企业、本项目的工伤事故档案,发生事故及时上报	5	4
	制止违章、执行安全生产奖惩制度,建立奖罚台账	5	4
安全总结	$\frac{88}{100} \times 100\% = 88\%$,优良	被考核人:	
考核评语	优良	安全领导小组组长:	
签　名	参加考核人员:		

第6章 工程资料管理现代化

表6-11 班组长安全责任目标考核表

单位工程名称：××××工程　　　　　　姓名：×××　　　　　　　　　　年　月　日

内容及分值	安全责任目标考核内容	标准分	实得分
安全管理目标 20分	本月安全管理目标	5	4
	上月安全管理目标执行落实情况	15	15
保证项目 50分	组织本班组开展学习安全操作规程活动	10	8
	每天利用上班前15～20min组织本班组开展班前安全活动，并做好记录	15	12
	认真做好工人转岗安全教育，并做好班前安全技术交底	10	8
	组织本班组人员开展施工作业层的安全巡检，及时消除隐患	15	12
一般项目 30分	执行安全管理制度、各工种安全技术规程	5	3
	认真落实安全技术交底制度，并履行签字手续	5	5
	检查本班组人员劳动保护用品的使用情况，纠正违章行为	5	4
	参加安全检查和安全例会，汇报本班组的安全生产情况	5	4
	合理安排本班组人员的工作，加强交叉作业的安全防护。对本班组人员在生产中的安全和健康负责	5	4
	制止违反劳动纪律，违章作业，违章指挥的"三违"现象发生，有权拒绝违章指挥	5	4
安全总结	$\frac{83}{100} \times 100\% = 83\%$，优良　　　　　　　　被考核人：		
考核评语	优良　　　　　　　　　　　　　　　　　安全领导小组组长：		
签　　名	参加考核人员：		

表6-12 钢结构施工安全技术交底单

安全技术交底内容：
　　钢结构工程中，高层和超高层施工安全问题十分突出，应该采取有效措施，保证安全施工。具体安全措施如下。
　　(1) 在柱、梁安装后而未设置浇筑楼用的压型钢板时，为便于柱子螺栓等施工的方便，可在钢梁上铺设适当数量的走道板。走道板可附设吊耳和扶手。
　　(2) 钢结构吊装时，为防止工具和物料飞出，人员坠落，可架设安全平网和安全竖网。平网设置在梁面以上2m处，当楼层高度低于4.5m时，安全平网可隔层设置。平网要求在建筑平面范围内满铺。竖网铺设在建筑物外围，高度一般为两节柱的高度。
　　(3) 为便于接柱施工，在接柱处要设操作平台。
　　(4) 施工需要的各种电气、焊接设备，要存放在备用平台上，平台随结构安装逐渐升高。备用平台的螺栓必须全部加以紧固。电气设备要接地，每层楼面分别设置配电箱，供每层楼面施工用电需要。
　　(5) 为便于施工登高，吊装柱子前要先将登高钢梯固定在钢柱上，为便于进行柱、梁节点紧固高强螺栓的焊接，需要在柱、梁节点下方安装吊篮。
　　(6) 当风速为10m/s时，高空吊装施工应停止；当风速达到15m/s时，所有工作均应停止。
　　(7) 施工时还应注意防火，配备必要的灭火设备和消防人员。

交底人签名		安全员签名		接受交底人签名	

6.3 智能建筑与资料管理

 引例

表 6-13 是智能建筑"智商"评估准则,以下评估项目充分应用者得 3 分,某些时候应用者得 2 分,几乎或完全不应用者得 1 分。

表 6-13　智能建筑"智商"评估准则

序号	评 估 项 目	得分
1	以宏观的思考设计大楼,与外界环境相互协调,并提供公共活动空间给社会大众	
2	办公室采用无柱式开放空间规划,以便弹性调整;顶棚净高至少 2.6m,以利 OA 设备的导入	
3	大楼内部规划有挑高的中庭,以作为缓解压力及人际沟通的交谊场所	
4	配合时代发展的步伐,大楼智能化有整体性阶段式的规划,并选用可对应时代发展的科技设备,以期未来可发展扩充	
5	适应不同用户之业务需要,各种设备可 24h 运转使用	
6	窗户边均设有光电感应器,以配合外界自然光,调节室内照明	
7	针对照明及空调的需要,使用系统顶棚,可任意调整规划办公室的空间使用	
8	在大楼各处设有 CCTV(区域有线电视系统)及感知器,以侦测大楼中各项设备(如电力、空调、卫生、电梯等)及防灾、防范等状况,并由中央监控系统集中监控	
9	各电梯的使用,以电脑联动控制,发挥其安全性与效率性	
10	温度控制可自动调节,以节省能源并塑造舒适的工作环境	
11	设置明确的逃生指示,提供清楚的逃生方向	
12	大楼的平面布线采用新式的管线材料和布线方式,可适应未来 ISDN(整体服务数字网络)时代的高品质通信要求	
13	大楼对外(含屋顶架设无线通信设施)的通信管道,容量可充分适应未来科技的快速进步	
14	使用 LAN(区域网络)作为大楼内部各用户之间的通信主干,对外有建立网络连接的设计	
15	使用 DPBX(数字交换机)	
16	针对 OA 设备的配管与配线,可做阶段性的扩充	
17	引进 VAN(加值型网络)与 WAN(广域网络)	
18	预留未来增设 OA 设备所需的电气容量、空调与照明之对应管线	
19	针对 OA 设备所产生的高热量及噪声,预做妥善的消声、隔热适应措施	
20	使用消除噪声的材料	
21	采用防眩光系统照明,避免视觉伤害	
22	引进无纸化的 OA 设备	

续表

序号	评 估 项 目	得分
23	配合各用户或个人需要及工作性质,采用微电脑控制式空调,可做分散式局部自由运转	
24	依人体工程学的原理,使用适合的家具	
25	办公室做有系统的色彩规划,以避免眼睛的视觉疲劳	
26	为缓和心理疲劳,办公室有绿化设计、背景音乐及休息专用区	
27	为解除紧张、松弛压力,设有健康中心、体育室等设施	
28	大楼内采用租户共用服务系统(SYS),提供各种咨询、设施与服务的共享共用	
29	导入具有高管理控制机能的设备,可节约能源与人力、提升环境品质的效益	
30	大楼构造强度与各空间构造安全,均要适应电脑化设备防震防灾之安全标准	

注:总分在71～90分,表示大楼已具备智能化程度。总分在51～70分,表示大楼仍符合智能建筑的基本标准,未来具扩充性。总分在31～50分,表示大楼仅拥有基本机能,但智能化仍有待加强。总分在30分以下,表示大楼处于必须加强智能化程度的普通状况。

思考

对照智能建筑"智商"评估准则,收集当地智能建筑的相关资料,评估判断其智能化程度,并设计适应本地智能建筑的评估准则。

6.3.1 智能建筑与绿色建筑

1. 智能建筑及应用目标

随着科学技术的发展,建筑技术也在不断的从高新技术中吸取新的元素,智能建筑技术就是高新技术在建筑领域中的应用。高新技术的发展使得智能建筑技术也不断发展和完善,也不断更新和成熟。

我国《智能建筑设计标准》(GB 50314—2015)把智能建筑定义为,以建筑物为平台,基于对各类智能化信息的综合应用,集架构、系统、应用、管理及优化组合为一体,具有感知、传输、记忆、推理、判断和决策的综合智慧能力,形成以人、建筑、环境互为协调的整合体,为人们提供安全、高效、便利及可持续发展功能环境的建筑。该定义给出了智能建筑的基本组成和要素,也给出了智能建筑的基本功能和特点。

亚洲智能建筑学会(Asian Institute of Intelligent Buildings)将智能建筑功能模块化,共归纳为10个功能模块,并用"M+序号"表示,每个功能模块称为"QEM(Quality Environment Module)"。其中,M10是在SARS发生后加入的。

M1:环境模块——健康、节能。
M2:空间模块——利用率高、分隔组合灵活。
M3:费用模块——运行、维护费用低。
M4:舒适模块——人员舒适。
M5:工作模块——工作效率高。
M6:安全模块——有效避免和减少火灾、地震、灾害和结构破坏等突发事件的损失。

标准规范

M7：文化模块——营造先进、优秀文化环境。
M8：高新技术模块——及时利用高新技术成果。
M9：结构模块——布局先进、结构优化。
M10：健康和卫生模块——有效防止流行性传染病的传播。

不同智能建筑由于使用功能上的差异，可以选择不同的 QEM 进行设计和实践。可以看出，上述模块化定义不仅具有实际指导意义，还具有一定的灵活性。

特别提示

（1）在绿色奥运建筑研究课题组所作的"绿色奥运建筑评估体系"中谈到了建筑适应性，其中设计阶段的"建筑适应性评价措施表"的内容如下。

① 建筑的总体功能布局满足今后长期使用的要求(体育场馆功能充分考虑了赛后利用，其他类型建筑能够适应合理的功能改变要求)。
② 建筑的平面布局考虑多功能使用或适应功能改变的要求。
③ 建筑的空间设计考虑多功能使用或适应功能改变的要求。
④ 建筑的结构设计考虑多功能使用或适应功能改变的要求。
⑤ 建筑的机电设计考虑多功能使用或适应功能改变的要求。
⑥ 建筑多功能使用或适应功能改变的经济合理性。

本条目旨在鼓励建筑师在设计中考虑更灵活的应对措施，进行合理的技术设计，使设备和空间设计具有良好的自由度，当面临基本维修或因改变建筑用途而带来的各种必要改动时，对材料和设备的更换和扩充显得更容易，并尽可能减少对建筑结构和装修材料造成损坏。鼓励提高建筑的抗震性能，以增加建筑对今后改变用途的适应能力。

（2）验收与运行管理阶段的"建筑适应性"设计条文说明。

本条目主要从3个方面评估是否有效提高建筑的适应性。

① 材料和设备的耐久性。针对非临时性建筑，鼓励选用优质建材和优质建筑设备，并采取科学的方法进行施工安装，以尽量延长材料和设备的更换时间。
② 适应性。考虑适当的层高与荷载的容裕度，以便适应今后功能改变的要求。空间自由度反映单位建筑面积对应的不可移动的外墙和承重墙的长度。外墙和承重墙越少，空间改变的自由度就越大。
③ 设备、管道更换的方便性。主要考虑维修、更换设备时，尽可能减少对建筑结构和装修材料造成损坏。

知识链接

由于各个国家和地区对智能建筑的要求不一样，智能建筑技术的发展情况也有差别，这种不断发展和改进的特性使智能建筑在不同的时期以及在不同的地方具有不同的阶段应用，由此产生了各个国家和地区对智能建筑的定义。这些定义具有不同的侧重点，使人们可以站在不同的立场和用不同的角度对智能建筑的基本功能和特点、基本组成和要素有一个基本的了解。

美国智能建筑协会把智能建筑定义为，智能大厦是指通过将提高建筑物的结构、系统、服务和理想四项基本要求以及它们之间的内在关系进行最优化，来提供一个投资合理的、具有高效、舒适、便利环境的建筑物。智能建筑可帮助建筑业主、物业管理人员和租用人员意识到在费用、舒适、便利和安全等方面的目标，当然还要考虑长远的系统灵活性及市场能力。

欧洲智能建筑组织把智能建筑定义为，使其用户发挥最高效率，同时又以最低的保养成本和最有效率管理本身资源的建筑。智能建筑应提供"反应快、效率高和有支持力的环境，使用户能达到其业务目标"。

新加坡把智能建筑定义为至少具备三个条件的建筑，一是具有保安、消防及环境控制等先进的自动化控制系统，以及自动调节建筑内温度、湿度、灯光等参数的各种设施，以创造舒适安全的环境；二是具有良好的通信网络设施，使信息能在建筑物内流通；三是能提供足够的对外通信设施。这个定义对智能建筑的功能进行了细化和总结。

中国智能建筑应用目标(居住建筑)见表6-14。

表6-14　中国智能建筑应用目标(居住建筑)

序号	项目	内　　容
1	使用者的舒适性	对于使用者来说，提高建筑物的内在品质，提高工作或生活环境的健康舒适度，是智能建筑最基本的前提和要求。 居住建筑的设计应根据当地的气候特点，采用先进的建筑技术和材料，对作用于建筑物的声、光、热等自然因素进行系统调节，从而最大限度地减少自然因素对居住舒适度和健康的不利影响，最大限度地降低建筑采暖和制冷的能源消耗，最大限度地使室内自然温度接近于或保持在人体舒适温度18～26℃的范围内。高舒适度低能耗建筑所要实现的目标是：在任意气象条件下，通过对建筑的合理设计、合理选材，最大限度地把室内自然温度和湿度控制在人体舒适温度范围内，从而在为居住者提供健康、舒适、环保的居住空间的同时，降低建筑物的运行能耗，用先进的数码技术做成的家居数码智能化控制系统，与居住建筑相结合，将会大幅提高居住者的舒适度。步入房间，玄关和客厅的灯随之渐亮；轻按遥控器，即可设置灯光的强弱、窗帘的开合、家庭影院的场景选择、电器设备的运行；与此同时，安全系统时时监控着水、电、煤气和家庭的安全并且通过现代电信手段远程控制；下班路上，用手机拨通家里电话，空调和微波炉随即开启；家中的老人突发疾病，只需触动一个按钮，社区医院、物业、急救中心就都能接警；当主人在夜间(自行设定的时间段内)脚一落地，主卧室的某一灯光就会自动地慢慢亮起来，走入卫生间时，卫生间的灯光也会自动开启，主人回房后一段时间内，该灯则自动慢慢关闭；将换气扇一天换气几次，一次换气时间等进行智能化程序控制，以保持室内空气质量(Indoor Air Quality)，即使主人不在家，室内每天也能交换新鲜空气；程序设定就可以随时控制电器开关，主人只需在到家前打个电话就可以启动热水器、空调等电器设备，无论是严冬还是酷暑，主人一回到家就可以享受到适宜的室内温度；可以每天在固定时间给鱼缸通气换氧，给花园浇水；可以有专业的家庭背景音乐系统，在家里不同的地方都可以欣赏到背景音乐，而且还可以分区域的控制音量大小与开关，做到互不干扰，尽情享受生活……还有可视对讲、防盗系统、小区内综合布线系统等。 所以现代舒适家庭的标志，应该包括：居住环境调节智能化、能源系统使用数字化、网络化、家庭照明智能化、家电智能化、家庭安全防范智能化等多种模式

续表

序号	项目	内　　容
2	再组织的灵活性	再组织的灵活性是智能建筑技术重要的标志性应用结果。组成建筑的每个部分，建筑中使用的每个设备，都需要有再组织的功能。再组织意味着从建筑材料上说，能够再使用；从建筑部件上说，能被各种不同类型、不同用途、不同建筑结构的建筑使用；对使用者来说，不同地点的变化，却不改变自己工作环境各项舒适度的变化、对外联络方式的变化；对建筑的管理者来说，将建筑的各种不同功能充分发挥，建筑本身以及建筑所使用的设备可以灵活的组织，充分满足使用者的要求。 再组织的灵活性可以反映在如下多个方面。建筑结构是由钢架组成的，钢架本身可以在三维方向上进行调节，故该钢架可以用于各种不同功能的建筑；墙体和屋顶也是由轻质材料或金属材料组成的，地板也是可拼装的，与钢架结构成为可再组织、再利用、可回收的智能型建筑部件。围护结构都是由可再生、可回收材料组成的，这也属于再组织的范围。地板由钢架抬高，抬高的空间分层放置空调系统和新风系统的管道，强电系统管线，弱电系统管线(包括所有光电通信线路和设备控制线路)；地板抬高系统取代吊顶的优点之一就是再组织的灵活性，空调气流和新风气流从地板下引入地面，由管道引至办公桌面，控制桌面气流强度和方向，即可调整自我小空间的舒适度，当需要对室内进行重新布置时，可以保证个人小环境适于每人不同的需要，而不会因办公地点的改变而改变，使得每人的工作环境就像自己汽车的小空间，可以自由调整最适合自己的舒适度，以提高工作效率。照明系统的设置则有传感器监测天空中 4 个方向和朝天水平方向的光照强度，而每盏灯都有自己的地址编码，计算机和遥控器可以控制每盏灯的亮度，这样，计算机则根据每盏灯的具体位置，发出每盏灯的亮度控制指令，在一个建筑群或较大的建筑中，明显地降低照明用电量，且还能保证每个办公桌面上的光照强度满足每个人的不同需要
3	工程的适应性	工程的适应性就是用最适于本工程的方法，完成该工程。换言之，即采用全寿命周期的概念，就是在工程的各个阶段，用最少的花费，用最优的方法，达到该工程的最佳功能实现。工程的适应性好是智能建筑技术的重要特点。智能建筑是各个学科在建筑中的资源整合，采用了一系列的高新技术，使得在建筑的这个平台上，可以完成更多的人所赋予它的功能。可以适应更多的功能要求，或者经过简单的改变，就能适应新的功能，这是没有采用智能建筑技术的建筑所不能做到，或者不能完全做到的
4	节约能源	耗能少的建筑被称为智能建筑或绿色建筑。采用智能建筑技术的建筑可以多方面的对建筑能耗的降低起关键作用。 我国住宅建筑节能发展的重点领域和关键技术如下：研究新型低能耗的围护结构(包括墙体、门窗、屋面)体系成套节能技术及产品；新型能源的开发和能源的综合利用，包括太阳能、地下能源开发利用；室内环境控制成套节能技术的研究和设备开发；利用计算机模拟仿真技术分析制冷空调系统，对制冷空调系统进行智能控制，最大限度减低运行能源；建筑物室内温度和湿度控制技术和冷热量计量收费技术及产品；围护结构的热传递机理；节能指标体系优化方法以及建筑低能耗围护结构组合优化设计方法；冷热源的优化运行方式，包括制冷采暖系统运行工况优化调控，冷热负荷的预测技术，开发调节控制软件等；建筑室内温度控制和冷热量计量控制成套技术，包括适合中国国情的控制产品，冷热量计量装置的研制，计量收费系统的数学模型和软件，自动计量及收费网络系统的开发；新能源供热制冷成套技术的研究开发，包括地热能、太阳能、地下和地面水体蓄能等的开发利用；低能耗建筑的综合设计体系研究、建筑设计、环境控制和节能设计的优化匹配，节能建筑和节能设备优选和集成，以及相应优化节能设计软件的开发等

续表

序号	项目	内容
4	节约能源	上述这些重点领域和关键技术都是智能建筑技术的应用范畴，当然，建筑中还有一些领域可以使用智能建筑技术，节约更多的能源消耗。智能建筑技术的采用，使上述关键技术的应用变得更为适合于建筑节能，采用这些技术的建筑可以称为高舒适度低能耗建筑。 高舒适度低能耗建筑能够明显缩短需要供暖供冷的时间，使供暖供冷的强度大幅度降低。高舒适度低能耗建筑是通过对影响建筑性能的各部件和设备调节系统进行优化设计来实现的，其中包括围护结构和日光利用系统，照明系统，结构系统，取暖、通风和空调系统（HVAC）、内部装修和布置，电源和通信系统，控制系统等。一般来说，在建筑节能上，讨论得比较多的是围护结构和HVAC。实际上，要做到真正的低能耗建筑，上述子系统都需要集成运行，进行优化设计和用最佳模式运行，而且如果其中任何一个子系统达不到标准，都无法实现理想的效果。在对建筑进行高舒适度低能耗优化设计的过程中，建筑材料的选择固然重要，但更重要的是必须根据当地气象条件的动态变化，通过计算建筑采暖和制冷负荷的增减，为选择优化的围护结构设计方案提供依据，在保证室内舒适度的前提下，最大限度地降低建筑能耗
5	环境保护的可持续性	智能建筑技术对环境保护也可以起到很大的作用。对于可持续性，国际建协（UIA）与联合国教科文组织的一份文件中有一段较公认的提法："就其最高广义而言，可持续性所涉及的是一个社会、一个生态系统或任何一个不断发展的系统在永久的将来能继续有效地发挥其正确的功能作用，而不会受到那些关键性资源的耗尽或过负荷的强迫而衰退。"值得注意的是，该文件对"资源"的解释："就一个社会来说，其资源可以是物质的，如化石燃料、土层；可以是天然的废物吸收系统，如潮湿地带或大气；可以是社会性的，如教育水平和公平竞争、光明磊落的意识。"可持续发展必然含物质和精神两方面，相辅相成，缺一不可
6	大幅提高处理突发事件的能力	随着智能建筑的发展，智能建筑技术中有关将各子系统进行系统集成的需求大大增加，这已成为当前智能建筑领域的一大热点。这种对系统集成的需求，除管理智能建筑内各子系统的信息外，主要需求反映在对突发事件的处理上。譬如，由于突发事件的特殊性，建筑物的火灾处理系统已不是一个消防系统所能处理的；SARS传染病的暴发，香港淘大花园的高感染率，据香港大学的研究，与建筑的通风有关；美国的"9·11"事件等。如何根据突发事件时人群的流向和示意图，确定建筑中各种设备的运转状况，延长人员的逃生时间，增加逃生通道，是建筑中管理信息系统亟待解决的问题。各设备子系统应能在大集成系统的协调下，优化它们的日常工作任务，并且能给出突发事件发生时设备运行的处理决策，以及提供人员逃生的时间和通道，供管理人员参考

知识链接

智能型办公建筑通过智能建筑技术，以强调使用者需求为中心，提供低成本、高效率的办公平台，旨在提倡人性化的沟通与交流，注重办公空间对单位文化和人员素质的培养和提高，引导智能化，强化绿色环保办公理念，在"以人为本"的前提下，最大限度地满足使用者对办公舒适度和提升工作效率及效益的要求，从而达到国际化办公建筑的标准。

现代办公建筑都需要新的建筑技术支撑,特别是智能建筑技术。现代办公建筑配置的最大特点,都与使用者的舒适度有关系。

(1) 强调个人隐私,但一定要有相互交往的空间;办公环境空间的规划,从封闭及注重个人隐私走向开放和互动。交流度高、富弹性的平面规划设计成为时势所趋,在更大程度上提供给大家办公共享空间,在倡导交流沟通的基础上提高工作效率,打造全新的办公方式,这也是智能建筑的人性化的表现。新型智能型办公建筑,使用者用脑时间长,办公时间相对较为灵活,需要更多的休闲空间以及人与人交流的环境。办公时间内的休闲将突破传统的"办公室+公共走廊"的空间模式,提倡开放式办公环境。

(2) 从建筑本身的设计、空间的划分到家具的使用、办公设备的使用等,都要适应人体工程学。

(3) 保持室内空气的新鲜,将自然空气引入办公楼内成为"后非典时期"办公楼非常关心的问题,引入自然空气的理念必须融进建筑设计和空调系统设计当中。

(4) 由于每人对工作温度的要求不同,故一定要有满足个人不同需要的舒适的工作温度,以提高工作效率。

(5) 工作区间的灯光控制,既要使得每个人眼睛舒适,又要能满足各人不同的需要。公共空间的灯光也要使眼睛保持舒适。

(6) 随着方便又快捷的互联网网络系统的普及,网络资源的共享成为提升工作效率的重要来源。

(7) 办公空间要亲和自然环境,增强对景观的要求。一是外部景观,建在优美的自然景观附近,水景尤佳,依山傍水,与自然界亲密接触。二是建筑内的绿色景观也越来越受欢迎,有共享交流功能的建筑内交往空间成为日后办公建筑的一种趋势。在办公区内应有更多的公共休闲空间及楼宇内的立体绿化。

> **特别提示**
>
> 1. 国家科学基金对智能建筑适应性的介绍
>
> 在国家科学基金和德国 DFG 基金的合作研究项目中,智能建筑设计有适应性的介绍:可适应性内容广泛,可附加的、能够增长的、可改变的、可拆卸的、可分解的、可分隔的、可自己建造的、可扩大的、生态住宅、节能建筑、规划的灵活性、安装式建造、功能可变的、地域性的、大范围的、临时结构、低造价建筑、活动的车船、多样目标的、暂时性的规划主张、可携带和循环使用的结构、再生的、重复使用的、可代换的、废物利用的掩蔽体、短时性的建设体制、可抛弃的建筑、由使用者自行规划的、多样性空间的有效利用等,都属于可适应性建筑。
>
> 2. 我国《国家突发公共事件总体应急预案》
>
> 我国已于 2006 年初发表了《国家突发公共事件总体应急预案》,其中谈到提高政府保障公共安全和处置突发公共事件的能力,最大限度地预防和减少突发公共事件及其造成的损害,保障公众的生命财产安全,维护国家安全和社会稳定,促进经济社会全面、协调、可持续发展。

事故灾难，主要包括工矿商贸等企业的各类安全事故，交通运输事故，公共设施和设备事故，环境污染和生态破坏事故等。

要积极开展公共安全领域的科学研究，加大公共安全监测、预测、预警、预防和应急处置技术研发的投入，不断改进技术装备，建立健全公共安全应急技术平台，提高我国公共安全科技水平……

火灾是突发事故中最突出的一种。根据伯克霍夫(Berckhoff)的定义，事故是个人或集体在为实现某种意图而进行的活动过程中，突然发生的、违反人的意志的、迫使活动暂时或永久停止的事件。其含义包括以下几个方面。

(1) 事故是一种发生在人类生产、生活活动中的特殊事件，人类的任何生产、生活活动过程中都可能发生事故。

(2) 事故是一种突然发生的、出乎人们意料的意外事件。

(3) 事故是一种迫使正在进行的生产、生活活动暂时或永久停止的事件。

为了减少事故造成的危害，有必要对智能建筑中的各项设备进行集成，以满足需要。利用先进的思想和方法实现建筑智能化系统的集成，使集成系统的"智能"水平得到显著提高。但目前关于系统集成的研究仅集中于信息技术IT领域，实现信息的跨系统访问，即较低层次的信息共享，还不能完全达到目标要求。系统既要强调数据的存储，又必须重视信息的有效利用。在解决涉及全局的突发事件上，现在大多数系统仅能做到简单的自动化而非智能化，缺乏学习和推理等智能特性。基于智能建筑的目标和智能的内涵，智能建筑集成系统应考虑以数据库作为知识源，辅助实现系统联动、协调、优化等目标，为人们解决突发事件提供设备运行的决策支持。在智能建筑从控制发展到管理的今天，试图实现高层次的智能建筑集成已成为必然。

2. 智能建筑与绿色建筑的关系

建筑在国内外，都可视作一种商品，而"绿色"则存在一个简单的标准，这个简单的标准包含了6条：一是满足国际标准，如《保护臭氧层维也纳公约》《蒙特利尔议定书》等公约；二是可回收的、可再生的；三是能够改善区域环境的；四是能够改善室内环境的，如空气污染、噪声污染等；五是保护人类健康的，可以防辐射、防致癌的物质等；六是提高资源与能源利用。满足了其中任何一点，同时又不违反其中别的条款，就可以称为是"绿色"的。在建筑领域，要达到"绿色建筑"的具体条款，的确还有很长的路要走，不仅是我国，世界各国和地区要达到这个标准，都不是短期内可以做到的。从可持续发展的意义上说，建筑的全寿命周期概念是非常重要的，从设计开始一直到最后，甚至包括房屋倒塌以后房屋本身废弃材料的处理以及对环境的二次污染，建筑材料的制造、运输过程中是否有有害气体的散发等，所有这些过程都应该计入全寿命周期内容。

我国颁布的《绿色建筑评价标准》指出，绿色建筑是指在全寿命期内，节约资源、保护环境、减少污染，为人们提供健康、适用、高效的使用空间，最大限度地实现人与自然和谐共生的高质量建筑。

绿色建筑是将可持续发展理念引入建筑领域的结果，将成为未来建筑的主导趋势。目前，世界各国普遍重视绿色建筑的研究，许多国家和组织都在绿色建筑方面制定了相关政策和评价体系，有的已着手研究编制可持续建筑标准。由于世界各国经济发展水平、地理位置和人均资源等条件不同，对绿色建筑的研究与理解也存在差异。

实际上，智能建筑本身的发展，以及它经过的历程，也是在朝着绿色建筑的方向发展，只是在国内有时把智能建筑狭义的定义在弱电系统与建筑的结合上。那么，智能建筑就是一个实现绿色建筑总目标的手段或工具，是功能性的。实际上，智能建筑的应用目标包括的6个方面，也是与绿色建筑的应用目标完全相吻合的。要完成绿色建筑的总目标，必须辅之与智能建筑相关的功能，特别是有关的计算机技术、自动控制、建筑设备等楼宇控制技术。没有相关的技术，绿色建筑的许多功能就完成不了。总之，这是两个高度相关的概念，智能建筑是绿色建筑的技术支撑，绿色建筑是智能建筑的目标。按照我国现有制定的智能建筑标准[《智能建筑工程质量验收规范》(GB 50339—2013)]，智能建筑包括的系统举例如下。

(1) 信息网络系统。信息网络系统应包括计算机网络及网络安全系统检测等。

(2) 建筑设备监控系统。建筑设备监控系统用于对智能建筑内各类机电设备进行监测、控制及自动化管理，达到安全、可靠、节能和集中管理的目的。建筑设备监控系统的监控范围为空调与通风系统、变配电系统、公共照明系统、给排水系统、热源和热交换系统、冷冻和冷却水系统、电梯和自动扶梯系统。

(3) 火灾自动报警系统。

(4) 安全技术防范系统。安全技术防范系统包括视频安防监控系统、入侵报警系统、出入口控制系统、停车场(库)管理系统等各子系统。

(5) 应急响应系统。

(6) 智能化集成系统。智能化集成系统检测验收的重点应为系统的集成功能、各子系统之间的协调控制能力、信息共享和综合管理能力、运行管理与系统维护的可实施性、使用安全性和方便性等要素。

> **特别提示**
>
> 2005年，北京"首届国际智能与绿色建筑技术研讨会"提出了"智能与绿色建筑"的概念。把智能建筑与绿色建筑作为统一体，成为一个新概念，将智能建筑原来偏重弱电控制系统的旧观念，提高到新的高度。而且，党的二十大报告中也提出，发展绿色低碳产业，健全资源环境要素市场化配置体系，加快节能降碳先进技术研发和推广应用，倡导绿色消费，推动形成绿色低碳的生产方式和生活方式。因此绿色建筑的发展势在必行。

(1) "智能与绿色建筑"是一个有机的整体概念,这一概念应贯穿于建筑物的规划、设计、建造、使用以及维护的全过程,覆盖建筑物的整个生命周期。

(2) "智能与绿色建筑"注重与周边资源的和谐,包括对日光利用、空气流通、景观环境等的综合考虑,为居住者提供一个各方面俱佳的生活空间,并对周边环境产生长期的积极影响。

(3) "智能与绿色建筑"是综合运用建筑智能化技术达到生态健康的生活理念。其内容包括:绿色建材、建筑设施、建筑智能化系统、智能化家居及小区管理系统、建筑和交通监控管理系统、建筑环保、管理和辅助决策系统。

(4) "智能与绿色建筑"关注建筑材料与能源的合理利用与节约,因而在建筑的设计阶段,对建筑物建造与使用过程的每个环节都应进行认真的筹划,以求最大限度地节约材料与能源。

(5) "智能与绿色建筑"将环保技术、节能技术、信息技术、网络技术渗透到居民生活的各个方面,即用最新的理念、最先进的技术和最快的速度去解决生态节能与居住舒适度问题。

(6) "智能与绿色建筑"不仅仅是遮风避雨,享受环境和振作精神的场所,还是与周围环境相隔绝的包厢,更是环境的一部分,与环境共同构成和谐的有机系统,不管是城市还是郊区都是如此。

6.3.2 绿色建筑评价

1. 居住建筑评价标准

(1) 节地与室外环境。节地与室外环境评价标准见表 6-15。

表 6-15 节地与室外环境评价标准

绿色建筑评价		采用"智能建筑标准"中的手段,才能达到绿色建筑相关标准	
内容	备注	序号	内容
居住区建筑布局保证室内外的日照环境、采光和通风的要求,满足《城市居住区规划设计标准》(GB 50180—2018)中有关住宅建筑日照标准的要求	一般项	1	智能化集成系统。智能化集成系统检测验收的重点应为系统的集成功能、各子系统之间的协调控制能力、信息共享和综合管理能力、运行管理与系统维护的可实施性、使用安全性和方便性等要素

续表

绿色建筑评价		备注	采用"智能建筑标准"中的手段，才能达到绿色建筑相关标准	
内容			序号	内容
居住区公共服务设施按规划配建，采用综合建筑并与周边地区共享		一般项	2	有关绿色建筑的外部环境对室内环境的影响，尽管与建筑设计有根本的关系，但如何采用主动式或被动式应用，包括日照、噪声、风环境等，都与智能建筑的设备，特别是新研究或新从国外引进的设备有很大的关系
居住区环境噪声符合《声环境质量标准》(GB 3096—2008)的规定				
居住区室外日平均热岛强度不高于 1.5℃			3	与智能建筑应用目标中的使用者的舒适性、再组织的灵活性、工程的适应性、节约能源、环境保护的可持续性相关
居住区风环境有利于冬季行走舒适及过渡季、夏季的自然通风		一般项		
选址和居住区出入口的设置应方便居民充分利用公共交通网络，到达公共交通站点的步行距离不超过 500m				
开发利用地下空间，如利用地下空间作公共活动场所、停车库或储藏室等		优选项		

(2) 节能与能源利用。节能与能源利用评价标准见表 6-16。

表 6-16 节能与能源利用评价标准

绿色建筑评价		备注	采用"智能建筑标准"中的手段，才能达到绿色建筑相关标准	
内容			序号	内容
当设计采用集中空调(含户式中央空调)系统时，所选用的冷水机组或单元式空调机组的性能系数(能效比)应符合国家标准《公共建筑节能设计标准》(GB 50189—2015)中的有关规定值			1	建筑设备监控系统。建筑设备监控系统用于对智能建筑内各类机电设备进行监测、控制及自动化管理，达到安全、可靠、节能和集中管理的目的。建筑设备监控系统的监控范围为空调与通风系统、变配电系统、公共照明系统、给排水系统、热源和热交换系统、冷冻和冷却水系统、电梯和自动扶梯系统
设置集中采暖和(或)集中空调系统的住宅，采用室温调节和热量计量设施				
利用场地自然条件，合理设计建筑体型、朝向、楼距和窗墙面积比，采取有效的遮阳措施，充分利用自然通风和天然采光		一般项	2	信息网络系统。信息网络系统应包括计算机网络及网络安全系统检测等

续表

绿色建筑评价			采用"智能建筑标准"中的手段，才能达到绿色建筑相关标准	
内容	备注	序号	内容	
选用效率高的用能设备，如选用高效节能电梯。集中采暖系统热水循环水泵的耗电输热比，集中空调系统风机单位风量耗功率和冷热水输送能效比符合《公共建筑节能设计标准》(GB 50189—2015)的规定	一般项	3	智能化集成系统。智能化集成系统检测验收的重点应为系统的集成功能、各子系统之间的协调控制能力、信息共享和综合管理能力、运行管理与系统维护的可实施性、使用安全性和方便性等要素。空调系统是绿色建筑中节能的关键，舒适度的关键，环保的关键，故也是智能化的关键，空调设备只有和其他智能化设备充分结合，才能达到绿色建筑有关的标准；且与智能建筑应用目标中的使用者的舒适性、再组织的灵活性、工程的适应性、节约能源、环境保护的可持续性、大幅提高处理突发事件的能力相关	
当设计采用集中空调(含户式中央空调)系统时，所选用的冷水机组或单元式空调机组的性能系数(能效比)比国家标准《公共建筑节能设计标准》(GB 50189—2015)中的有关规定值高一个等级				
公共场所和部位的照明采用高效光源和高效灯具，并采取其他节能控制措施，其照明功率密度符合《建筑照明设计标准》(GB/T 50034—2024)中的规定				
设置集中采暖和(或)集中空调系统的住宅，采用能量回收系统(装置)				
根据当地气候和自然资源条件，充分利用太阳能、地热能等可再生能源。可再生能源的使用占建筑总能耗的比例大于5%				
采暖和(或)空调能耗不高于国家和地方建筑节能标准规定值的80%				
可再生能源的使用占建筑总能耗的比例大于10%	优选项			

(3) 节水与水资源利用。节水与水资源利用评价标准见表6-17。

表6-17 节水与水资源利用评价标准

绿色建筑评价			采用"智能建筑标准"中的手段，才能达到绿色建筑相关标准	
内容	备注	序号	内容	
设置完善的供水系统，水质达到国家或行业规定的标准，且水压稳定、可靠	控制项	1	建筑设备监控系统。建筑设备监控系统用于对智能建筑内各类机电设备进行监测、控制及自动化管理，达到安全、可靠、节能和集中管理的目的。建筑设备监控系统的监控范围为空调与通风系统、变配电系统、公共照明系统、给排水系统、热源和热交换系统、冷冻和冷却水系统、电梯和自动扶梯系统	
设置完善的排水系统，采用建筑自身优质杂排水，杂排水作为再生水源的，实施分质排水				
用水分户、分用途设置计量仪表，并采取有效措施避免管网漏损				

续表

绿色建筑评价		备注	序号	采用"智能建筑标准"中的手段，才能达到绿色建筑相关标准
内　　容				内　　容
采用节水器具和设备，节水率不低于8%		控制项	2	信息网络系统。信息网络系统应包括计算机网络及网络安全系统检测等
在缺水地区，优先利用附近集中再生水厂的再生水；附近没有集中再生水厂时，通过技术经济比较，合理选择其他再生水水源和处理技术		一般项	3	火灾自动报警系统
在降雨量小的缺水地区，通过技术经济比较，合理确定雨水处理及利用方案			4	智能化集成系统。智能化集成系统检测验收的重点应为系统的集成功能、各子系统之间的协调控制能力、信息共享和综合管理能力、运行管理与系统维护的可实施性、使用安全性和方便性等要素，且与智能建筑应用目标中的使用者的舒适性、工程的适应性、节约能源、环境保护的可持续性、大幅提高处理突发事件的能力相关
使用非传统水源时，采取用水安全保障措施，且不对人体健康与周围环境产生不良影响				

(4) 室内环境质量。室内环境质量评价标准见表6-18。

标准规范　标准规范

表6-18　室内环境质量评价标准

绿色建筑评价		备注	序号	采用"智能建筑标准"中的手段，才能达到绿色建筑相关标准
内　　容				内　　容
室内空气质量符合《民用建筑工程室内环境污染控制标准》(GB 50325—2020)中的规定		控制项	1	建筑设备监控系统。建筑设备监控系统用于对智能建筑内各类机电设备进行监测、控制及自动化管理，达到安全、可靠、节能和集中管理的目的。建筑设备监控系统的监控范围为空调与通风系统、变配电系统、公共照明系统、给排水系统、热源和热交换系统、冷冻和冷却水系统、电梯和自动扶梯系统
围护结构的热工设计符合《民用建筑热工设计规范》(GB 50176—2016)中的规定		一般项		
设普通采暖和(或)空调系统(设备)采暖的住宅，运行时用户可根据需要对室温进行调控				
采用可调节外遮阳功能，防止夏季太阳辐射透过窗户玻璃直接进入室内			2	信息网络系统。信息网络系统应包括计算机网络及网络安全系统检测等
设置室内空气质量监测装置，利于住户的健康和保持舒适度			3	智能化集成系统。智能化集成系统检测验收的重点应为系统的集成功能、各子系统之间的协调控制能力、信息共享和综合管理能力、运行管理与系统维护的可实施性、使用安全性和方便性等要素，且与智能建筑应用目标中的使用者的舒适性、再组织的灵活性、工程的适应性、节约能源、环境保护的可持续性、大幅提高处理突发事件的能力相关

(5) 运营管理。运营管理评价标准见表6-19。

表6-19 运营管理评价标准

绿色建筑评价			采用"智能建筑标准"中的手段,才能达到绿色建筑相关标准	
内 容	备注	序号	内 容	
住宅水、电、燃气,采暖与(或)空调分户、分类计量与收费	控制项	1	建筑设备监控系统。建筑设备监控系统用于对智能建筑内各类机电设备进行监测、控制及自动化管理,达到安全、可靠、节能和集中管理的目的。建筑设备监控系统的监控范围为空调与通风系统、变配电系统、公共照明系统、给排水系统、热源和热交换系统、冷冻和冷却水系统、电梯和自动扶梯系统	
制定并实施施工项目保护环境具体措施,控制由于施工引起的大气污染、土壤污染、噪声污染、水污染、光污染以及对场地周边区域的影响				
智能化系统定位正确、采用的技术先进实用、系统可扩充性强,能较长时间地满足应用需求;达到安全防范子系统、管理与设备监控子系统、信息网络子系统的基本配置	一般项	2	信息网络系统。信息网络系统应包括计算机网络及网络安全系统检测等	
设计为改造和更换设备、管道提供便利				
对可生物降解垃圾进行单独收集或设置可生物降解垃圾处理房,垃圾收集或垃圾处理房设有风道或排风、冲洗和排水设施,处理过程无二次污染	优选项	3	火灾自动报警系统	
		4	安全技术防范系统。安全技术防范系统包括视频安防监控系统、入侵报警系统、出入口控制系统、停车场(库)管理系统等各子系统	
		5	应急响应系统	
		6	智能化集成系统。智能化集成系统检测验收的重点应为系统的集成功能、各子系统之间的协调控制能力、信息共享和综合管理能力、运行管理与系统维护的可实施性、使用安全性和方便性等要素,且与智能建筑应用目标中的使用者的舒适性、再组织的灵活性、工程的适应性、节约能源、环境保护的可持续性、大幅提高处理突发事件的能力相关	

2. 公共建筑评价标准

(1) 节地与室外环境。节地与室外环境评价标准见表6-20。

表 6-20　节地与室外环境评价标准

绿色建筑评价		备注	采用"智能建筑标准"中的手段，才能达到绿色建筑相关标准	
内　容			序号	内　容
建筑场地选址无洪灾、泥石流威胁，建筑场地安全范围内无危害性电磁辐射及火、爆、有毒物质等危险源		控制项	1	智能化集成系统。 智能化集成系统检测验收的重点应为系统的集成功能、各子系统之间的协调控制能力、信息共享和综合管理能力、运行管理与系统维护的可实施性、使用安全性和方便性等要素
不对周边居民区及交通道路造成光污染				
充分开发利用地下空间作为公共活动场所、停车库或设备房等		一般项	2	有关绿色公共建筑的外部环境对室内环境的影响，尽管与建筑设计有根本的关系，但如何采用主动式或被动式应用，包括日照、噪声、风环境等，都与智能建筑的设备，特别是新研究或新从国外引进的设备有很大的关系
场地内无严重污染环境的污染源				
场地环境噪声符合《声环境质量标准》(GB 3096—2008)中的规定				
室外风环境利于建筑通风和冬季人员行走舒适			3	与智能建筑应用目标中的使用者的舒适性、工程的适应性、节约能源、环境保护的可持续性、大幅提高处理突发事件的能力相关

(2) 节地与能源利用。节地与能源利用评价标准见表 6-21。

表 6-21　节地与能源利用评价标准

绿色建筑评价		备注	采用"智能建筑标准"中的手段，才能达到绿色建筑相关标准	
内　容			序号	内　容
围护结构的热工性能指标符合国家和地方公共建筑节能标准的有关规定		控制项	1	建筑设备监控系统。 建筑设备监控系统用于对智能建筑内各类机电设备进行监测、控制及自动化管理，达到安全、可靠、节能和集中管理的目的。建筑设备监控系统的监控范围为空调与通风系统、变配电系统、公共照明系统、给排水系统、热源和热交换系统、冷冻和冷却水系统、电梯和自动扶梯系统
空调采暖系统的冷热源机组能效比符合国家和地方公共建筑节能标准的有关规定				
建筑采暖与空调热源选择，符合《公共建筑节能设计标准》(GB 50189—2015)中的规定				
照明采用高效光源和高效照明工具或采取其他节能控制措施				
对于新建、改建和扩建的公共建筑，应根据用户等情况，对冷热源、输配系统和照明等各部分能耗进行独立分项计量				

续表

绿色建筑评价			采用"智能建筑标准"中的手段,才能达到绿色建筑相关标准	
内　容	备注	序号	内　容	
建筑总平面设计有利于冬季日照并避开主导风向,夏季则利于自然通风。建筑主朝向选择本地区最佳朝向或接近最佳朝向	一般项	2	智能化集成系统。智能化集成系统检测验收的重点应为系统的集成功能、各子系统之间的协调控制能力、信息共享和综合管理能力、运行管理与系统维护的可实施性、使用安全性和方便性等要素,且与智能建筑应用目标中的使用者的舒适性、再组织的灵活性、工程的适应性、节约能源、环境保护的可持续性、大幅提高处理突发事件的能力相关	
建筑外窗可开启面积不小于外窗总面积的30%,透明幕墙具有可开启部分或设有通风换气装置				
采用适宜的蓄冷蓄热技术和新型节能的空气调节方式				
采取切实有效的热回收措施,设计可以直接利用室外新风的空调系统				
通风空调系统在建筑部分负荷和部分空间利用时不降低能源利用效率				
风机的单位风量耗功率和冷热水系统的输送能效比符合《公共建筑节能设计标准》(GB 50189—2015)中的规定				
建筑需蒸汽或生活热水选用余热或废热利用等方式提供				
采用太阳能、地热、风能等可再生能源利用技术				
楼宇自控系统功能完善,各子系统均能实现自动检测与控制				
对于直接以天然气作为一次能源的系统,采用分布式热电冷联供技术和回收燃气余热的燃气热泵技术,提高能源的综合利用率	优选项			
可再生能源的使用占建筑总能耗的比例大于5%				
建筑冷热源、空调输配系统、照明、生活热水等部分能耗实现分项和分区域计量				

(3) 节水与水资源利用。节水与水资源利用评价标准见表6-22。

表 6-22 节水与水资源利用评价标准

绿色建筑评价		采用"智能建筑标准"中的手段,才能达到绿色建筑相关标准	
内容	备注	序号	内容
根据建筑类型、气候条件、用水习惯等制定水系统规划方案,统筹考虑传统与非传统水源的利用,降低用水定额	控制项	1	建筑设备监控系统。 建筑设备监控系统用于对智能建筑内各类机电设备进行监测、控制及自动化管理,达到安全、可靠、节能和集中管理的目的。 建筑设备监控系统的监控范围为空调与通风系统、变配电系统、公共照明系统、给排水系统、热源和热交换系统、冷冻和冷却水系统、电梯和自动扶梯系统
设置完善的供水系统,水质达到国家或行业规定的标准,且水压稳定、可靠			
管材、管道附件及设备等供水设施的选取和运行不应对供水造成二次污染,并应设置用水计量仪表和采取有效措施防止和检测管道渗漏			
合理选用节水器具,节水率大于25%。 建筑中非传统水源利用率在60%以上			
在降雨量小的缺水地区,选择经济、适用的雨水处理及利用方案	一般项	2	智能化集成系统。 智能化集成系统检测验收的重点应为系统的集成功能、各子系统之间的协调控制能力、信息共享和综合管理能力、运行管理与系统维护的可实施性、使用安全性和方便性等要素,且与智能建筑应用目标中的使用者的舒适性、再组织的灵活性、工程的适应性、节约能源、环境保护的可持续性相关
在缺水地区,优先利用附近集中再生水厂的再生水;附近没有集中再生水厂时,通过技术经济比较,合理选择其他再生水水源和处理技术			
采用微灌、渗灌、低压管灌等绿化灌溉方式,与传统方法相比节水率不低于10%			
优先采用雨水和再生水进行灌溉			
游泳池选用技术先进的循环水处理设备,采用节水和卫生的换水方式			
景观用水采用非传统水源,且用水安全	一般项		
沿海缺水地区直接利用海水冲厕,且保证用水安全	优选项		
办公楼、商场类建筑			

(4) 室内环境质量。室内环境质量评价标准见表 6-23。

表 6-23 室内环境质量评价标准

绿色建筑评价		采用"智能建筑标准"中的手段,才能达到绿色建筑相关标准	
内容	备注	序号	内容
采用中央空调的建筑,房间内的温度、湿度、风速等参数满足设计要求	控制项	1	建筑设备监控系统。 建筑设备监控系统用于对智能建筑内各类机电设备进行监测、控制及自动化管理,达到安全、可靠、节能和集中管理的目的。 建筑设备监控系统的监控范围为空调与通风系统、变配电系统、公共照明系统、给排水系统、热源和热交换系统、冷冻和冷却水系统、电梯和自动扶梯系统
围护结构内部或表面无冷凝现象			
采用中央空调的建筑,新风量符合标准要求,且新风采气口的设置能保证所吸入的空气为室外新鲜空气			
室内空气中污染物浓度满足《民用建筑工程室内环境污染控制标准》(GB 50325—2020)中的规定要求。空调系统的过滤器、风机盘管和风道等定期清洗或更换			

续表

绿色建筑评价			采用"智能建筑标准"中的手段,才能达到绿色建筑相关标准	
内　容	备注	序号	内　容	
建筑外窗的隔声性能达到《建筑门窗空气声隔声性能分级及检测方法》(GB/T 8485—2008)中的要求		2	信息网络系统。信息网络系统应包括计算机网络及网络安全系统检测等	
建筑室内采光满足《建筑采光设计标准》(GB 50033—2013)中的要求		3	火灾自动报警系统	
建筑室内照明质量满足《建筑照明设计标准》(GB/T 50034—2024)中的要求				
单独处理的新风直接入室,避免二次污染	一般项	4	智能化集成系统。智能化集成系统检测验收的重点为系统的集成功能、各子系统之间的协调控制能力、信息共享和综合管理能力、运行管理与系统维护的可实施性、使用安全性和方便性等要素,且与智能建筑应用目标中的使用者的舒适性、再组织的灵活性、工程的适应性、节约能源、环境保护的可持续性、大幅提高处理突发事件的能力相关	
合理进行建筑平面布局和空间功能安排,减少相邻空间的噪声干扰以及外界噪声对室内的影响				
室内背景噪声满足《民用建筑隔声设计规范》(GB 50118—2010)中室内允许噪声标准一级要求				
宾馆类建筑围护结构构件空气隔声性能满足《民用建筑隔声设计规范》(GB 50118—2010)中的二级要求				
建筑设计和构造设计设有诱导气流、促进自然通风的措施	优选项			
建筑75%以上的空间可根据需要实现自然采光				
建筑入口和主要活动空间有无障碍设计				
采用中央空调的建筑,采用经济有效的空气净化技术和系统				
采用可调节遮阳设施,调控夏季太阳辐射				
设置室内空气质量监测系统,保证健康舒适的室内环境				
建筑75%以上的空间可实现自然通风				

标准规范

标准规范

标准规范

(5) 全生命周期综合性能。全生命周期综合性能评价标准见表 6-24。

表 6-24　全生命周期综合性能评价标准

绿色建筑评价 内容	备注	序号	采用"智能建筑标准"中的手段，才能达到绿色建筑相关标准 内容
采取具体措施有效控制施工引起的大气、土壤、噪声、水、光污染以及对场地周边区域的影响	控制项	1	建筑设备监控系统。建筑设备监控系统用于对智能建筑内各类机电设备进行监测、控制及自动化管理，达到安全、可靠、节能和集中管理的目的。建筑设备监控系统的监控范围为空调与通风系统、变配电系统、公共照明系统、给排水系统、热源和热交换系统、冷冻和冷却水系统、电梯和自动扶梯系统
建筑设备管道更换方便，空间可灵活划分，调整方便	一般项		
施工、运行过程具有节约资源计划书，采用具体措施有效实现施工及运行过程中的节能、节水、节材			
物业管理部门或公司通过 ISO 14001 环境标准认证			
采用智能化手段进行系统运行状况的数据计量			
结合模拟手段进行建筑规划设计优化	优选项	2	信息网络系统。信息网络系统应包括计算机网络及网络安全系统检测等
从建筑全生命周期角度，通过技术经济分析确定各项技术、设备、材料的选用		3	火灾自动报警系统
具有并实施节能管理与激励机制，管理业绩与节约资源、提高经济效益挂钩		4	安全技术防范系统。安全技术防范系统包括视频安防监控系统、入侵报警系统、出入口控制系统、停车场(库)管理系统等各子系统
对水、电、天然气、热等实行独立计量收费，取代按面积收费的方式	优选项	5	智能化集成系统。智能化集成系统检测验收的重点应为系统的集成功能、各子系统之间的协调控制能力、信息共享和综合管理能力、运行管理与系统维护的可实施性、使用安全性和方便性等要素，且与智能建筑应用目标中的使用者的舒适性、再组织的灵活性、工程的适应性、节约能源、环境保护的可持续性、大幅提高处理突发事件的能力相关

6.3.3　工程资料管理软件的智能化

1. 基于 Internet 的信息平台特点和体系结构

(1) 基于 Internet 的信息平台的特点。

① 将 Extranet 作为信息交换工作的平台，其基本形式是项目主题网，它具有较高的安全性。

② 采用 100% B/S(浏览器/服务器)结构，用户在客户端只需安装 1 个浏览器。

③ 与其他相关信息系统不同,基于 Internet 的信息平台的主要功能是项目信息的共享和传递,而不是对项目信息进行加工、处理。

④ 基于 Internet 的信息平台不是一个简单的文档系统,而是通过信息的集中管理和门户设置为项目参建各方提供一个开放、协调、个性化的信息沟通环境。

(2) 基于 Internet 的信息平台的体系结构。一个完整的基于 Internet 的信息平台的体系结构包括 8 层,如图 6.22 所示。

① 信息集成。信息平台必须对来自不同信息源的各种异构信息进行有效集成。

② 项目信息分类层。在信息平台基础上,对信息进行有效的分类编目,以便于项目参建各方的信息利用。

图 6.22 信息平台的体系结构

2. 基于 Internet 的信息平台的功能

基于 Internet 的信息平台的功能分为基本功能和拓展功能 2 个层次。其中,基本功能是大部分商业化的基于 Internet 的信息平台和应用服务所具备的功能,它可以看成基于 Internet 的信息平台的核心功能。而拓展功能则是部分应用服务商在其应用服务平台上所提供的服务,这些服务代表了基于 Internet 的信息平台的未来发展趋势。基于 Internet 的信息平台的功能框架如图 6.23 所示。

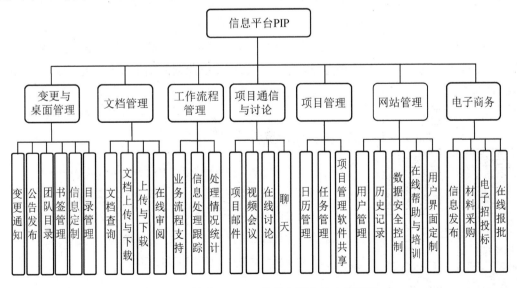

图 6.23 基于 Internet 的信息平台的功能框架

(1) 基本功能。基于 Internet 的信息平台的基本功能如下。

① 变更与桌面管理。其包括变更通知、公告发布、团队目录及书签管理等功能。其中，变更通知是指当与参建单位有关的项目信息发生改变时，系统用 E-mail 进行提醒和通知，它是基于 Internet 的信息平台应具备的一项基本功能。

② 文档管理。文档管理是基于 Internet 的信息平台的一项重要功能，它是在项目的站点上提供标准的文档目录结构，项目参建各方可以根据需求进行定制。项目参建各方可以完成文档(包括工程照片、合同、技术说明、图纸、报告、会议纪要、往来函件等)查询、版本控制、文档上传与下载、在线审阅等工作，其中在线审阅的功能是基于 Internet 的信息平台的一项重要功能，可支持多种文档格式，如 CAD、Word、Excel、PowerPoint 等，项目参建各方可以在同一个文件上进行标记、圈阅和讨论，这样可以大大提高项目组织的工作效率。

③ 工作流程管理。工作流程管理是对项目工作流程的支持，包括业务流程支持、信息处理跟踪、处理情况统计。

④ 项目通信与讨论。在基于 Internet 的信息平台为用户定制的主页上，项目参建各方可以通过基于 Internet 的信息平台中的内置邮件通信功能进行项目沟通，所有的通信记录在站点上都有详细的记录，从而便于争议的处理。另外，还可以就某一个主题进行在线讨论，讨论的每一个细节都会被记录下来，并分发给有关各方。

⑤ 项目管理。项目管理是一些简单的项目进度控制工作功能，包括共享项目进度计划的日历管理和任务管理。

⑥ 网站管理。基本功能中很重要的一项功能就是要对项目参建各方的信息沟通(包括文档传递、邮件信息、会议等)及成员在网站上的活动进行详细记录。数据安全控制也是一项十分重要的功能，它包括数据的离线备份、加密等。

(2) 拓展功能。基于 Internet 的信息平台的拓展功能包括多媒体的信息交互、在线项目管理、集成电子商务等，如视频会议、进度计划和投资计划的网上发布、电子采购、电子招标等功能。

📖 **推荐阅读资料**

1.《入侵报警系统工程设计规范》(GB 50394—2007)。
2.《视频安防监控数字录像设备》(GB 20815—2006)。
3.《视频安防监控系统技术要求》(GA/T 367—2001)。
4.《视频安防监控系统工程设计规范》(GB 50395—2007)。
5.《智能建筑设计标准》(GB 50314—2015)。

任务训练

分析智能建筑工程相应检测记录，对照《智能建筑工程质量验收规范》(GB 50339—2013)相关条文内容，填写视频安防监控子系统的检测记录表(表 6-25～表 6-28)。

表 6-25　智能建筑工程分项工程质量检测记录表

编号：

单位(子单位)工程名称		子分部工程	
分项工程名称		验收部位	
施工单位		项目经理	
施工执行标准名称及编号			
分包单位		分包项目经理	
检测项目及抽检数量		检测记录	备注
1	单机测试	符合设计及说明书要求	

检测意见：

监理工程师签字：　　　　　　　　　　　　　　检测机构项目负责人签字：
　　　　　　　　　　　　　　　　　　　　　　(建设单位项目专业技术负责人)
日期：　年　月　日　　　　　　　　　　　　　日期：　年　月　日

表 6-26　子系统检测记录表

编号：

系统名称		子系统名称		序号		检测部位		
施工单位						项目经理		
执行标准名称及编号								
分包单位				分包项目经理				
	系统检测内容	检测规范的规定		系统检测评定记录		检测结果		备注
						合格	不合格	
主控项目	探测器设置	探测器盲区		无盲区		√		
一般项目								
强制性条文								
检测机构的检测结论：								
检测负责人：							年　月　日	
注：备注栏内填写检测时出现的问题								

表 6-27 系统(分部工程)检测汇总表

系统名称：安全技术防范系统　　　　施工单位：　　　　　　　编号：

子系统名称	序号	内容及问题	检测结果		
			合格	√	不合格
视频安防监控系统	1	规范×.×.×	合格	√	
入侵报警系统	2	规范×.×.×	合格	√	
出入口控制系统	3	规范×.×.×	合格	√	
停车场(库)管理系统	5	规范×.×.×	合格	√	
检测机构项目负责人签名：			检查结论		
检测人员签名：			检测日期：　　年　月　日		
注：在检测结果栏，按实际情况在相应空格内打"√"					

表 6-28 资料审查

系统名称：智能建筑分部工程　　　　　　　　　　　　　　编号：

序号	审查内容	审查结果				备注
		完整性		准确性		
		完整(或有)	不完整(或无)	合格	不合格	
1	工程合同技术文件	√		√		
2	设计更改审核	√		√		
3	工程实施及质量控制检验报告及记录	√		√		
4	系统检测报告及记录	√		√		
5	系统的技术、操作和维护手册	√		√		
6	竣工图及竣工文件	√		√		
7	重大施工事故报告及处理	√		√		
8	监理文件	√		√		
审查结果统计：		审查结论：				
				审查人员签名：		
				日期：　　年　月　日		

注：(1) 在审查结果栏，按实际情况在相应的空格内打"√"。
　　(2) 存在的问题，在备注栏内注明。
　　(3) 根据行业要求，本表由验收机构负责填写。验收组可增加竣工验收要求的文件，填在空格内

第 6 章 工程资料管理现代化

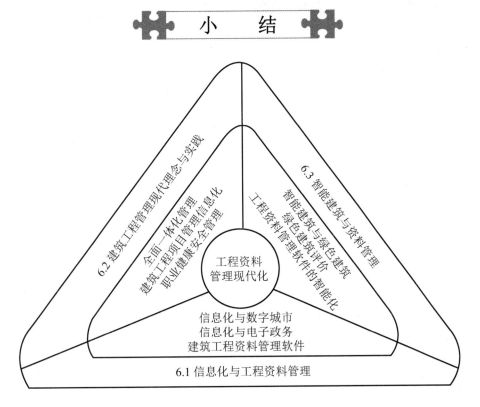

能力拓展

1. 以章前工程背景为例，画出信息化管理工程资料的卷宗结构图。
2. 与小组成员合作完成一套小型工程资料的填写与整理。
3. 依据表 6-29 内容，再参照相关法律法规，编制××建筑公司对"质量、环保、安全、保安"记录的时效性规定。

表 6-29　××建筑公司对"质量、环保、安全、保安"记录的时效性规定

项目	序号	文件内容	保存期限	负责人
质量记录	1	质量交底卡、二次样板、项目质量管理计划	业主发出保养证书为止	项目保存或项目解散后转公司保存
	2	施工、物料之检验、可追溯性记录及未验材料紧急使用记录		
	3	检验、试验及量测设备之校准记录		
	4	"未校准之量测设备"的有效性测试记录		
	5	不符合情况报告、有关改正措施、业主做出让步及接收等记录		
	6	项目质量保证计划及其他记录		
	7	工程完工(竣工)证书 保养证书	永久保存	公司保存

续表

项目	序号	文件内容	保存期限	负责人
质量记录	8	员工培训记录	保存至员工离职	公司保存
	9	内部审核计划、报告及有关改正计划等记录	6年	公司保存
	10	管理体系文件	保存最新版本	
	11	工作指示	6年	项目保存或转公司保存
	12	其他	由单位负责人规定	
环保记录	1	环保管理体系文件	保存最新版本	
	2	环保内审记录	6年	公司保存
	3	环保培训记录	保存至员工离职	公司保存
	4	外界环保信息(包括环保投诉)	6年	项目保存或转公司保存
	5	有关环境因素及其影响的资料	项目完成结算后3年	项目保存或转公司保存
	6	许可证/牌照		
	7	有关紧急准备与应变措施的资料及记录(包括事故报告)		
	8	环保检验及试验工作记录		
	9	环保仪器的维修及调校记录		
	10	不符合情况报告、改正及预防措施		
安全记录	1	安全及健康管理体系文件	保存最新版本	
	2	安全管理委员会文件及会议纪要	6年	项目及公司分别保存
	3	条例及其他要求	废旧版本永久保存	
	4	工伤意外、违例检控记录	6年	项目保存或转公司保存
	5	安全培训记录——公司直属员工、项目工人	保存至员工离职	项目保存或转公司人力资源部保存
	6	检验证书	项目完成结算后3年	项目保存或转公司保存
	7	操作证书		
	8	检验表格		
	9	安全会议记录		
	10	安全计划		
	11	不符合安全报告、有关改正措施、分包商不安全记录		
	12	内部安全审核计划、报告及有关改正计划等记录	6年	公司保存
	13	其他	由单位负责人规定	有关负责人
保安记录	1	项目保安管理程序	废旧版本无须保存	项目保存及公司保存
	2	项目保安管理人员牌照及记录	保存至员工离职	项目转质安部保存
	3	保安设施及服务合同	项目完成结算后3年	项目保存及公司保存
	4	条例及其他要求	永久保存	公司保存
	5	违例检控记录及来往文件	6年	项目保存及公司保存
	6	项目保安管理文件	项目完成结算后3年	项目转公司保存

4. 对应本章内容，填写学习效果自我检测记录表。

学习效果自我检测记录表

领域	层次					
	初级		中级		高级	
理论认知	了解		运用		综合	
岗位技能	模仿		应用		创造	
职业情感	激情		心境		热情	

5. 在学习过程中，不仅要注重沟通能力的训练，团队合作学习，更要加强个人工程实践经验的积累。伴随着理论知识的学习，自觉及时记录课后实践将促进职业能力的提升。

课后实践记录表

实 践 分 项	时 间 段	实 践 要 点	见证人及联络方式
工地考察		工程名称、工程所在地	
沟通能力训练		沟通对象、沟通内容、沟通效果	
内业资料管理		收集、分类、整理、组卷、归档	
小组合作学习		分工负责情况及合作成效	
实践中遭遇的问题		视具体情况填写，着眼于发现问题、分析问题及解决问题	
其他		其他	

参 考 文 献

中华人民共和国住房和城乡建设部，2013．建设工程监理规范：GB/T 50319—2013[S]．北京：中国建筑工业出版社．

浙江省住房和城乡建设厅，2016．建筑电气工程施工质量验收规范：GB 50303—2015[S]．北京：中国计划出版社．

中华人民共和国住房和城乡建设部，2019．建筑节能工程施工质量验收标准：GB 50411—2019[S]．北京：中国建筑工业出版社．

中华人民共和国住房和城乡建设部，2020．钢结构工程施工质量验收标准：GB 50205—2020[S]．北京：中国计划出版社．

中华人民共和国住房和城乡建设部，2018．建筑装饰装修工程质量验收标准：GB 50210—2018[S]．北京：中国建筑工业出版社．

中华人民共和国住房和城乡建设部，2017．建筑工程施工质量评价标准：GB/T 50375—2016[S]．北京：中国建筑工业出版社．

中华人民共和国住房和城乡建设部，2018．建筑地基基础工程施工质量验收标准：GB 50202—2018[S]．北京：中国计划出版社．

中华人民共和国住房和城乡建设部，2023．建筑与市政工程绿色施工评价标准：GB/T 50640—2023[S]．北京：中国计划出版社．

中华人民共和国住房和城乡建设部，2019．混凝土物理力学性能试验方法标准：GB/T 50081—2019[S]．北京：中国建筑工业出版社．

中华人民共和国住房和城乡建设部，2020．玻璃幕墙工程质量检验标准：JGJ/T 139—2020[S]．北京：中国建筑工业出版社．

国家市场监督管理总局，2020．电梯制造与安装安全规范 第1部分：乘客电梯和载货电梯：GB/T 7588.1—2020[S]．北京：中国标准出版社．